Canta Irlanda
Un viaje por la isla esmeralda

Autor de una extensa obra, **Javier Reverte** (Madrid, 1944-2020) cultivó la poesía, la biografía, la novela y, en especial, la literatura de viajes, de la que sin duda fue el autor más destacado de las letras españolas. Entre sus obras de este último género, hay que resaltar las que tratan de sus periplos africanos, que comenzaron con *El sueño de África* (1996), un texto que no ha cesado de reeditarse desde entonces y que ha vendido más de un cuarto de millón de ejemplares. Otras narraciones viajeras incluyen sus navegaciones por tierras y mares polares, por ríos como el Amazonas y el Yukón, por países como Irlanda, China, Argelia y Grecia, así como diarios de sus largas estancias en Roma y Nueva York. En su narrativa, destaca la Trilogía Trágica de España (*Banderas en la niebla*, *El tiempo de los héroes* y *Venga a nosotros tu reino*), novelas centradas en la guerra civil y en los primeros años del franquismo. Su último poemario lleva por título *Hablo de amor entre fantasmas*. En 2021 se publicó su novela póstuma *Hombre al agua*.

Biblioteca

JAVIER REVERTE

Canta Irlanda
Un viaje por la isla esmeralda

DEBOLS!LLO

Papel certificado por el Forest Stewardship Council®

MIXTO
Papel procedente de
fuentes responsables
FSC® C117695

Penguin
Random House
Grupo Editorial

Primera edición en Debolsillo: abril de 2015
Octava reimpresión: diciembre de 2021

© 2014, Javier Reverte
© 2014, Penguin Random House Grupo Editorial, S. A. U.
Travessera de Gràcia, 47-49. 08021 Barcelona
Diseño de la cubierta: Penguin Random House Grupo Editorial / Marta Borrell
Fotografía de la cubierta: © Getty Images

Printed in Spain – Impreso en España

ISBN: 978-84-9062-451-7
Depósito legal: B-2.437-2015

Compuesto en Fotocomposición 2000

Impreso en Liberdúplex
Sant Llorenç d'Hortons (Barcelona)

P 6 2 4 5 1 A

A Jerónimo Páez,
por su amor a la literatura viajera

Índice

Una tierra de niebla y penumbra [...], más allá de la cual se encuentra el mar de la muerte, donde empieza el Infierno.

HOMERO, Ilíada

Se dice que confían a la memoria [los druidas celtas] grandes cantidades de poesía.

JULIO CÉSAR,
Historia de la guerra de las Galias

—Dime con franqueza si nos consideras un pueblo feliz —dijo Pádraig. Y pidió la sexta cerveza.

—Me parece que sois más felices de lo que creéis —respondí—. De todas formas, si os dieseis cuenta de lo felices que sois, enseguida encontraríais alguna razón para sentiros desgraciados. Tenéis muchos motivos para aceptar la desdicha; pero además os gusta la poesía de la desgracia. A tu salud.

HEINRICH BÖLL, Diario irlandés

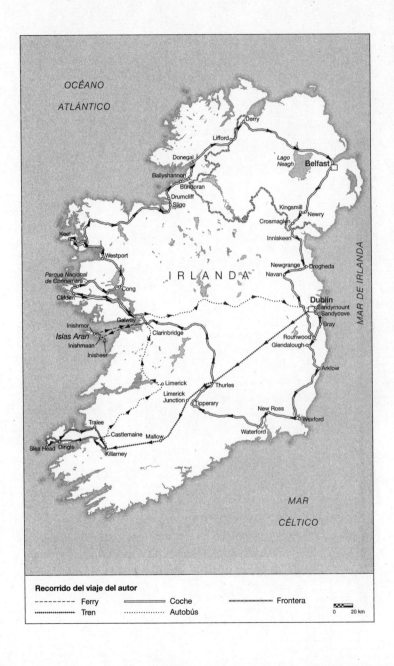

OCÉANO
ATLÁNTICO

Derry

Lifford

Donegal

Ballyshannon
Bundoran
Drumcliff
Sligo

Keel

Westport

Parque Nacional
de Connemara

Clifden

Cong

Inishmor
Islas Aran
Inishmaan

Inisheer

Galway

Clarinbridge

Limerick

Limerick
Junction

Tralee

Slea Head Dingle

Castlemaine

Killarney

Mallow

Thurles

Tipperary

IRLANDA

Lago
Neagh

Belfast

Kingsmill
Crosmaglen Newry

Inniskeen

Newgrange Drogheda
Navan

Dublín
Sandymount
Sandycove
Bray

Rounwood
Glendalough

Arklow

New Ross
Wexford
Waterford

MAR DE IRLANDA

MAR

CÉLTICO

Recorrido del viaje del autor

- - - - - - - Ferry   ——— Coche   ✕✕✕✕✕ Frontera

•••••••••• Tren   ·············· Autobús

0   20 km

Prólogo

Hace cerca de ocho años, cuando el verano del año 2004 comenzaba a morir, emprendí un largo viaje por Irlanda con el propósito de escribir un libro sobre uno de los países que más me enamoran. En mi bloc anoté un 6 de septiembre:

> Con ropas deportivas, un par de meses por delante que puedo convertir en tres si me da la gana, un país por descubrir y ninguna obligación salvo las que yo mismo me imponga, siento como si mi apariencia, ante los otros, pudiera ser la de un hombre de algo más de treinta años, con músculos fuertes y flexibles y los sentidos despiertos y alerta. Comienza el viaje y aparco las penas y la pereza.

Se ve que tenía entonces, a mis sesenta años, una alta opinión de mí mismo. Pero después de deambular durante algo más de un par de meses por los pueblos y ciudades de Irlanda, sus campos, sus islas y sus costas, mis músculos debieron de dormirse y el libro se quedó encerrado en mis cuadernos de notas y ahí ha seguido hasta ahora: sin nacer. No sé muy bien por qué ha sucedido de esa manera. Y cuando me han preguntado sobre ello, he inventado razones absurdas: por ejemplo, que me pasé demasiado tiempo en los pubs, y de haber escrito el viaje tal y como fue, me habría salido un texto de borrachos..., y otros pretextos de parecido jaez. Quizá me paralizaba el mismo temor que, al iniciar su *Diario irlandés*, le acometió a Heinrich Böll, premio Nobel de Literatura de 1972: «El mayor obstáculo que me impide escribir mi visión de Irlanda —anotaba— es el hecho de que este país me gusta demasiado, y no es bueno para un escritor escribir sobre un asunto que le gusta demasiado». Lo curioso es que, cuando hice el viaje, ya había titulado el trabajo que pensaba llevar a cabo: *Canta Irlanda*. Y el título ha seguido zumbando en mi cabeza todos estos años.

Con el paso del tiempo, la luz ha ido encendiéndose y creo ya intuir por qué el libro no me abrió sus brazos cuando tenía que haberlo hecho y nuestro romance quedó en *coitus interruptus*. Pienso que el motivo esencial residía en la creencia de que, al escribir sobre Irlanda, tenía que referirme a una geografía, a unas gentes y a una historia. Y es cierto que Irlanda es eso, por supuesto, como cualquier otro país de la Tierra. Pero hay algo más. Ahora creo que a Irlanda la diferencia, sobre todo, la idea o los sentimientos que los irlandeses tienen sobre su patria y sobre sí mismos. Y que esa emoción o idea se expresa sobre todo en forma lírica. A las naciones no las significan tan sólo su historia, su geografía y sus gentes, sino también sus mitos, su poesía, su música, sus canciones y, en el caso irlandés, el peso que la leyenda tiene sobre la realidad. Siento que Irlanda es el país europeo donde se aman los mitos con más fuerza que los hechos probados. Parafraseando a John Ford, el gran cineasta americano de origen irlandés, en esta tierra, como en el Oeste americano, «entre la realidad y la leyenda, se elige siempre la leyenda».

Irlanda no ha cesado de cantarse a sí misma. Y lo ha hecho en baladas que tienen el aire de antiguos romances o de cantares de ciego y en donde a menudo aparecen personajes que no son propiamente históricos, sino nacidos de las leyendas populares: como ese muchacho descarriado, ese «Wild Rover» que se echa a la mala vida y al alcohol y al fin regresa a casa arrepentido; o como la dulce Molly Malone que vendía almejas y mejillones en las calles de Dublín y un día murió de fiebres; o como los ebrios gamberros y gamberras del velatorio de Tim Finnegan, que acaban liándose a puñetazos entre ellos y ellas para jolgorio de los asistentes al duelo; o como el justiciero Jack Duggan, que marcha a Australia y se confunde con un bandido generoso, el Ned Kelly de la realidad histórica, el «Wild Colonial Boy» de la balada; y como Danny Boy, o la Spanish Lady, o Peggy Gordon, o los muchos Paddy y los muchos Sean y tantos otros que singularizan las viejas canciones. Irlanda ha crecido entre las brumas de las leyendas, los cantos populares y la voz de los poetas. Y un héroe irlandés no es nadie si no hay una balada que le cante. Por ello Irlanda es un país de escritores y, por eso, el pueblo irlandés ama a sus escritores más que a sus santos, a sus políticos, o incluso a sus héroes «fenianos».[1] Cada noche, en cientos de pubs de toda la isla —al norte, al sur, al este y al oeste— se cantan las gestas, las bromas o los dramas y tragedias de decenas de hombres y

---

1. Un feniano se identifica hoy en día con un patriota irlandés. El término se usa desde los años 50 del siglo XIX, cuando irlandeses emigrados o exiliados a Estados Unidos crearon la Hermandad Feniana, una sociedad secreta cuyo objetivo era la libertad nacional de Irlanda. El término viene del gaélico, del nombre de una legendaria cuadrilla de guerreros, «Na Fianna Éirean», la «Fianna», dirigida por un mítico héroe celta llamado Finn McCool.

mujeres a los que la Historia no concede una sola línea y que todos los irlandeses, grandes y chicos, conocen de memoria. Y se cantan también las gestas y las tragedias de los héroes y mártires reales. El mito vive. Y a mí la leyenda y la lírica, cuando se funden, me producen una irresistible atracción.

Así que el libro debía nacer más tarde o más temprano. Y hace un par de meses de este año 2012, tomé la decisión de regresar a Irlanda y alquilar un apartamento en un lugar tranquilo, cercano al mar, en donde poder escribir sin urgencias.

Y aquí estoy, en la costa irlandesa, armando la arquitectura del libro. Mi pretensión no es otra que comprender un poco y rendir mi particular homenaje a esta isla en la que no hay serpientes, que exporta al mundo miles de curas y monjas y millones de litros de cerveza negra, que presume de tener uno de los índices más bajos de suicidios de la Unión Europea, que nunca ha invadido a nadie y que ha sido tantas veces invadida (por vikingos, normandos y, sobre todo, ingleses, que se quedaron un buen rato), donde sus habitantes beben hasta el delirio Guinness y *whiskeys*, gentes que prefieren la carne al pescado, las patatas a las verduras, y que aman los cisnes, los caballos y a los poetas. En su bandera nacional no hay feroces águilas ni leones, tan sólo una delicada arpa gaélica.

Un poco al azar, elegí como residencia Westport, en el condado de Mayo, en «el inhóspito Oeste», como lo llamaba el escritor Brendan Behan. El pueblo está cerca de la bahía de Clew, al norte de la bahía de Galway y frente al Mar de Irlanda que trae las olas desde esa América que tanto aman los irlandeses. Y en un día de luminoso sol y aire húmedo, abro en la mesa donde trabajo mis cuadernos de notas de 2004. Reparo en una reflexión que escribí uno de aquellos días:

> Los viajes precisan de un impulso mítico, aunque esos impulsos sean más caseros y humildes que los de los tiempos heroicos, cuando los hombres iban a conquistar ciudades, como hicieron con Troya los Agamenón, Aquiles y Ulises; o a robar vellocinos de oro a la Cólquide, como Jasón y sus argonautas; o a matar en Nemea un temible león, como Hércules; o a fundar ciudades, como hizo Eneas en el Lazio. Si el impulso mítico se diluye, por pequeño que sea ese mito, el viaje se pierde. No obstante, a veces, el viaje va construyendo su propia mitología.

De modo que me siento a escribir, dispuesto a escuchar cómo canta Irlanda en mi oído. *Cheers*, lector amigo.

Westport, condado de Mayo, verano de 2012

1

Bloomsday, 2004

> He puesto muchos enigmas y puzles que mantendrán ocupados durante siglos a los profesores, discutiendo sobre lo que quise decir. Es la única forma de lograr la inmortalidad.
>
> [*I've put in so many enigmas and puzzles that it will keep the professors busy for centuries arguing over what I meant, and that's the only way of insuring one's immortality.*]
>
> JAMES JOYCE sobre su novela *Ulises*

La primera vez que vine a la República de Irlanda, mediaba junio de 2004 y el tipo que me tocó al lado, en el autobús de dos pisos de color verde irlandés que me llevaba desde el aeropuerto hasta el centro de Dublín, pasaba de largo de los cincuenta años y era pelirrojo, dicharachero y reidor. Me contó que veraneaba todos los años en Torremolinos.

—Voy a su país porque la bebida es allí muy barata. Y a usted, ¿qué es lo que le trae a Irlanda?, ¿el golf?

—No sé jugar al golf.

—Entonces, la pesca.

—No me gusta pescar en los ríos.

—¿Y a qué diablos viene a Irlanda?

—Bloomsday.

—Ah, ¡el día de James Joyce! ¡Todo el mundo conoce a Joyce, incluso fuera de Irlanda!

—¿Ha leído *Ulises*? —pregunté.

—¡Dios nos ayude! No hay quien lo entienda. ¿Usted lo ha leído?

—Dos veces —respondí.

—¿Y le encuentra sentido?

—No del todo.

—Si lo entendiera por completo, estaría usted algo loco. Me pregunto por qué todo el mundo conoce a Joyce y casi nadie lo ha leído y por qué lo leen si no lo entienden.

—Hay que intentarlo —señalé.

—Los irlandeses conocemos bien la historia del libro y sabemos que Bloom era un cornudo —añadió—. Y ser cornudo en Irlanda es de mal gusto —concluyó.

Entrábamos en el norte de la ciudad, por una carretera ceñida por filas apretadas de árboles que iba a un barrio de casas oscuras. El hombre decidió asumir el papel de guía turístico:

—Por aquí cerca, más allá de aquellas casas de la derecha, nació James Joyce. Su padre ganaba poco dinero y, cuando lo tenía, se lo gastaba en beber y apostar. Joyce creció pobre. Por eso los irlandeses estamos orgullosos de él, aunque no le comprendamos en absoluto: porque era pobre, como lo éramos todos hasta hace pocos años.

Bajó la voz:

—Y entre nosotros, amigo…, tampoco nos disgusta que fuera bebedor y putero.

Llegábamos al centro de la ciudad y descendíamos hacia el río Liffey por O'Connell Street.

—Mire ahí, a su izquierda: ésa es Earl Street North y allí puede ver la estatua de Joyce. No sé por qué, pero a las chicas les gusta hacerse fotos subidas en la peana. Quién sabe, quizá ellas sí le entienden. Porque las mujeres son incomprensibles, igual que Joyce.

Poco después miró a la derecha y se santiguó al cruzar junto a un pétreo y enorme edificio:

—¿Sabe qué es ese lugar?

—Ya que se santigua, imagino que una iglesia.

—Es la GPO, la oficina central de correos. Ahí resistieron nuestros héroes y mártires: Connolly, Pearse, Cook y todos los otros, en el alzamiento de Pascua contra Inglaterra, en abril de 1916. Es un lugar sagrado, más que las iglesias. Sabe la historia del alzamiento de Pascua, ¿no?

—Claro que sí.

—Mejor, me ahorra el esfuerzo de contárselo en un minuto, porque en la siguiente parada se baja usted. Tiene su hotel a un paso.

Me quedé en el Wynns, en Abbey Street, cerca del famoso y viejo teatro dublinés, Abbey Theatre, fundado entre otros por el poeta William B. Yeats. Y bajé del autobús cargado de literatura y de historia, además de mi pesada bolsa de viaje. Pero al mismo tiempo me dije: ¿quién tiene el privilegio de llegar a una ciudad hablando de Joyce y del alzamiento de Pascua de 1916?

> *... todo ha cambiado, cambiado totalmente:*
> *Una terrible belleza ha nacido.*[1]

---

1. Del poema «Pascua», de W. B. Yeats.

> [... *All changed, changed utterly:*
> *A terribly beauty is born.*]

Esa noche, en el bar del hotel del Wynns no había homenajes a los muertos del 16, sino unas vidrieras de colores vivos con los retratos de varios escritores irlandeses: Swift, Wilde, O'Casey, Beckett, Kavanagh, Stoker, Behan... y, claro, James Joyce.

Sin embargo, en ese momento no pensaba en ellos. Le daba vueltas a una idea: que Irlanda viste a sus héroes con un halo remoto, casi primitivo, sacándolos de las honduras del pasado. No son modernos, ni siquiera grecolatinos, tan del gusto de los ingleses. Los héroes irlandeses pierden siempre, porque siempre luchan contra seres o fuerzas muy superiores a ellos. Pero al menos son valientes y celebran sus gloriosas derrotas entre cervezas y canciones. Como decía Heinrich Böll en su *Diario irlandés*, un libro estupendo: «A los irlandeses les gusta la poesía de la desgracia».

> *Y los más valientes cayeron y la campana tocó un réquiem claro*
> *   y doliente*
> *por los que murieron en la Pascua de aquella primavera,*
> *mientras el mundo contemplaba con profundo asombro a aque-*
> *   llos pocos hombres audaces*
> *que soportaron la lucha para que la luz de la Libertad brillase*
> *   sobre el rocío y bajo la niebla.*[2]

> [*But the bravest fell and the requiem bell rang out mournfully*
> *   and clear*

2. *Foggy Dew*, canción que recuerda el alzamiento de Pascua de 1916. Su autoría se atribuye al sacerdote irlandés Canon Charles O'Neill.

For those who died that Eastertide in the springtime of the year
While the world did gaze with deep amaze at those fearless men
    that few
Who bore the fight that Freedom's light might shine through the
    foggy dew.]

Para quien no tenga noticia exacta de ello, el Bloomsday, el día de Bloom, es una suerte de homenaje popular a una de las obras literarias más monumentales, enigmáticas y geniales del siglo XX: el *Ulises*, del dublinés James Joyce. El protagonista de la novela es un apocado judío irlandés llamado Leopold Bloom (una especie de álter ego caricaturizado del héroe clásico Ulises), casado con Molly, una gibraltareña de pasiones y verbo vehementes que es la antítesis de la puritana Penélope.

La novela discurre en un solo día, el 16 de junio de 1904, y es un recorrido por el Dublín de los días juveniles de Joyce. El escritor se jactaba de la exactitud de su mirada sobre la ciudad: «Quiero ofrecer de Dublín un retrato tan cabal que la ciudad pudiera, en el caso de desaparecer de repente, reconstruirse por completo a partir de mi libro».

La verdad es que cuesta creer que ello sea posible ante una narración tan enrevesada y, a menudo, tan poco clara. Yo creo que, de intentarse, en lugar de una ciudad surgiría una pesadilla. El propio Joyce escribió a propósito de su obra: «El trabajo, que me impongo técnicamente, de escribir un libro con dieciocho puntos de vista distintos y otros tantos estilos, todos ellos al parecer desconocidos o no descubiertos por mis colegas de profesión, más la naturaleza del argumento, bastarían para alterar el equilibrio mental de cualquiera».

¿Algún arquitecto en su sano juicio podría reconstruir Dublín sobre tales dislates? Imagino que Joyce, una vez más, estaba de broma, burlándose de sus biógrafos, sus colegas y sus futuros lectores.

De todos menos de los que le comprendemos bien.

Joyce escogió ese día porque ésa fue la fecha exacta en que salió por primera vez a pasear con Nora Barnacle, una camarera de hotel que pronto se convertiría en su compañera inseparable. Joyce tenía veintidós años en ese momento. Y no mucho después, la pareja abandonaría Irlanda para irse a vivir a Zúrich. Desde entonces, hasta la muerte del escritor, llevarían una vida vagabunda, cercada a menudo por la pobreza.

Esa mañana de junio de 2004 se celebraba, pues, el centenario del paseo dublinés de Bloom y del cortejo de Joyce a Nora. Y la fiesta, ideada en 1954 por un grupo de escritores irlandeses, entre otros, Patrick Kavanagh, era ya una tradición en Dublín: cientos de dublineses vestidos de época llenaban las calles del centro de la ciudad, visitando los escenarios descritos en el libro, y un par de avenidas habían sido cortadas al tráfico por la policía. A mí, que vengo de un país en donde sólo se cierran las vías públicas para dar paso a carreras ciclistas, manifestaciones políticas, procesiones religiosas y desfiles militares, me resultaba gratificante que el motivo fuera un libro. «¿Cuándo le haremos un homenaje parecido a Cervantes?», me preguntaba.

Y no me pareció demasiado importante que la gran mayoría de aquellos paisanos disfrazados no hubieran leído la novela. Y que prácticamente casi ninguno la comprendiera del todo. Pero vale recordar lo que escribió en sus *Inquisiciones* Jorge Luis Borges en 1925: «Quiero hacer mías las decentes palabras que confesó Lope de Vega acerca de Góngora: "Sea

lo que fuere, yo he de estimar y amar el divino ingenio deste
Cavallero, tomando del lo que entendiere con humildad y ad-
mirando con veneración lo que no alcanzare a entender"».

Pues eso: a Joyce le amamos como Lope a Góngora, sin
acabar de comprenderle del todo, porque intuimos que su
genio nos sobrepasa. Hay en su obra una canción de fondo
que nos hace admirarla, un instinto, una aventura, una forma de burlarse, una fábula incomprendida, una manera de
ver..., una seducción que es parecida a la atracción que nos
provoca una mala mujer a la que no entendemos y de la que
no podemos librarnos por mucho que nos pese. Y suelen ser
rubias como lo era Joyce.

Quizá una de las personas que mejor conoció a Joyce fuera
su hermano Stanislaus, dos años menor que él. Stanislaus,
que murió en 1955, catorce años después que James, fue
autor de un delicioso libro, *My Brother's Keeper* (El guardián
de mi hermano),[3] en recuerdo y homenaje al escritor, a quien
admiraba y quería y de quien, al mismo tiempo, sentía celos,
cosa que no ocultaba en absoluto. En su diario dice de él:

> Jim es un genio. Cuando digo genio, expreso exacta-
> mente un poquito más de lo que creo, sin embargo, recor-
> dando nuestra juventud y nuestra intimidad, lo afirmo.
> A los hombres de ciencia que han medido la distancia de las
> estrellas invisibles y también a los que han observado movi-
> mientos apenas perceptibles con la ayuda de aparatos mecá-
> nicos, se les considera igualmente excepcionales. Jim, qui-

---

3. El libro ha sido traducido al español con un título, en mi opinión,
mucho menos afortunado: *Mi hermano James Joyce*.

zá, es un genio, con una mente minuciosamente analítica
[...] Tiene un coraje moral tan extraordinario que creí que
llegaría a ser algún día el Rousseau de Irlanda. A Rousseau,
se le podría acusar de alimentar la secreta esperanza de poder vencer el enojo de sus lectores disconformes confesán-
dose con ellos; pero de Jim no se puede sospechar tal cosa.
Su gran pasión es su feroz desprecio por lo que llama «el
populacho», un odio cerval, insaciable. Tiene porte y aspecto distinguidos y muchas cualidades: una voz de tenor, especialmente cuando habla, un gran talento musical no desa-
rrollado y una ingeniosa conversación. Tiene el penoso
hábito de decir tranquilamente a sus íntimos las cosas más
hirientes sobre sí mismo y sobre los demás y de elegir los
momentos más inadecuados para hacerlo; y resultan tan
molestas por ser ciertas [...] Sus modales, sin embargo, son
generalmente muy cuidadosos y corteses con los extraños.
Sentado frente a la chimenea, con las rodillas tomadas con
las manos, la cabeza un poco echada hacia atrás, los cabellos bien peinados, la frente despejada, la cara alargada, ro-
jiza como la de un indio por el reflejo del fuego, tiene una
expresión de crueldad en la mirada. Por momentos es amable, ya que sabe serlo, y su gentileza no sorprende, pues
siempre es sencillo y franco con los que lo son con él. Pero
creo que pocas personas lo querrán, no obstante sus cualidades y su genio, y quienes intercambian favores con él están expuestos a llevarse la peor parte.

A Stanislaus Joyce no le debió de ser fácil crecer junto al
genio. Escribía también en su diario:

Es terrible tener un hermano más inteligente. A mí casi
nadie me otorga crédito en materia de originalidad. Sigo a
Jim en la mayoría de las opiniones, pero no en todas. Creo
incluso que Jim toma algunas de mí. En ciertas cosas, sin

embargo, nunca le sigo. En beber, por ejemplo, en frecuentar prostitutas, en hablar mucho, en ser franco sin reservas con los demás, en escribir versos, prosa o ficción, en los modales, en la ambición y no siempre con las amistades. Percibo que me consideran absolutamente vulgar y carente de interés —no intentan disimularlo— y aun cuando comparto plenamente esa opinión, no me agrada. Es una cuestión que ninguno de los dos puede resolver.

Una clave interesante sobre el talento de Joyce, apuntada ya por Stanislaus, es recogida por su biógrafo y amigo el pintor Frank Bugden. James Joyce le dijo en una ocasión: «¿Ha notado usted que, cuando me apodero de una idea, puedo hacer con ella cuanto quiero?».

Su esposa Nora, que tenía fama de analfabeta y que, según se afirma, no comprendía el talento de su esposo, dijo sin embargo un día, siendo ya viuda, al preguntarle un periodista su opinión sobre André Gide: «Cuando se ha estado casada con el más grande escritor del mundo, no recuerdas a todos los hombrecillos».

Cuantos conocieron a Joyce, incluidos escritores como el dramaturgo Samuel Beckett, coincidieron en considerarle un genio.

Beckett fue su asistente, amigo y discípulo durante algunos años y alcanzó en 1969 el Premio Nobel, algo que no sucedió con su maestro. Pero la huella de Joyce está presente siempre, en mi opinión, en uno de los grandes creadores del llamado «teatro del absurdo»: sobre todo, en su sentido del humor, inteligente, irónico y negro al mismo tiempo.

«¿Qué es lo que sé sobre el destino del hombre? —se preguntó Beckett en cierta ocasión—. Podría decir más cosas sobre los rábanos.»

Y en una de sus obras cuenta la historia del hombre que encarga un traje a su sastre y éste tarda seis meses en terminarlo. Dice el cliente: «Dios hizo el mundo en sólo seis días y usted ha necesitado seis meses en hacer un traje». Y responde el sastre: «Sí; pero mire el mundo y mire el traje».

Puro Joyce.

Además de los dublineses, varias decenas de extranjeros se echaban esa mañana a la calle con su ejemplar del *Ulises* bajo el brazo a participar en el festejo. Estoy seguro de que ellos sí lo habían leído. Y puede que, como yo, más de una vez.

El libro comienza al sur de Dublín, en una fortaleza militar de principios del XIX, una torre Martello[4] del pequeño pueblo costero de Sandycove. Allí viven Stephen Dedalus (el otro personaje central de la novela, álter ego de Telémaco, hijo de Ulises), junto con sus compañeros Buck Mulligan y el inglés antisemita llamado Haines. En realidad, este primer capítulo recoge un hecho real: los días de 1904 en que Joyce vivió en esa torre con su entonces amigo Oliver Saint John Gogarty —iban a menudo juntos a los prostíbulos de los muelles del Liffey— y con un inglés de nombre Trench. La convivencia terminó en una trifulca de borrachos, que es como empieza el libro, justo en la mañana en que el gordo Mulligan, con la bata amarilla flameando al

---

4. Las torres llamadas Martello son construcciones defensivas militares levantadas por los ingleses en los primeros años del siglo XIX en previsión de una invasión napoleónica de las islas que nunca llegó a producirse. Son de piedra, de forma cilíndrica y tienen troneras para instalar piezas de artillería. Hay unas cincuenta por toda la costa oriental de Irlanda y unas pocas en el interior, en las orillas del río Shanon. A principios del XX, los ayuntamientos las alquilaban como viviendas. La que ocupó Joyce durante unos días es hoy un museo en su homenaje.

viento y una bacina de barbero en la mano, declama mirando al mar:

—*Introibo ad altare Dei.*

Elegí, pues, acercarme a la torre de Joyce, al pueblo de Sandycove, a bordo del DART (Dublin Area Rapid Transit), una
suerte de tren de cercanías que recorre los pueblos de la
costa, al sur y al norte de Dublín, a lo largo de casi cincuenta kilómetros. Caminé desde mi hotel a la estación de Connolly bajo un cielo antipático y el aire frío. Era muy temprano
y apenas viajaba gente a esa hora, de modo que había numerosos asientos libres en mi vagón. Sin embargo, una señora
de edad avanzada, delgada y de andares ágiles, que entró en
el compartimento poco después que yo, me dirigió una sonrisa, se acercó y señaló el asiento vacío a mi lado.

—¿No le importa?

—Por supuesto que no, señora.

—Es que nunca me ha gustado viajar sola.

Arrancó el tren. Tenía por delante varias estaciones y
casi media hora de viaje. Resultaba algo grosero, pero abrí
mi ejemplar de *The Irish Times*, porque hablar por las mañanas me produce un cierto desasosiego. Pero a la señora, no
solamente no le gustaba viajar sola, sino que tampoco parecía complacerle el silencio.

—¿A qué estación va? —preguntó de inmediato.

—Sandycove.

—Por Joyce, ¿no?

—Sí.

—Nunca he podido leer su *Ulises*, lo dejo a la tercera o
cuarta página. Pero era un genio, sin duda. ¿Sabe que cantaba muy bien?

—Sí.

—Se dice que llegó a cantar con McCormack, el mejor tenor que ha tenido Irlanda. ¿Lo sabía?

—No.

—Y tocaba el piano y la guitarra. ¿Lo sabía?

—Sí.

Volvió la cabeza hacia mí, doblando el cuello como un lagarto.

—¿No le estaré molestando?

Doblé el periódico y compuse una cortés sonrisa.

—Desde luego que no, señora, es un placer hablar con usted.

—¡Ah, bien! ¿Qué le parece mi país?

—Admiro su cultura, su folclore, su historia…

—¿Qué admira de nuestra historia?

—Hum…, son ustedes un país pacífico, neutral, nunca han invadido a nadie y tienen un arpa en la bandera.

Dio un respingo y me miró con gesto adusto.

—No sé qué historia de Irlanda habrá leído usted, pero le han engañado. ¿Un país neutral, dice usted? En la guerra de Independencia de Estados Unidos, los irlandeses fueron a luchar contra los británicos. En la de Secesión, lucharon irlandeses en los dos lados, e incluso llegaron a combatir unos contra otros en la batalla de Fredericksburg. ¡De locos! En la guerra de los Bóers, hubo una brigada irlandesa luchando contra los ingleses y cientos de irlandeses encuadrados en el ejército británico. En la Gran Guerra del 14, luchamos contra los alemanes enrolados en el ejército inglés. En la Guerra Civil de España, hubo irlandeses en los dos lados. Y en la Segunda Guerra Mundial, murieron treinta y cinco mil irlandeses peleando en el ejército inglés y en el americano. Incluso, algunos del IRA se fueron a combatir junto a los nazis porque decían que era la mejor forma de luchar contra Inglaterra. ¡Locos! Los irlandeses se han aliado a menudo con cualquier enemigo de Inglaterra sin preguntarse casi nunca quién. ¡Mira que ir a luchar al lado de Hitler!

Tomó aire, movió la cabeza hacia los lados y añadió:

—¿Un país neutral y pacífico? Pero ¡si los hombres de Irlanda se matan a puñetazos en los pubs a la primera de cambio...! Como dijo el poeta, los hombres de Irlanda se han pasado la vida peleando y las mujeres llorando.[5] Bueno, no lo dijo así exactamente, pero ésa era la idea. Y por cierto, mi padre murió en El Alamein, en el ejército inglés, ya ve, y dejó cuatro huérfanos. Por casa andaba una medalla hasta hace poco: ya se ha perdido... ¿De qué vale una medalla al lado de una vida?

Dejó de hablar y se bajó del tren poco después sin cesar de mover la cabeza.

En la puerta de la torre de Sandycove, medio centenar de personas hacían cola y otros nuevos íbamos llegando e incorporándonos a la fila. Cuando conseguí entrar a la sala, estaba abarrotada. Puede que cupiésemos unas treinta personas, pero parecíamos muchos más. Lo que sucedía es que estas fortificaciones, robustas y apelmazadas, aparentan ser más grandes de lo que en realidad son: en su interior hay tan sólo un piso subterráneo, que servía de polvorín, y una sala circular, que se utilizaba como vivienda de los soldados adscritos a la defensa del lugar. Desde allí, a través de una esca-

---

5. Debía de referirse a esta frase del dramaturgo Sean O'Casey: «Los hombres deben luchar y las mujeres llorar».

lera de caracol, se alcanza la terraza superior, al aire libre, en
donde se encuentra una plataforma de tiro rodeada por un
parapeto. Son construcciones concebidas para combatir.

En una de las paredes de la sala, se cuenta la historia de
lo que aconteció en ella una noche de borrachera, un hecho
que recoge la novela en su comienzo. Gogarty, que era un
joven poeta y dramaturgo, hijo de un médico rico y, sobre
todo, un tipo singular, había alquilado la torre por ocho libras anuales e invitado a alojarse con él a Trench y a Joyce.
Allí, los tres escribían durante el día, y por las noches, charlaban de literatura y bebían hasta caerse en el camastro. Tras
una de esas veladas etílicas, el 15 de septiembre de 1904,
Trench tuvo una pesadilla y creyó ver una pantera en el techo de la sala. Se levantó, sacó una pistola y disparó al imaginario animal. Y Gogarty, que se despertó con el tiro, informado por Trench, le arrebató el arma y gritó: «¡Déjamela a
mí!». Y se puso a disparar como un loco justo encima del
jergón de Joyce, que escapó corriendo de la torre y ya nunca
volvió. Había pasado seis noches en el lugar.

Gogarty tenía cierto atractivo sobre la gente, y entre los
jóvenes escritores dublineses había cola para ocupar el sitio
dejado por Joyce. La plaza le cayó a James Starkey, amigo de
ambos. Unos días después de su huida, Joyce le escribió a
Starkey pidiéndole que recogiese sus ropas, junto con sus
poemas y el capítulo 12 de la novela que estaba escribiendo,
probablemente *Stephen Hero*: «... si es que no me los ha robado Gogarty», concluía. Un par de semanas más tarde, partía hacia el extranjero con Nora.

Joyce nunca olvidó aquella noche ni le perdonó el susto
a Gogarty. Y se vengó burlándose de él, transmutado en el
gordo Buck Mulligan, al comienzo del memorable primer
capítulo de *Ulises*. En cuanto a Gogarty, que murió en 1957

en Nueva York, tuvo que arrastrar toda su vida la imagen burlesca de un gordo borracho con ciertas pretensiones literarias.

Y ahora, allí dentro, en la sala redonda de la torre, treinta visitantes paseábamos la vista por el techo buscando la sombra de una pantera. Quise pensar que ninguno llevaba pistola.

Afuera, en la terraza, tampoco cabía un mondadientes. Pero la vista era espléndida: la dorada arena de la playa lejana, el mar adusto y bravo, el espacioso cielo en donde peleaban las nubes negras contra el metálico sol, un aire salitroso y frío. Al pie de la torre, entre las rocas grises, se abría una caleta en la que nadaban varios ancianos y niños, desafiando el agua helada. En una caseta se anunciaba el nombre de la peculiar asociación de bañistas: The Sandycove Baths Club.

Pero el espectáculo principal estaba en la terraza, cerca de donde yo me encontraba. Un grupo de jóvenes japoneses, seis o siete, rodeaban a otro de mayor edad, quizá su profesor de literatura, que con una bata de seda amarilla cubriendo sus ropas y una bacina de barbero en la mano, leía en inglés, con voz chillona, el espléndido comienzo de *Ulises*:

> Solemne, el rollizo Buck Mulligan avanzó desde la salida de la escalera […]
> —*Introibo ad altare Dei*.[6]

---

6. He utilizado la afamada traducción de J. M. Valverde para todas las frases de *Ulises* que cito en el libro.

[*Stately, plump Buck Mulligan came from the stairhead*
(…)
—*Introibo ad altare Dei.*]

Me produjo una sensación de comicidad la escena, al escuchar el latín leído con pronunciación nipona. Sonaba más o menos así:

—«*Intloibo ad altale Dei*».

Al final de la lectura, todos los que ocupábamos la terraza aplaudimos al profesor, que nos respondió con buenos modos japoneses, inclinando el cuerpo.

Estoy seguro de que Joyce se hubiera tronchado de risa caso de asistir a la escena.

Regresé en el DART a Dublín para cumplir algunos otros de los rituales del Bloomsday. Por fortuna, el sol había vencido sobre las nubes y la luz acerada del verano atlántico alumbraba Dublín. Me fui andando desde la estación de Connolly hacia el norte, en busca de una casa de Eccles Street, la que fuera, en la ficción, la vivienda de Bloom y Molly. En las calles había ocasionales anuncios que usaban el tirón de Joyce como reclamo. Uno de alimentos decía: «Joyce lo comió». En algunas tiendas de ropa vendían fotos de época junto a otras de Joyce tocado con un *canotier*. Y en todas las librerías, sus obras figuraban en el escaparate.

El número 7 de Eccles Street ya no existe y, en su lugar, hay un hospital. Pero cuando llegué, un grupo de unos cincuenta visitantes joycianos se congregaban en la acera de enfrente, junto a una puerta pintada de verde, para asistir a una pequeña función en la que dos actores, un hombre y una mujer, en los papeles de Leopold Bloom y su esposa

Molly, representaban un *sketch* sacado del capítulo 4 de *Ulises*.

Lo hacían muy bien. Casi todo el peso de la presentación lo llevaba el hombre, que iba leyendo párrafos del libro mientras actuaba. Le seguimos hasta la esquina y, en una tienda, compró un riñón de cerdo. Desde allí volvió a la puerta de la casa y dialogó brevemente con Molly. Luego le preparó el desayuno a la esposa, que se zampó el riñón encantada. Un gato de peluche presenciaba la escena. Hubo un nuevo diálogo con Molly tras el desayuno y, al fin, el supuesto Bloom se apartó, se bajó los pantalones y simuló que procedía a aliviarse en una imaginaria taza de váter mientras leía el periódico. Todo muy realista. Aplaudimos a rabiar mientras el actor pasaba el sombrero pidiendo la voluntad.

Siempre me he preguntado cómo es que el judío Bloom compraba una víscera de cerdo. Pero, claro, él no se la comió, sino que lo hizo Molly, que no era judía. A Joyce le tacharon de escatológico por la escena de la deposición.

Más abajo, en Temple Street, frente a la iglesia de Saint George y cerca del colegio jesuita de Belvedere en el que estudió Joyce, un voluntario leía a un grupo de gente uno de los cuentos de *Dublineses*, para muchos lectores el mejor libro del escritor, incluido *Ulises*. John Huston fue uno de sus grandes admiradores y llevó al cine el relato «Los muertos» bajo el título *Dublineses*.

La policía había cortado, más al sur, North Great George's Street, donde se encuentra el James Joyce Centre. Unas mil personas vestidas de época deambulaban de un lado para otro y muchos hacían cola ante un improvisado quiosco en el que servían riñones de cerdo asados y pintas de Guinness. Siendo hora temprana, no sorprendía que muchos le hicieran ascos al riñón, pero sí que era de extrañar que casi nadie le hiciera ascos a la Guinness.

Frente al J. J. Centre, al aire libre, habían instalado un pequeño escenario y grupos de actores —la mayoría de la compañía de teatro Balloonatics— representaban *sketches* de la obra de Joyce.

Entre las risas de la gente, un muchacho interpretó la escena de la masturbación de Bloom en la playa de Sandymount mientras contemplaba a la cojita Gerty MacDowell,[7] algo de lo que hablaré más tarde. Y a fe que lo hizo con un realismo apabullante: se había colocado un plátano o algo parecido bajo el pantalón y, sobando el fruto por encima de la tela, entre gemidos que crecieron hasta parecer rebuznos, alcanzó al fin el supuesto clímax. Los espectadores aplaudieron con entusiasmo mientras el chico sonreía parafraseando a Joyce:

—Estoy mojado y pringoso.

¿Quién podría imaginar en 1922, cuando el gobierno del país prohibió la obra por obscena, que la gente de Dublín acabaría por celebrar en 2004 sus procacidades al aire libre y entre el jolgorio general?

El tiempo todo lo abraza y diluye. Y en cualquier caso, Irlanda siempre fue un país exagerado: para lo bueno y para lo malo.

Llegaban las autoridades municipales. La gente aplaudía y los responsables del J. J. Centre salían a recibir a los que, en estos casos, pagan el festejo. A los eventos culturales los políticos suelen llegar sonrientes, y si se trata de echar un discurso sobre el asunto, alguien se lo ha escrito.

---

7. Gerty MacDowell es un personaje del capítulo 13 de *Ulises*: una adolescente coja.

En cualquier país son gente inevitable a la hora de ponerse delante para la foto de turno. Junto con las autoridades llegaban dos chicas jóvenes vestidas y peinadas a lo punk, de las que alguien dijo que eran algo así como sobrinas bisnietas de Joyce.

Un periodista se acercó a preguntarle a un concejal:

—¿Qué opina de Joyce?

—Un genio dublinés.

—¿Ha leído *Ulises*?

—Esa pregunta no merece respuesta.

—¿Y qué opina de la cojita Gerty?

—¿Quién era?, ¿la hija de Joyce? He oído que tenía problemas de salud.[8]

Las niñas sobrinas bisnietas punk subían la corta escalinata del J. J. Centre.

—¿Han leído la obra de su antepasado? —preguntó el mismo periodista.

—¿Para qué? —respondió una de ellas con gesto algo rebelde.

—Calla —dijo la hermana—. Le queremos mucho —añadió dirigiéndose al periodista—. Siempre nos llaman a todas las fiestas en su honor.

—No hay quien lo lea, no hay quien lo entienda —afirmó la primera.

—*Fuck you! Will you shut up?*[9] —ordenó la otra.

Dignas de su apellido, sin duda.

Al tiempo, pensé que aquel humilde informador, de quien ignoraba el medio para el que trabajaba, acabaría ga-

---

8. La hija de Joyce, Lucia Anna, sufrió problemas psiquiátricos graves toda su vida. El famoso psicoanalista Carl Jung le diagnosticó esquizofrenia. Lucia murió en un hospital psiquiátrico de Inglaterra.

9. «Vete a la mierda. ¿Quieres callarte?»

nando un Pulitzer si continuaba por el recto camino perio-
dístico de la impertinencia.

Seguí ruta y en el coqueto bar de Davy Barnes, junto a Grafton Street, me tomé un canapé de queso gorgonzola y un
vaso de borgoña, como hizo Bloom aquel 16 de junio de
1904. Joyce ha hecho ricos a los dueños de este local, que
todo ese año de 2004 vendían el maldito queso y el maldito
vino por 10,45 euros. Imagino que, en los años siguientes,
el precio habrá subido. Conforme seguía los rituales del
Bloomsday, cada vez me iba gustando más James Joyce y
menos los que chupan del bote por su fama. Y el alcohol iba
apoderándose más y más de mi cabeza.

No recuerdo el sitio en el que almorcé. A las tres estaba
en el bar Ormond, en donde discurre el capítulo de las Sirenas de *Ulises*, el que hace el número 11. Es el llamado «Capítulo Musical», un texto casi incomprensible que hay que
leer, al parecer, cantando. Como es sabido, las sirenas, mujeres con cuerpo de pájaro, atraían en la Odisea homérica a
los navegantes con una canción en la que les prometían la
sabiduría eterna y, luego de matarlos, los devoraban. En el
Ormond, los joycianos del Bloomsday, ya borrachos, cantaban sin tregua y a voz en grito el *Finnegan's Wake*, un tema
tradicional que le fascinaba a Joyce y con el que tituló su
última e incomprensible novela.

La historia que cuenta la canción es realmente asombrosa: hay un funeral, el de Tim Finnegan, un borracho empe-
dernido, y la gente acude al velatorio. La viuda saca *whiskey*
y todos empiezan a beber. Y cada vez acude más gente, corriendo la voz de que hay un gran cachondeo en el funeral
de Finnegan. Y todos y todas se emborrachan. Y se pelean,

todos contra todos y todas contra todas. Y vuelan las botellas. Y una cae encima del muerto. Y el muerto resucita y
dice que ya está bien de desperdiciar el *whiskey*.

Hay una gran juerga en el funeral de Finnegan.[10]

[*Lots of fun in Finnegan's Wake.*]

Regresé casi tambaleándome hacia mi hotel por el Bachelor's
Quay, que discurre junto a la orilla izquierda del río Liffey.
Tenía unos deseos enormes de tumbarme en la cama tras el
agotador día de Joyce.

Pero en la gran O'Connell Street sonaban músicas impe-
riales. ¿Otro homenaje a Joyce?

Ni mucho menos. No sólo era el Bloomsday en Dublín,
sino también el China's Day en Irlanda; y cientos de chinos
y chinas, ataviados con sus tradicionales trajes de seda, desfilaban tras un mitológico dragón de cartón piedra, pintado
de rojo, haciendo sonar sus silbatos y platillos.

¡Lo que hubiera disfrutado Joyce colocando a su Bloom,
borracho y a la cabeza de un desfile de chinos!

Logré cruzar O'Connell trastabillando, y alcanzar mi
hotel. Y pensé que había sobrevivido con cierta dignidad al
Bloomsday. Pero allí, en el hall, me esperaba la última sorpresa: ante medio centenar de clientes, una actriz leía párrafos del capítulo final de *Ulises*, párrafos del «escandaloso»
monólogo de Molly Bloom, en el que, entre otras cosas, la
esposa de Bloom cuenta cómo vagaba por los muelles de

10. Canción popular muy conocida y cantada en Irlanda. De hecho, se
considera una canción típica de pub, o sea, de borrachos.

Gibraltar algunos anocheceres para buscar marinero «recién desembarcado» que estuviera caliente para hacerlo en cualquier portal.

Y me quedé hasta escuchar el mayestático final:

> … y entonces me pidió si quería yo decir sí […] y sí dije sí quiero Sí.

> [… *and then he asked me would I yes to say yes* (…) *I said yes I will Yes.*]

Ni siquiera la melopea logró apartarme del melodioso ritmo que impregna el texto. ¡Qué bien suena ese rotundo y majestuoso «*I will Yes*»!

2

Iglesias, pubs y más literatura

Me encontré con mi chica en el muro de la central de gas
y tuve un sueño junto al viejo canal:
besé a mi chica en la pared de la fábrica.
Vieja ciudad sucia,
oh, vieja ciudad sucia.
Escuché una sirena desde los muelles,
vi un tren que iluminaba de fuego la noche,
olfateé la primavera en el viento cargado de humo.
Sucio viejo pueblo:
oh, sucio viejo pueblo.[1]

[I met my love in the gas works wall
Dreamed a dream by the old canal
I kissed my girl by the factory wall
Dirty old town,
Oh, dirty old town.
I heard a siren from the docks
Saw a train get the night on fire
I smelled the spring on the smoky wind
Dirty old town
Oh, dirty old town.]

1. Canción muy popular en Dublín que encierra una sutil crítica social.

Quería apurar mi visita a Dublín y, pasada la resaca del Bloomsday, al día siguiente por la mañana me di una vuelta por los «sucios» muelles del Liffey y, tras comer en un pub, seguí mi paseo por iglesias y pubs histórico-literarios. El primer lugar, obligado para todo visitante de Dublín, era la catedral de San Patricio.

San Patricio, el patrón de Irlanda, fue un gran santo. Se dice que en el 432 d.C. llegó desde el continente a cristianizar la tierra salvaje de Éire, el último territorio europeo antes de ese océano feroz que era el Atlántico. Como los romanos no habían puesto el pie en Irlanda, ya que se detuvieron en Inglaterra peleando contra la reina Boadicea, el pobre Patricio no tenía manera de entenderse con los nativos, y mucho menos de convertirles a la fe de Cristo. Entonces ideó un truco: se fabricó una garrota imponente y, a palo limpio, no dejó una serpiente en toda la isla. Eso pareció conmover los tiernos corazones de los salvajes irlandeses de aquellos años. Pero el milagro no fue suficiente como para que permitieran ser evangelizados.

Patricio se puso a pensar qué hacer y, mientras, observaba con detenimiento a los indígenas para descubrir qué era lo que más les complacía. Y reparó enseguida en que su afición favorita era beber. Pero ingerían unos terribles brebajes producidos por la fermentación de plantas raras que provocaban enormes dolores de cabeza, ataques de locura y, a veces, peleas colectivas en las que intervenían cientos de personas dándose de palos con mazas y bastones.[2]

Y en ese momento cayó en la cuenta de que, en el fondo

---

2. Hasta bien entrado el siglo XIX, estas peleas masivas entre clanes, que producían numerosos muertos, eran relativamente frecuentes en los condados del sudoeste irlandés, especialmente en Kerry y Tipperary.

de su bolsa de viaje, llevaba un alambique fabricado en
Europa. Lo sacó, lo puso a calentar y pidió a los nativos que
le trajeran granos de centeno. Cuando el licor estuvo listo,
lo dio a beber a los naturales. Y éstos quedaron tan encantados que, en lugar de luchar, se pusieron a cantar cogidos
por los hombros. Patricio siguió destilando mientras los
otros le enseñaban gaélico y bebían y cantaban. Y Patricio
bautizó a su bebida como «Uisce Beatha» (agua de la vida),
término que se simplificó hasta quedar en «fuisce» y que,
con el paso de los años, derivó en *whiskey*. Luego, los escoceses copiaron la fórmula y le quitaron la «e» al nombre de
la bebida, dejándolo en *whisky*.

Eso sí que fue considerado un milagro. Y todos los irlandeses se convirtieron en masa al catolicismo. Sin duda,
Patricio merecía una catedral.

> *Con el «ring dum a doo dum-a-da»*
> *hoy he dado un gran golpe,*
> *hoy he dado un gran golpe*
> *y hay whiskey en la jarra.*[3]

> [*With me ring dum-a-doo-a-da.*
> *Whack for the daddy-o*
> *Whack for the daddy-ay*
> *There is whiskey in the jar.*]

Como habrá adivinado el lector, la anterior es una leyenda
inventada por mí, pues los irlandeses se toman muy en serio
a san Patricio. Pero mi leyenda tiene origen en dos mitos del

3. Canción sobre un tal capitán Farrell, asaltante de caminos.

país: que san Patricio expulsó a todas las serpientes de Irlanda y que introdujo el alambique en la isla. La realidad es
otra, pues nunca hubo serpientes en la isla y el *whiskey* se
produjo por primera vez en Irlanda, destilado por unos
monjes, en el año 1405. De modo que, ante el mito local, yo
opongo el mío.

También es cierto que la Iglesia católica en Irlanda es
más cristiano-celta que cristiano-romana. Y es un poco una
Iglesia «a la carta», algo que se ha ganado y que Roma acepta. Pero la Iglesia católica ha dejado siempre solos a los irlandeses rebeldes que luchaban en su nombre, porque la
Iglesia católica va siempre a lo suyo. Y eso resulta curioso y
chocante, ya que Irlanda nutre de un buen número de curas
y de monjas al Vaticano en tiempos de desfallecimiento de
las vocaciones religiosas.

En todo caso, Irlanda no se comprende bien sin la religión. Heinrich Böll afirmaba en su *Diario irlandés* que, gracias a los satélites, se había podido comprobar científicamente que Irlanda es el territorio del planeta más cercano al
cielo: unos cuarenta metros casi exactos. Y en otro momento, el escritor alemán señalaba: «Aquí se ama a Dios con
vehemencia y se le odia sin duda con la misma intensidad
[...]. Aquí traga la gente religión hasta la náusea».

El dramaturgo y premio Nobel Samuel Beckett parece
darle la razón a Böll cuando escribe: «¡Roguemos a Dios...!,
el muy bastardo. Y ni siquiera existe».

Y Stanislaus Joyce, educado como católico, que detestaba a la Iglesia mucho más todavía que su hermano James
—y eso era mucho odiar—, escribe por su parte: «La jerarquía católica..., esa confederación de solteros libidinosos».

A muchos irlandeses, como a muchos españoles, entre
los que me cuento, la Iglesia católica ha conseguido, con

encomiable y sabio esfuerzo, convertirnos en ateos practicantes.

La catedral de San Patricio, que se alza en una pequeña hondonada al sudoeste del centro de Dublín, es un templo gótico, grisáceo, robusto y hierático. Impone, sin duda. Contra lo que muchos creen, no es una catedral católica, sino protestante, o dicho de otro modo: la sede principal de la Iglesia de Irlanda, independiente de la anglicana. Porque en la República de Irlanda, también contra lo que muchos creen, la minoría protestante y la mayoría católica casi siempre han vivido en armonía, al menos desde el siglo XVIII. E incluso, muchos de los grandes patriotas de la causa de la independencia y muchos escritores eran protestantes. Por ejemplo: Wolfe Tone y John Mitchel, y William Yeats y Samuel Beckett. Lo que ocurre es que los Troubles del Ulster —los conflictos de Irlanda del Norte durante los años 60, 70 y los 80— crearon la idea de que existe un conflicto secular entre católicos y protestantes en Irlanda. Y no es así. En el Norte, lo que existe es un hondo conflicto social teñido de religión.

Y san Patricio, que llegó a Irlanda antes de que la cristiandad se desgajara en dos Iglesias, es el patrón de todos los cristianos en la República del Sur.

Casi más que un templo de fe, San Patricio es un homenaje a un gran escritor satírico, protestante, que fue deán de la catedral. Me refiero a Jonathan Swift, nacido en Dublín en 1667.

Decir que Swift fue un patriota irlandés quizá sea mucho decir, sobre todo porque se educó en Inglaterra y se pasó una buena parte de su vida al servicio de señores ingleses. Era de una inteligencia extraordinaria y la ironía de su pluma ha sido superada por muy pocas otras. Su más famoso trabajo lo constituye el libro *Los viajes de Gulliver*, una fantasía que contiene una amarga burla sobre la condición humana.

En los días en que era deán de San Patricio, Irlanda era un país muy pobre y la mayoría de las tierras pertenecían a los ricos hacendados de origen inglés. Los campesinos sobrevivían como mano de obra barata o por el sistema de subarriendo de tierras y vivienda, alquiler que debían pagar anualmente, en productos y dinero, a sus señores. Era, en definitiva, un sistema casi de esclavitud.

De modo que la miseria azotaba a muchos hogares irlandeses y la mortandad por hambre era muy elevada.

Y entonces, en el año 1729, Swift publicó un libro al que llamó *Una modesta proposición* (*Para prevenir que los niños de los pobres de Irlanda sean una carga para sus padres o el país y para hacerlos útiles al público*). Era una suerte de pequeño panfleto en el que proponía una fórmula para combatir el hambre. Y era tan sencilla como ésta: ya que los irlandeses pobres tenían muchos hijos, podrían venderles algunos de ellos a los terratenientes ingleses para que se los comieran.

Swift afirmaba que un amigo americano de Londres le había dicho que la carne de un niño de menos de un año era un alimento delicioso, nutritivo y saludable y que se podía guisar como estofado, asado, al horno, hervido e, incluso, en fricasé o como ragú. Añadía que, si las madres los alimentaban bien con su leche, podían ser ofrecidos, regordetes y mantecosos, a la venta a personas de fortuna; y que, incluso, con la piel podían fabricarse delicados guantes de señora y botas de verano de caballero. Agregaba que el asunto podía suponer, además, una ventaja política para los ingleses: puesto que las familias pobres católicas irlandesas tenían muchos hijos, al venderlos a los ingleses para comérselos, descendería el número de «papistas», los enemigos tradicionales de la Inglaterra protestante. Swift concluía diciendo que el objetivo de su idea no era otro que el bien de su patria, ya que, cuidando a los niños para venderlos como alimento, se aliviaría de penas al pobre y se daría placer al rico.

Naturalmente, el libro fue tomado por muchos de sus contemporáneos, entre ellos críticos y profesores, como una gran irreverencia literaria, escrita con falta de decoro y repleta de mal gusto.

Pero yo me pregunto si no sería Swift, en el fondo, un gran patriota irlandés. Al menos, todo parece indicar que ponía su pluma al servicio de los más sufrientes. También demostró que el alma libertaria irlandesa puede ser tan protestante como católica. Los irlandeses, en todo caso, le consideran uno de los suyos.

Yeats escribió un hermoso epitafio en honor de Swift:

> Swift ha navegado hacia el descanso;
> allí la salvaje indignación
> no puede lacerar su pecho,
> imítale si te atreves,
> viajero desvariado por el mundo;
> él sirvió a la libertad humana.[4]

---

4. Del libro *La escalera de caracol y otros poemas*.

[*Swift has sailed into his rest;*
Savage indignation there
Cannot lacerate his breast.
Imitate him if you dare,
World-besotted traveler; he
Served human liberty.]

Delante de San Patricio se extiende una gran explanada de hierba sembrada de pequeñas arboledas y, en un extremo del jardín, crece una suerte de largo muro en el que se alinean una serie de pequeños receptáculos que parecen nichos. No son tales, sino una hilera de placas que rememoran a los grandes escritores dublineses. Lo llaman Literary Parade y ahí están los nombres de Beckett, Behan, Joyce, O'Casey, Synge, Yeats, Shaw, Wilde, Swift, Kavanagh y unos pocos más. ¡Vaya nómina! Hay entre ellos tres premios Nobel y al menos otros tres que merecieron serlo. Y todos nacieron en una ciudad de poco más de un millón y medio de habitantes —eran muchos menos cuando ellos vivían—, en un país de cuatro millones y pico de almas. Hay un cuarto Nobel irlandés que no está en la Parade y que nació en el Ulster: el poeta católico Seamus Heaney.

Regresé hacia el centro de la ciudad, hacia Saint Stephen's Green, el bonito parque donde la condesa de Markievicz tiene una estatua, quién sabe si para conmemorar los dos tiros que le soltó a sangre fría a un policía el día del alzamiento de Pascua, del que luego hablaré. Cerca del parque se erige el sereno y sobrio edificio de la National Gallery, el Museo de Pintura irlandés. La obra que muestra es interesante, casi

una exposición monográfica sobre las pinturas de la familia
Yeats: cuadros de John y Jack Yeats, padre y hermano, res-
pectivamente, del poeta William, quizá los dos mejores pin-
tores de la historia de Irlanda. Y también óleos y dibujos de
las hijas de John, Lily y Elisabeth. Y además, algunas de las
de su nieta Anne, hija de William. El apellido Yeats es inevitable en la historia de la pintura y la poesía irlandesas.

Este museo protagoniza una anécdota curiosa: en cierta
ocasión, cuando ya era premio Nobel, le reprocharon a
George Bernard Shaw, el dramaturgo irlandés afincado en Inglaterra, su poco apego a la patria. Y él respondió con un gesto de generosidad: donando a la National Gallery los derechos que generase su comedia *Pygmalion*. La obra no se había
estrenado aún como musical, una pieza que, bajo el título *My
Fair Lady*, logró uno de los mayores éxitos de la historia de
todos los musicales en la londinense Shaftesbury Avenue y en
la neoyorquina Broadway. Hollywood tampoco la había lleva-
do al cine y, cuando lo hizo, el éxito se redobló. Todavía da
gloria ver la película. ¡Imaginen el dinero que le ha caído a la
National Gallery de Dublín a lo largo de los años gracias a
George Cukor, Rex Harrison y Audrey Hepburn!

The rain in Spain is mainly in the plain...[5]

En el vecino parque de Merrion Square hay algunas estatuas
de escritores. Una muy hermosa de Yeats, por ejemplo, ta-
llada por Henry Moore. Pero la más llamativa es la del poeta

---

5. La letra es de una canción del musical. Era una frase que se ense-
ñaba tradicionalmente en Inglaterra para conseguir un acento elegante. Por
alguna razón que ignoro, en la versión española del libreto, la frase se traduce como «La lluvia en Sevilla es una maravilla».

Oscar Wilde, que sufrió un oneroso proceso judicial y fue enviado dos años a la cárcel, condenado a trabajos forzados. Wilde, con una sonrisa irónica, reposa sobre una roca y su efigie, cosa poco frecuente en los últimos siglos, aparece policromada como en los días de Grecia y Roma. La homofobia no ha sido erradicada todavía en Irlanda y el monumento tiene sobrenombres de corte injurioso, que incluso a veces se publican en la prensa, como «el maricón sobre la roca» («*the fag on the crag*»).

Oscar Wilde, nacido en octubre de 1854 en Dublín, fue un artista dotado de un excepcional talento que triunfó muy pronto, especialmente como dramaturgo, y que durante su juventud gozó de una enorme fama y de una vida cosmopolita y frívola, rodeada de lujos y no pocos excesos. Vivió largo tiempo en Londres, tras estudiar en Oxford, y viajó por Estados Unidos y Europa. Hijo de una familia protestante de la clase dirigente irlandesa, la llamada «Ascendencia», se casó con Constance Lloyd en 1884 y tuvo dos hijos. Pero descubrió pronto que sus tendencias sexuales iban en otra dirección a la que dictaba la rigurosa moral de su tiempo y comenzó a frecuentar hombres más jóvenes que él. Cultivaba la ironía y la paradoja como pocos escritores lo han hecho y muchas de sus frases siguen repitiéndose más de un siglo después de su muerte, acaecida en el año 1900. Ahí van algunas joyas:

> Olvida siempre a tus enemigos. Nada les enfada más.
> Un soñador es aquel que sólo encuentra su camino a la luz de la luna y su castigo es que ve amanecer antes que el resto del mundo.

Las mujeres están hechas para amarlas, no para entenderlas. Es mejor ser bello que bueno. Pero es mejor ser bueno que feo.

El americano Richard Ellmann, en mi opinión el mejor historiador de la literatura irlandesa del pasado siglo, escribe sobre Wilde: «No tenemos más que oír el nombre para saber, de antemano, que la cita que se le va a atribuir convertirá las solemnidades convencionales en agudezas frívolas. Así era mientras vivía y así sigue siendo después de su muerte. Ingenio, gracia, lo imprevisto: en ello radica su esencia. Y, sin embargo, lo que también nos atrae de Wilde es que, como dice Borges, casi siempre tiene razón».

El temperamento apasionado de Wilde fue su perdición. Una vez le dijo a su amigo André Gide: «¿Quieres saber cuál es mi gran drama? Que he puesto todo mi genio en mi vida, mientras que, en mis obras, no he puesto nada más que mi talento».

En 1891 se enamoró como un loco de lord Alfred Douglas, un aristócrata inglés menor de edad, y cuando el padre de éste, el marqués de Queensberry,[6] intentó cortar la relación, lord Alfred Douglas impulsó al escritor a que demandara a su progenitor, acusándole de difamación. Los amigos de Wilde, entre ellos el dramaturgo George Bernard Shaw, le aconsejaron que no emprendiera acciones legales contra Queensberry, un hombre muy influyente y poderoso en la alta sociedad inglesa, pero él desoyó sus advertencias. Unos años antes, Wilde había escrito este aforismo: «Es siempre una tontería dar consejos; pero dar un buen con-

6. El marqués de Queensberry fue el creador de las primeras reglas del boxeo.

sejo es fatal». Y fatal fue para él no escuchar los de sus amigos.

Los abogados del marqués dieron la vuelta a las demandas de Wilde, y de acusador, pasó a ser acusado de pervertir y corromper a menores. El tribunal le condenó a dos años de cárcel y trabajos forzados, pena que cumplió íntegramente entre 1895 y 1897. Cuando salió de la cárcel ya no era el mismo Wilde.

Las dos obras pergeñadas en prisión puede que sean lo mejor de su producción literaria: *De Profundis* y *La balada de la cárcel de Reading*. Como escribe el irlandés Colm Tóibín en su introducción a la última edición de los dos textos en español: «De repente, el sumo sacerdote de la frivolidad y la risa burlona se ha puesto en contra de la frivolidad; está desesperadamente dolido y herido, pero no ha perdido su pleno dominio de las frases, su estructura y alcance».

Dice Wilde en la primera de las dos obras: «El vicio supremo es la superficialidad».

De Profundis es una larga carta escrita desde el presidio a lord Alfred Douglas, en la que le reprocha su desamor y su olvido después de haber sido el responsable de sus desdichas. Pero es al tiempo un texto lleno de referencias literarias, de ideas sobre el arte y la moral, una obra monumental que no vería la luz hasta mucho después de su muerte. Y es también una epístola cargada de pesimismo: «Nadie merece ser amado», escribe.

En *La balada de la cárcel de Reading*, escrita al salir de la prisión pero concebida mientras cumplía su condena —firmada, por cierto, con su número identificativo de presidiario, «C.33»—, Wilde poetiza a propósito de un soldado de la Guardia Real condenado a ser ahorcado por asesinar a su esposa. Los versos son con frecuencia estremecedores:

Jamás vi un hombre mirar
con tanto anhelo en los ojos
ese pequeño dosel azul
que los presos llaman cielo
y cada nube que pasaba
con sus velas de plata.

[I never saw a man who looked
With such a wistful eye
Upon that little tent of blue
Which prisoners call the sky,
And at every drifting cloud that went
With sails of silver by.]

En el poema abundan las reflexiones sobre la vida y la muerte:

Pues todo hombre mata lo que ama,
que lo escuche todo el mundo;
unos lo hacen con una mirada de amargura;
otros con palabras aduladoras;
el cobarde lo hace con un beso;
el hombre valiente, con una espada.

[Yet each man kills the thing he loves,
By each let this be heard,
Some do it with a bitter look,
Some with a flattering word.
The coward does it with a kiss,
The brave man with a sword!]

También, la balada refleja su crítica a las terribles condiciones de vida que soportaban los presos en Inglaterra.

Al tiempo, resulta curioso que a Wilde, que era sobre todo un escritor moralista, se le condenara por un asunto «amoral». Pero el choque entre la moral personal y la social, entre la ética de la razón y la pasión amorosa, no estaba resuelto entonces en la sociedad civil, de la misma manera que no lo está todavía en las posiciones adoptadas por la Iglesia vaticana, por ejemplo, o por estados totalitarios, como el chino. Wilde fustigaba lo que llamaba la «violencia opinante» de sus contemporáneos, una tendencia del absolutismo de la razón no desaparecida todavía de Occidente, por desgracia, y que a él le costó la cárcel. Wilde siempre defendió que el arte tenía un papel de reformador social.

> *Y esto también sé —y sabio será*
> *todo aquel que lo sepa—*
> *que cada prisión que los hombres construyan*
> *será levantada con los ladrillos de la vergüenza*
> *y rodeada con rejas que impidan a Cristo ver*
> *cómo los hombres mutilan a sus hermanos.*

> *[This too I know —and wise it were*
> *If each could know the same—*
> *That every prison that men build*
> *Is built with bricks of shame,*
> *And bound with bars lets Christ should see*
> *How men their brothers maim.]*

Ya he dicho que los dos años de Reading cambiaron a Wilde e hicieron de él otro hombre. Y lo mismo que muchos otros escritores irlandeses, se exilió. Eligió París, donde fue acogido con calor por los artistas franceses, estableciendo una honda amistad, entre otros, con Gide y Toulouse-Lautrec, quien lo había retratado en Londres. «París es la única ciudad civilizada —escribió—... Aquí todo el mundo llama a Verlaine maestro, mientras que en Inglaterra los caballeros cruzarían la calle para insultarle.»

Murió en la capital francesa sin apenas dinero, en noviembre de 1900, con cuarenta y seis años, al parecer de sífilis. Escribió poco antes: «Pues aquel que vive más de una vida, *más de una muerte tiene que morir*». Está enterrado en el cementerio Père Lachaise. Nacido protestante, se convirtió al catolicismo en su lecho de muerte.

Cerca de mediodía, decidí tomarme una pinta de cerveza —¿qué mejor cosa puede hacerse en Irlanda?— y me eché a andar hacia Lower Baggot Street, donde se encuentra una de las tabernas más antiguas de la ciudad: Toner's. Es un lugar curioso, con apartados individuales en la misma barra para los bebedores discretos y pequeños cubículos en la sala, como confesionarios, para las gentes a las que les gusta soplar a solas. Beber puede ser en Irlanda casi un rito de corte religioso.

Olía a madera vieja y a cerveza. Y, claro, había en las paredes fotos de James Joyce y de Patrick Kavanagh. En Irlanda uno no escapa nunca de los escritores.

En una pared, enmarcada, se leía esta historia: Yeats nunca había ido a un pub en su vida y un día, en 1922, cuando tenía cincuenta y siete años, le pidió a Oliver Saint John Gogarty que le llevara a conocer uno. Y Gogarty le condujo al Toner's. Yeats pidió un jerez, lo bebió despacio y, al concluirlo, dijo: «Bien, ya he visto un pub. ¿Sería tan amable de acompañarme de vuelta a casa?».

Gogarty, el Buck Mulligan de *Ulises*, era un tipo curioso.

Amigo de Yeats, éste le consideraba un escritor excéntrico. El mismo año en que llevó a Yeats al Toner's, una de las dos facciones del IRA, enfrentadas a muerte por causa de la partición en dos de Irlanda, quiso secuestrarle. Gogarty escapó lanzándose a las aguas del río Liffey, casi heladas en pleno mes de diciembre. Salvada la vida, prometió que donaría al Liffey dos cisnes. Y se fue a Estados Unidos, donde se dedicó a hacer negocios y a escribir teatro. Unos años después, de visita en Irlanda, cumplió su promesa y echó dos cisnes al río, acompañado por Yeats, circunstancia que fue recogida en fotografías por todos los periódicos dublineses de la época. Murió en Nueva York en 1957, con todas sus obras censuradas en Irlanda por procaces.

De regreso hacia el centro, tomé otra pinta en McDaids, el pub que solía frecuentar Brendan Behan, en un callejón que va a dar a Grafton Street. Behan era un escritor genialoide que, detenido por pertenecer al IRA cuando tenía dieciséis años, pasó cerca de siete entre el correccional y la cárcel. Su experiencia de aquel tiempo la trasladó a una obra teatral que llamó *The Quare Fellow* (El extraño compañero),[7] con la que ganó suficiente dinero en Irlanda y América como para no tener que trabajar en su vida. Durante sus últimos años fue apartándose del nacionalismo político y convirtiéndose en una suerte de anarquista propenso a la provocación y a la ironía. Escribió, por ejemplo: «Tengo una total irreverencia por cualquier cosa relacionada con la sociedad, excepto que se hagan las carreteras más seguras, la cerveza más fuerte, la comida más barata y que los ancia-

7. «Quare» es la pronunciación irlandesa de «queer», que en principio significa algo así como «otro» o «extraño» y que en el argot de ahora se utiliza para tachar a alguien, despectivamente, de maricón. En la obra de Behan tiene el primer significado.

nos y las ancianas estén más calientes en el invierno y más felices en el verano».

Behan era, en cierto modo, un escritor disciplinado. Se levantaba a las siete y escribía hasta las doce, la hora en que abrían las tabernas. Y a partir de esa hora, se pasaba el día de pub en pub. Le gustaba decir que él no era un escritor con problemas de alcohol, sino un alcohólico con problemas de escritura. En su delicioso libro *Mi isla*, cuenta:

> Siempre me ha gustado esa historia de los dos borrachos que salieron una noche de invierno a buscar la tumba de un amigo suyo, Terence Mulcahy. Al cabo de un rato, sin cesar de tropezar en la nieve, encontraron el sepulcro. Uno de los borrachos leyó en la lápida el nombre del difunto: «Terence Mulcahy», dijo. El otro borracho tenía la mirada levantada hacia la estatua de Nuestro Señor que la viuda había hecho erigir… Y tras parpadear un rato ante la figura sagrada, va y dice: «No se parece en nada; éste no es Mulcahy; no me importa quién lo haya hecho».

El McDaids es un pub pequeño y viejo donde las fotos de Behan adornan las paredes. También asoma Joyce en alguna, cómo no. Porque Joyce era un imponente bebedor. Y cerca aparece la de otro ilustre borrachín, al mismo tiempo que estupendo poeta y dramaturgo: Patrick Kavanagh.

Cuando Behan murió, a los cuarenta y un años de edad, con el organismo arrasado por el alcohol, miles de dublineses acudieron a su entierro en el cementerio de Glasnevin. Se dice que fue casi tanta gente como al de Michael Collins, superviviente del alzamiento de Pascua de 1916 y una de las principales figuras de la guerra librada contra Inglaterra entre 1919 y 1922.

Collins, conocido popularmente como «the big fellow» (el grandullón), fue uno de los grandes héroes de Irlanda. Lo mataron cerca de Cork miembros del IRA disidente en el año 1922, durante la guerra civil que siguió a la conquista de la independencia. Un muerto más para la gloria y el martirio de la historia irlandesa. Tenía treinta y un años.

Ahora la llama que alzaste sigue en lo alto
cuando gritaste al cielo,
para terminar con ese asesinato sin sentido y esa vergüenza.
Ha pasado la llama a otras manos y viaja a lo largo del país
llevada por alguien que ni siquiera sabe tu nombre.[8]

[Now the flame that you held high,
When you called out to the sky,
To end this senseless killing and this shame,
He was passed to the other hand and is carried through the land
By some no fit to even speak your name.]

Me restaba un día en Dublín para apurar el vaso de James Joyce. Cuando amas a un escritor no te quieres ir de su lado. Y me quedaban todavía en cartera unos pocos lugares joycianos por conocer.

Así que esa última mañana tomé un autobús en O'Connell para acercarme a Sandymount, que en los días de Joyce era un pequeño pueblo al sur de Dublín y hoy es un barrio de los arrabales de la ciudad, un barrio en el que, por cierto, nació William Yeats. Eran más o menos las diez de una mañana de sol esplendoroso y aire fresco y Dublín olía a hierba cortada.

8. Canción en recuerdo de Michael Collins.

Varias paradas antes de llegar a mi destino y un cuarto de hora después de salir de Dublín, avisté en la lejanía la línea blanca de la playa y el acerado brillo del mar. Allí transcurre parte del capítulo 13 de *Ulises*, titulado «Nausícaa», en el que se cuenta cómo, a escondidas, Leopold Bloom se masturba tocándose por debajo del pantalón mientras contempla a una muchacha joven, casi una niña, Gerty Mac-Dowell, que, tumbada en la arena y no sabiéndose observada, deja a la vista sus bragas. Cuando la niña se levanta para irse, Bloom repara en que es coja.

El 13 es uno de los capítulos del libro que mejor se entienden. Pero ignoro su sentido. ¿Qué tiene que ver la cojita Gerty con la princesa Nausícaa, la hija del rey de la isla Feacia? ¿Y en qué se parece el heroico Ulises, el náufrago desnudo que cae rendido en las playas de Feacia, al salido Leopold Bloom de Sandymount?

¿Se burlaba Joyce de todo el moralismo católico que le habían inculcado de niño en el colegio de los jesuitas donde estudió y donde leyó a Homero en griego clásico? Nausícaa, en la *Odisea* homérica, se enamora perdidamente del náufrago Ulises, pero el héroe la desdeña afectuosamente. ¿Es el envés de ese inocente amor infantil la imagen de un Bloom (recuérdese que en la novela es el álter ego de Ulises) convertido por Joyce en un viejo verde? En *Ulises* hay playas y mar, Bloom vaga desconcertado por los alrededores de Dublín, su Penélope (Molly) le pone los cuernos y todo parece estar en su contra..., y aparece una dulce niña en una playa y Bloom se salva del naufragio masturbándose ante la contemplación de Gerty-Nausícaa. No creo que hubiera en esos días, en toda Irlanda, un solo jesuita que pudiera soportar tal interpretación de un clásico, tanta mofa de la religión, tanto homenaje a Homero. Hablamos de un tiempo en el que todavía no habían nacido el concilio Vaticano II y la Teología de la Liberación.

Al publicarse en 1922 en París, *Ulises* fue tachado de obsceno y prohibido en Irlanda. A Joyce le encantó el asunto. Yo siento a menudo, leyendo el libro, que Joyce se está riendo de todos sus lectores. Y de sus críticos y sus intérpretes, que son legión.

Por otra parte, Joyce siempre afirmó que era la realidad y su experiencia de la vida lo que nutría la temática de sus libros. Le gustaba citar la frase de un ensayista y crítico literario inglés, Walter Horatio Pater: «El arte es la vida vista a través de un temperamento». Y en una ocasión le dijo en París a la escritora norteamericana Djuna Barnes: «Es un hombre muy valiente aquel que se atreve a deformar lo que ha visto y oído». Richard Ellmann, el gran biógrafo del autor de *Ulises*, añade: «Dependía de lo real y, al mismo tiempo, estaba por encima de ello».

Una de las preguntas que con más frecuencia se han hecho los «intérpretes» de Joyce es quién pudo ser el modelo de su personaje Leopold Bloom. Naturalmente que, en cierto modo, es una caricatura del Ulises de la mitología en su deambular por Dublín, igual que Stephen puede representar a Telémaco y Molly a Penélope. Pero ¿quién de su entorno pudo inspirar a Joyce el personaje central de la novela? Algún crítico ha llegado a sugerir que pudiera haber una lejana referencia al patriota Charles Parnell, el héroe irlandés más admirado por Joyce y al que, en su adolescencia, dedicó un poema, hoy perdido, en el que hablaba de la traición de que fue objeto por sus propios partidarios.

No obstante, lo más probable es que la figura real más

aproximada a Bloom fuera el padre del autor, John Joyce. La mayoría de sus hijos crecieron odiándole, según Richard Ellmann, pues era un alcohólico que gastó todo su dinero en apuestas y en empresas absurdas y que convirtió el hogar familiar en un infierno, vagando de domicilio en domicilio cuando le expulsaban de las casas que alquilaba y no pagaba. John y su esposa Mary tuvieron quince hijos, de los que sobrevivieron diez. Y James era el mayor. En cierta ocasión, en el año 1894, absolutamente borracho, John intentó estrangular a su mujer y fue James quien, lanzándose sobre ellos, le salvó la vida. Mary murió muy pronto, en 1903, mientras que John vivió hasta 1931.

El favorito de John era James. Y éste, al contrario que sus hermanos, adoraba a su padre, aunque no solía decirlo casi nunca. Cuando murió John, le confesó a un crítico literario en París: «Jamás dijo [mi padre] nada sobre mis libros, pero nunca pudo rechazarlos. El humor de *Ulises* es suyo; su gente son sus amigos. El libro es su vivo retrato».

Ellmann afirma que John Joyce fue un talento natural despilfarrado a causa del alcohol. Y recoge una frase de su hijo James cuando le preguntaron, poco antes de morir, qué consideraba que había sido su padre: «Una bancarrota», respondió secamente.

También el autor de *Ulises* fue siempre insolvente, arrastró una penosa situación económica toda su vida y bebió tanto o más que su progenitor.

De tal palo, tal vástago... Salvo en el uso de la lengua inglesa.

Descendí del autobús en Sandymount. Era un lugar tranquilo y de aire dulce. Crucé el parque central; rodeado de cas-

taños, un busto de Yeats en bronce se alzaba sobre una columna y aparecía cubierto de grandes cagadas de pájaros,
quizá excrementos de gaviotas. Tenía la cabeza inclinada,
como si se resignara a tamaña humillación.

La playa, con la marea baja de la mañana, se tendía en
una ancha lengua blanca de fina arena y, al fondo, empapada todavía por el mar, mostraba un tono grisáceo. Ahora
olía fuerte a océano, esa imponente palabra con aroma femenino, aunque la gramática le imponga el masculino. La
bajamar había dejado extendidos, en delgadas líneas oscuras, algas y sargazos, babas marinas sobre la arena, y las gaviotas, los cuervos y alguna que otra garza buscaban cangrejos, chirlas y mejillones dejados por las olas. A lo lejos,
hacia el sur, sobre la superficie del mar, se mecían los corpachones de los ferris que van y vienen a la costa oeste de Inglaterra, cerca del largo espigón de Dún Laoghaire.

Me pregunté si la cojita Gerty MacDowell habría existido realmente y si la escena relatada por Joyce tendría algo
de verdadera. Joyce solía traer a sus escritos recuerdos de la
realidad, de su realidad vivida, *sketches* autobiográficos que
luego trascendía literariamente. Quizá él mismo se masturbó un día en Sandymount viendo la ropa interior de una
niña. Pensé que resultaba curioso el hecho de que el paso
del tiempo, un siglo, con dos guerras mundiales en medio,
no nos hayan hecho olvidar el erotismo que transmite la
visión de las bragas de una joven. ¿De qué color eran las
bragas de Gerty MacDowell? Azules: a Joyce no se le escapaba un detalle. Y le excitaban las bragas más que ninguna
otra prenda femenina, según cuenta Ellmann.

Pero la procacidad del capítulo no reduce un ápice el
inmenso caudal de lirismo que impregna las palabras con
que Joyce describe a la muchacha cojita, en un atardecer

que envolvía al mundo «con su misterioso abrazo». Es cierto que Bloom la observa escondido «como la serpiente observa a la víctima» y, tras masturbarse metiendo la mano por dentro de su pantalón, se nota «mojado», «frío» y «pegajoso». Sin embargo, antes ha descrito a la adolescente como esbelta, graciosa, con manos de alabastro, una piel de pureza marfileña y una boca que semeja un arco de Cupido, adornada por una prodigiosa cabellera. Dice: «Ay, señor, esa diablilla cojeante...». («*O Lord, that little limping devil*»).

Una pareja de ancianos buscaba en la arena con un detector de metales. Había gente paseando perros y algún que otro corredor solitario. El espumoso oleaje, en la cercanía de la playa, mostraba un sucio color verde moco. Pero en la distancia se ennoblecía y su brillo se asemejaba al de una moneda de plata recién acuñada.

Una mujer pasó a mi lado, me sonrió y dijo:

—*Great day, isn't?*

Tomé el DART en la estación de Sandymount para seguir hacia el sur y alcanzar la última parada del recorrido de este tren de cercanías, la de Bray, unos veinticinco kilómetros al sur, en donde vivió Joyce durante unos meses cuando aún no había cumplido la mayoría de edad. La infancia del escritor y de sus numerosos hermanos fue casi la de una familia de nómadas: como ya he dicho, el alcoholismo de su padre y su afición al juego no le permitían llegar a fin de mes y, cada cierto tiempo, la familia debía abandonar su domicilio por impago y buscarse una vivienda nueva.

El tendido del ferrocarril discurría ahora cerca de la playa. Cruzamos junto al puerto de Dún Laoghaire, quizá el más grande de la bahía de Dublín: los muelles se abrían en una extensión de casi dos kilómetros, para cerrarse al fondo con la forma de una gran tenaza, dejando una pequeña apertura para el paso de los barcos. En los espigones, numerosos pescadores se afanaban en capturar cualquier cosa. Los he visto iguales en decenas de puertos del mundo: tipos inasequibles al desánimo, armados de imponentes cañas, provistos de todo tipo de anzuelos y carnada abundante, que de cuando en cuando consiguen un pequeño pez del tamaño de un boquerón. Pero ¿quién se comería ese boquerón criado en las gorrinas aguas del puerto de Dublín?

Dirty old town, oh dirty old town...

Entre Dalkey y Killeney, el DART marcha colgado de un acantilado sobre el mar. Daba vértigo mirar hacia fuera. Poco después, al fondo de la bahía azulada de Bray, asomaron las casas que corrían junto a la playa.

Almorcé un sándwich en el bar de la estación, un bonito edificio de color pastel y un lugar cálido para recibir a los viajeros. El bar se llamaba Atmosferic, tal vez porque estaba bien aireado.

Había una torre estilo Martello, casi oculta al lado del muelle, sobre un altozano en donde se encontraban los baños públicos.

Pero esta torre tenía pretensiones turísticas y le habían colocado una suerte de pirámide en lo alto, ornada de cristales azulados. Lucía lo mismo que si al Papa romano le ponen en la cabeza el gorro de Caperucita Roja. Aunque, bien mirado, la indumentaria del Papa tampoco es algo muy normal.

Me eché a andar por la playa, preguntando por la casa de Joyce, y nadie sabía nada. Una mujer me dijo:

—Pobre muchacho… Vivió en tantos lugares diferentes cuando era un niño que podrían hacerse cien museos distintos sobre él. Pero no, yo no tenía noticia de que había vivido en Bray hasta que usted me lo ha dicho. Y es un orgullo…

Al fin di con la casa: era la última de la línea de la playa. Y en el portal tan sólo había un pequeño cartelito que recordaba que allí vivió unos meses James Joyce.

Por la tarde, de nuevo en Dublín, tomé el autobús hacia el norte de la ciudad, en busca de otra de las casas en las que vivió el escritor, en Glengarriff Parade. El hermano de James Joyce, Stanislaus Joyce, en el libro de recuerdos sobre su juventud, habla con cariño de este barrio y de los paseos que los dos daban juntos cuando eran unos muchachos. Más que calle, Glengarriff es un callejón que va a dar a North Circular Road, vía que a su vez cruza Dorset Street Lower, una de las más largas de Dublín. Toda el área es pobre, con casas de humilde construcción, de dos pisos y de ladrillo visto, teñidas de un rojo sucio, y por lo general muy semejantes las unas a las otras, con una escalera exterior en su lado izquierdo a la que se accede tras cruzar una pequeña verja.

Me detuve ante el número 23, siguiendo las indicaciones de Stanislaus. La puerta del edificio era de color rojo. ¿Sería la misma casa de Joyce o habían cambiado la numeración de los portales? No existía cartel que indicase nada, en todo caso.

El sol del atardecer golpeaba en las ventanas del piso superior y, aunque los visillos de las dos habitaciones que daban a la calle estaban echados, se podía ver con claridad el interior.

Y, de pronto, apareció en la habitación de la izquierda
una muchacha en sujetador y bragas. Se colocó delante de un
espejo alto y largo. Era rubia, de piel muy blanca y tenía
una bella figura espigada. Las bragas parecían grises y brillaban como la seda o el satén, y el sujetador era negro. Ella no
me veía porque el sol la cegaba tras los visillos. Y, lentamente, fue poniéndose una blusa negra y luego un pantalón claro. Lo hacía sin dejar de mirarse en el espejo, recreándose
en la contemplación de su bonito cuerpo, coqueta ante sí
misma, cambiando de posición: ora de espaldas, ora de frente, ora de perfil.

Creo que a Joyce le hubiera encantado la escena. Yo lo
disfruté en su lugar, aunque su voyeurismo fuese sin duda
mucho más acentuado que el mío.

Pero a la guerra como en la guerra.

Imagino que a Joyce debía de gustarle una canción tradicional irlandesa que, más o menos, trata de un asunto parecido y que es una de las pocas canciones, que yo sepa, de
tema erótico entre todo el folclore del país:

Mientras paseaba por la ciudad de Dublín a eso de las doce de la
*   noche,*
vi a una dama española lavándose sus pies a la luz de una vela.
Primero los lavaba y luego los secaba sobre una estufa de
*   carbón.*
En toda mi vida he visto jamás una chica tan dulce.
Cuando volví a la ciudad de Dublín hacia las ocho y media,
¿a quién vería sino a la dama española mientras se cepillaba el
*   pelo a la luz del día?*
Primero se lo sacudió y luego lo cepilló y en su regazo había un
*   peine de plata.*
En toda mi vida he visto una chica tan guapa desde que vago por
*   el mundo.*

Volví a la ciudad de Dublín con la puesta del sol.

*¿A quién vería sino a la dama española mientras cazaba una
    mariposa con una red dorada?*

Cuando me vio, huyó de mí, alzando su enagua sobre la rodilla.

*En toda mi vida he visto una chica tan tímida como la dama es-
    pañola.*[9]

[*As I rode down through Dublin city at the hour of twelve night,*

*Who should see but a Spanish Lady washing her feet by the can-
    dle light.*

*First she washed them, then she dried them over a fire of amber
    coal.*

In all my life I never did see a maid so sweet about the soul.

*As I came back though Dublin city at the hour of half past
    eight*

*Who should I spy but the Spanish Lady brushing her hair in the
    broad daylight.*

*First she tossed it, then she brushed it; on her lap was a silver
    comb.*

In all my life I never see a maid so fair as I did roam.

As I went back through Dublin city as the sun began to set,

*Who should I spy but the Spanish Lady catching a moth in a
    golden net.*

*When she saw me, then she fled me, lifting her petticoat over her
    knee,*

In all my life I never did see a maid so shy as the Spanish Lady.]

La noche caía y Dublín, en la zona de Temple Bar, hervía de
vida. Con las tabernas atestadas y abiertas a la calle, cerca
de la medianoche, y la música irlandesa atronando desde el

9. *The Spanish Lady* (La dama española) es una canción de origen desconocido.

interior de los pubs, uno no podía renunciar a tanto jolgorio. Y siguieron las pintas...

Me acodé en una barra repleta de gente para escuchar la
última balada de la noche dublinesa. Sonaba así:

Crecida sobre canciones y leyendas, héroes de renombre,
cuentos del pasado y glorias de lo que una vez fue Dublín,
los salones sagrados y las casas, las rimas inolvidables de los
    niños
de lo que antaño fue Dublín en los raros viejos tiempos.
Formad un círculo de rosas al atardecer,
yo recuerdo la ciudad de Dublín en los raros viejos tiempos.[10]

[*Raised on songs and stories, heros of re-noun,*
The passing tales and glories that once was Dublin town,
The hallowed halls and houses, the haunting children's rhymes,
That once was Dublin city in the rare ould times.
Ring a ring a rosie as the lights declines
I remember Dublin city in the rare ould time.]

Me sentía en casa y empezaba a amar a Irlanda. Me
acordé de una frase de Valentín Puig en su libro sobre la
ciudad: «Basta con llegar a Dublín por primera vez para hacerse irlandófilo». Y también de lo que señala Miquel Silvestre en su libro *La fuga del náufrago*, un relato de viajes por
Irlanda: «Este país se te mete pronto en las venas. Aprendes
pronto a amarlo».

10. Canción muy popular en Dublín, compuesta por Pete St. John.

3

Una terrible belleza

¿Y si fue un exceso de amor
lo que les aturdió hasta que murieron?
Lo escribo aquí en un verso:
McDonagh y McBride
y Connolly y Pearse,
ahora y en el futuro,
en cualquier lugar donde se vista de verde,
han cambiado, cambiado totalmente:
una terrible belleza ha nacido.[1]

[And what if excess of love
Bewildered them until they died?
I write it out in a verse –
McDonagh and McBride
And Connolly and Pearse,
Now in a time to be,
Wherever green is worn,
Are changed, changed utterly:
A terribly beauty is born.]

---

1. Del poema «Pascua 1916», de W. B. Yeats.

Para ahuyentar las resacas no hay nada más indicado que un paseo al aire libre. Y mejor si es bajo la lluvia. De modo que, encapuchado y encogido bajo el chubasquero, caminé Parnell Avenue arriba hasta llegar a lo que llaman Garden of Remembrance («Jardín de la Memoria»), una suerte de escenario que honra a los muertos del alzamiento de Pascua, el movimiento que dio origen a la independencia irlandesa. En el centro del jardincillo hay un monumento horroroso dedicado «a todos los que dieron su vida por la causa de la democracia en 1916». Se trata de un conjunto escultórico que representa a dos hombres y una mujer que van muriendo lentamente y, sobre ellos, alzan vuelo unos cisnes con los picos apuntando hacia el cielo. ¿Serán sus almas?

Por lo general, los monumentos patrios suelen resultar tenebrosos, cargados de muerte y dolor. Quizá se deba a que, a menudo, los diseñan los políticos en lugar de hacerlo los artistas. Y ya se sabe que todo ser humano carente de sentido artístico muestra una pasión desaforada por el simbolismo: las almas tienen alas, como los pájaros, y no hay nada que represente mejor a la patria que una madre; y si la madre llora sobre el cadáver de un hijo, mejor que mejor: porque eso simboliza el martirio.

Los pueblos enloquecen cuando desarrollan una pasión excesiva por su pasado. Pero, bien mirado, ¿qué pueblo no está loco?

Por lo demás, la locura irlandesa es muy particular. Joyce la definió así: «Siempre fuimos leales a las causas perdidas...» («*We were always loyal to lost causes*»).

Desde Parnell, rumbo a O'Connell y hasta llegar al puente sobre el río Liffey, todo es patria, pura patria. Siglos de ser humillada por los invasores han hecho de Irlanda un país cargado de pasión nacionalista: pese a quien pese, incluso a pesar de los intelectuales irlandeses, por lo general apartados del nacionalismo. Joyce, por ejemplo, ya que hemos hablado de él, se exilió, como muchos otros escritores irlandeses, sobre todo porque no aguantaba el tufo nacionalista ni la carga de la religión. «Ya que no podemos cambiar el país —interrumpía las conversaciones políticas en los pubs—, cambiemos de tema.» Casi nunca le hacían caso.

No obstante, detestaba Inglaterra: «Un imperdible irlandés es para mí más importante que una epopeya inglesa», señaló en una ocasión. Y su gran amigo Samuel Beckett, también dublinés y exiliado voluntario en Francia, durante una comparecencia ante la prensa después de recibir el Premio Nobel, no pudo contenerse cuando un periodista le preguntó si Joyce era inglés. Y clamó en francés: *«Au contraire!»* («al contrario»). La sangre es la sangre y tira lo suyo.

Es curioso que cuatro de los grandes escritores dublineses —Wilde, Yeats, Beckett y Joyce— murieran fuera de tierra irlandesa, los tres primeros en Francia y el último en Suiza. Sólo los restos de Yeats regresaron a Irlanda para ser inhumados en el condado de Sligo por deseo propio.

Un patriota irlandés, el sindicalista y comunista «Big» Jim Larkin, que era un orador fantástico, se yergue, esculpido en bronce sobre un elevado pedestal, en medio de la ancha O'Connell Street. Sus dos brazos se alzan hacia el cielo con las palmas de las manos abiertas, como si fuera a recoger el agua de la lluvia o ayudase a un compañero a saltar una tapia, un gesto muy propio de él cuando hablaba enardecido a las masas. En la peana se lee una frase de Sean O'Casey,

uno de los grandes dramaturgos dublineses: «Desafiaba
con su voz de trompeta a cualquier poder que quisiera de-
tener su marcha». Y hay también una placa en la base con
uno de los lemas que más repetía el orador: «Los grandes
parecen grandes porque nosotros estamos de rodillas. ¡Le-
vantémonos!». Y todavía una tercera inscripción en la
peana recoge un verso de Patrick Kavanagh del que no
tomé nota.

Pero el monumento patrio más importante es una oficina: la oficina central de correos (GPO, General Post Office),
en O'Connell Street, frente a la estatua de Larkin. Aquí se
estableció el estado mayor de los rebeldes irlandeses alzados
en abril de 1916, aquí se leyó la proclamación de independencia, aquí se libraron los más duros combates y cerca de
aquí, en una de las calles traseras, Moore Street, el principal
dirigente de la revuelta, el poeta Pádraig Pearse, se rindió a
los británicos cinco días después de iniciarse el llamado
Easter Rising (alzamiento de Pascua).

La GPO sigue funcionando como oficina central de correos y es un edificio sólido y de aire majestuoso. Algunas
placas y una estatua del gran héroe de la mitología gaélica,
Cúchulainn, recuerdan en el interior la rebelión del 1916.
Cúchulainn, según la leyenda, era un caudillo irlandés que
murió peleando en inferioridad de condiciones contra un
ejército enemigo. Pero poco antes de perecer, mientras agonizaba, se hizo atar a una roca para que sus adversarios cre-
yeran que seguía con vida. Y ellos, atemorizados ante el valor del héroe, detuvieron su ofensiva. Sólo cuando un
cuervo se posó sobre su hombro, el enemigo comprendió
que había muerto y atacó y derrotó a los supervivientes de
las tropas de Cúchulainn. Los irlandeses sienten un regusto
heroico por las derrotas.

Sobre el techo del GPO se alzan tres estatuas, y en la del centro es fácil de reconocer a la diosa griega Palas Atenea, símbolo de la sabiduría y de la guerra. ¡Qué mejor diosa para Irlanda! La estatua lleva casco y lanza, como la clásica Atenea; pero en lugar del escudo, sostiene con la mano izquierda un arpa gaélica.

No hay dublinés que no haya pasado frente al GPO al menos una vez en su vida para rendir homenaje a los desdichados padres de la patria. E igual que hizo el hombre que me acompañaba en el autobús que me trajo del aeropuerto a Dublín, vi peatones que pasaban ante el edificio y se santiguaban.

Curioso asunto: cuando la rebelión terminó y los prisioneros eran conducidos por las calles de Dublín para ser internados en cárceles y campos de concentración, la gente enfurecida, sus propios paisanos, les tiraban tomates y les insultaban. Sólo un año después, eran unos héroes y les honraban las canciones populares y los poetas:

> Oh, cayó la negra noche y el ruido de los fusiles hizo temblar a
> la pérfida Albión,
> en medio de la lluvia de plomo siete llamaradas brillaron sobre
> las líneas de acero,
> junto a cada bayoneta refulgente una oración pedía a Irlanda
> que sus hijos le fueran fieles.
> Pero cuando rompió el día, la bandera de guerra aún ondeaba
> sobre el rocío y bajo la niebla.[2]

> [O, the night fell black and the rifles' crack made perfidious Albion reel,

2. Estrofa de *Foggy Dew*, canción citada anteriormente.

'Mid the leaden rain, seven tongues of flame did shine o'er the
    liens of steel,
By each shining blade a prayer was said, that to Ireland her
    sons be true.
But when morning broke, still the war flag shook its folds in the
    foggy dew.]

Todo sucedió como sigue.

En 1916 Irlanda era una provincia de Gran Bretaña y los
intentos llevados a cabo para instalar un sistema de autogobierno irlandés habían fracasado. Inglaterra se hallaba metida de lleno en la Gran Guerra contra Alemania y decenas de
miles de irlandeses combatían como voluntarios, y morían,
en las trincheras de Francia. Al mismo tiempo, los movimientos independentistas, en el interior de la isla, contaban
con mucha fuerza y habían creado organizaciones de corte
militar, aunque mal armadas. Las tropas inglesas y su policía, más atentas a la guerra de Europa que a otra cosa, hacían la vista gorda ante los frecuentes desfiles, o «maniobras», que celebraban, incluso con uniformes militares, las
organizaciones independentistas. En el fondo, Londres no
imaginaba una revuelta y creía que aquellas exhibiciones de
aire belicista eran tan sólo una forma de desfogar orgullos
patrios y ansiedades bélicas.

Los principales grupos independentistas eran tres: el
más numeroso, los Voluntarios Nacionales, liderados por
Eoin McNeill; la Hermandad Republicana Irlandesa (IRB, la
semilla del futuro IRA), dirigida por los nacionalistas de Pádraig Pearse y Thomas Clarke, y el Ejército Ciudadano Irlandés, surgido de los sindicatos obreros, de signo socialista
y comandado por James Connolly. En 1915, estos tres gru-

pos crearon un Consejo Militar conjunto y se dispusieron a organizar un levantamiento armado que proclamara la independencia irlandesa de Inglaterra.

Sir Roger Casement, un irlandés al servicio del cuerpo diplomático inglés que había cobrado fama sirviendo a la Corona como cónsul en el Congo y Brasil,[3] viajó en calidad de espía a Berlín para recabar ayuda de los alemanes y consiguió que éstos le entregaran 25.000 fusiles y un millón de proyectiles. Desde Hamburgo, partió un barco, el *Aud*, con el cargamento de armas, rumbo a Tralee, un puerto en el oeste de Irlanda, en el condado de Kerry, en tanto que Casement y otros dos nacionalistas irlandeses viajaban a bordo de un submarino alemán hacia el mismo lugar.

Pero los servicios de espionaje británicos lograron descifrar los códigos secretos de los mensajes pasados entre Alemania y Dublín y el *Aud* fue interceptado por buques ingleses y conducido al puerto de Cork. Antes de eso, el capitán alemán, Karl Spindler, ordenó arrojar al mar el armamento para que no cayera en manos del enemigo.

Casement desembarcó en la costa oeste el 21 de abril de 1916. Y mientras sus dos compañeros lograron huir, él fue detenido por la policía en Banna Strand, una playa de la bahía de Tralee. Lo llevaron a Londres, en donde sería ahorcado en agosto de 1916.

---

3. Roger Casement, al servicio del cuerpo diplomático inglés, denunció los abusos colonialistas en el Congo durante el reinado de Leopoldo II de Bélgica y la explotación y el genocidio de los indios amazónicos durante el boom del caucho en el Perú. Su actitud le valió el título de sir, concedido por la reina Victoria de Inglaterra. Pero su corazón irlandés le llevó a implicarse en el Easter Rising. Detenido en Tralee, condado de Kerry, fue juzgado y ahorcado por alta traición en Inglaterra. Vargas Llosa ha novelado su biografía en su libro *El sueño del celta* y su figura aparece en mis dos libros de viajes *Vagabundo en África* y *El río de la desolación*.

Tomaron prisionero a sir Roger y se lo llevaron a Londres en
     barco
y lo encerraron en la Torre, como traidor a la Corona.
Él dijo: «No soy un traidor», pero tuvo que ir a juicio
por haber traído rifles alemanes a la solitaria Banna Strand.[4]

[*They took Sir Roger prisoner and sailed to London town*
And in the Tower they locked him up; a traitor to the Crown.
Said he «I am no traitor», but on trial he had to stand
for bringing German rifles to the lonely Banna Strand.]

La pérdida de las armas abrió una honda división en el interior de Consejo Militar. McNeill, jefe de los Voluntarios Nacionales, planteó postergar el alzamiento. Pero los miembros de la Hermandad de Pearse y los del Ejército Ciudadano
de Connolly decidieron seguir adelante. El verbo de Pearse,
un poeta impregnado de romanticismo patrio, convenció al
pragmático Connolly. «El derramamiento de sangre nos
santificará», dijo Pearse. Unos meses antes había escrito en
un poema premonitorio:

La belleza del mundo me ha hecho triste,
Esta belleza pasará.
[…]
Y yo me habré ido siguiendo mi camino
lleno de dolor.[5]

[*The beauty of the world hath made me sad,*

4. La balada *Banna Strand* fue compuesta en honor de Roger Casement por un autor anónimo poco después de su muerte en la cárcel de
Pentonville, en Londres.
5. Del poema «The Wayfarer».

This beauty that will pass.
(...)
And I have gone upon my way
Sorrowful.]

Así le fue. Frank McCourt, en su magnífico libro *Las cenizas de Ángela*, ridiculiza la fascinación irlandesa por el martirio: «Nadie puede pedir que se muera por Irlanda, ni siquiera Pádraig Pearse, a quien fusilaron los ingleses en Dublín en 1916 y que esperaba que todo el mundo muriese con él... Han muerto hombres por Irlanda desde los tiempos más remotos y hay que ver cómo está el país».

A McNeill, sin embargo, no le emocionaron los encendidos sentimientos de Pearse y publicó en el periódico una suerte de contraorden para la desmovilización de las «maniobras» anunciadas para el domingo 23 de abril. Pearse y Connolly se vieron obligados a retrasar una jornada la fecha acordada y fijaron las doce del mediodía del 24 de abril, lunes de Pascua, para el comienzo del alzamiento. Mal armados, con un número menor de fuerzas a las previstas inicialmente, los rebeldes se prepararon para la lucha y para el «sangriento sacrificio», también en palabras de Pearse.

Ese lunes, los voluntarios de la revuelta desfilaron por Dublín como habían hecho otras veces ante la curiosidad de los paseantes. Se cuenta que un conocido periodista, William O'Brian, se paró en la calle ante Connolly y le preguntó: «¿Adónde vais, Jimmy?». «Derechos al matadero, Bill», respondió el comandante rebelde. «¿No hay ninguna esperanza?», insistió O'Brian. «Absolutamente ninguna, Bill.»

Alrededor de mil quinientos hombres, organizados en regimientos, ocuparon varios parques y otros lugares estratégicos de Dublín, entre ellos los Four Courts, sede del Tribunal Supremo dublinés, Saint Stephen's Green y el Hospital General de la ciudad. Al parecer, hasta tal punto fueron sorprendidos los británicos, que un policía que estaba de vigilante en los jardines de Saint Stephen, se negó a dejar su puesto, tomando el asunto por una payasada. La refinada y culta condesa de Markievicz, una ferviente nacionalista designada por Connolly como segundo comandante de la tropa de Saint Stephen, se encargó de demostrarle al agente que aquello no era broma. Por un sencillo procedimiento: ordenó que le pegaran dos tiros. Algunos historiadores, sin embargo, niegan que sucediera tal cosa.

El cuartel general rebelde se estableció en la oficina central de correos, el GPO, con Pearse nombrado líder político del alzamiento y Connolly, comandante en jefe militar. Esa misma tarde, Pearse, ante la puerta del edificio, leyó solemnemente la Proclamación de la Independencia del Estado Soberano de Irlanda. La encabezaba el Gobierno Provisional de los Ciudadanos de Dublín, del que Pearse era el primer presidente, y la firmaban los siete componentes de ese gobierno. El documento defendía los principios de igualdad, democracia y República y se dirigía a «los irlandeses y las irlandesas», algo inédito para aquellos días en los que las mujeres no pintaban nada en política. No está de más añadir que, en el movimiento de la Pascua del 16, había varias mujeres que jugaron destacados papeles.

Los siete signatarios eran Éamonn Ceannt, Thomas James Clarke, James Connolly, Seán Mac Diarmada, Thomas McDonagh, Pádraig Henry Pearse y Joseph Mary Plunkett. De los siete, tres eran poetas (Pearse, McDonagh y Plunkett). Además de eso, Plunkett era dramaturgo y dirigía el teatro irlandés, tarea en la que le ayudaba McDonagh. Pearse era también profesor y editaba una revista. Y el polifacético Mc-Donagh ejercía como maestro.

En cuanto a Ceannt, daba clases de gaélico y era un reputado investigador de la música irlandesa antigua. Él mismo tocaba la gaita. Y por lo que se refiere a Connolly, no sólo ejercía de periodista y escribía artículos con un sentido agudo de la ironía, sino que compuso varias letras de canciones.

Tan sólo Clarke y Mac Diarmada quedaban al margen de cualquier actividad cultural. El primero era dueño de una tienda de tabaco y periódicos en la que se celebraron muchas reuniones clandestinas previas al alzamiento. El segundo era tranviario.

Además de ellos, muchos de los voluntarios que participaron en la revuelta ejercían actividades relacionadas con la literatura y la música: manejaban, pues, mucho mejor la pluma, la métrica y el solfeo que el fusil.

Es probable que la de la Pascua irlandesa del 16 haya sido la revolución más literaria que ha visto el mundo. Y una de las más románticas. Por eso, quizá, continuó arrastrando a hombres y mujeres hacia la causa de la independencia irlandesa en las posteriores generaciones:

«Dime, Sean O'Farrell, dime por qué vienes con tanta prisa.»
«Calla, muchacho, calla y escucha.» Y sus mejillas enrojecieron.
«Traigo órdenes del Capitán: ¡debéis estar listos, rápido y cuanto antes,
pues las lanzas deben estar reunidas a la salida de la luna!»
A la salida de la luna, a la salida de la luna.
Pues las lanzas deben estar reunidas a la salida de la luna.[6]

6. Una de las canciones de signo patriótico más conocidas en Irlanda, compuesta en recuerdo de la rebelión de 1798.

[*«Oh tell me, Sean O'Farrell, tell me why so hurry so».*
«Hush, a bhuach-aill[7] and listen!». *And his cheeks were all*
   aglow.
«I bear orders from the captain: get your ready quick and soon,
For the pikes must be together at the rising of the moon!».
At the rising of the moon, at the rising of the moon.
For the pikes must be together at the rising of the moon.]

El alzamiento de la semana de Pascua de 1916 tuvo, por
otra parte, no poco de chapuza. Brendan Behan, en su libro
Mi isla, cuenta la siguiente anécdota: «Durante esa semana,
una de mis tías fue a la Oficina de Correos para buscar a su
marido, que estaba luchando allí. Por todas partes caían
obuses del cañonero anclado en el Liffey y apremiaron a mi
tía para que se fuera. [Llevaba en brazos a un bebé que luego murió en Francia luchando para el ejército británico en
1944.] Ella se negó a marcharse y continuó preguntando
por su esposo, quien finalmente asomó a través de una ventana protegida por sacos terreros y rugió: "¡Vete, Maggie!".
Y ella gritó como respuesta: "¡Sólo quería saber si ibas al
trabajo por la mañana!"».

Los británicos reaccionaron con rapidez y el martes ya habían movilizado más de cinco mil soldados y policías bien
armados. Metida de lleno en la guerra, Gran Bretaña tenía
la maquinaria militar bien engrasada y nuevos contingentes
de hombres se preparaban en Inglaterra para acudir a la
isla. El general Lowe, en ese momento a cargo de las fuerzas
inglesas, decidió cercar con un anillo de tropas a los ocu-

7. «Muchacho» en gaélico.

pantes del GPO, aislándolos de los otros núcleos tomados por los rebeldes. Y una cañonera británica, el navío *Helga*, subió aguas arriba del Liffey para situarse entre los dos puentes más próximos al cuartel general de los alzados. En pocas horas, las tropas inglesas superaban en una proporción de cuatro a uno a las rebeldes. Y sus armas eran mucho mejores.

El teniente general Maxwell, que había estado al mando de las tropas británicas en Egipto hasta semanas antes, llegó con urgencia desde Londres para hacerse cargo de las operaciones militares y tomar las decisiones políticas pertinentes, sustituyendo en el mando supremo a Lowe, que quedó como su segundo. Fue terminante: si había que volar Dublín para doblegar a los rebeldes, la ciudad entera sería borrada del mapa. El *Helga* comenzó a bombardear de inmediato la GPO y los alrededores, esto es, el centro histórico de Dublín. Luego, los ingleses estrecharon el cerco y trataron de tomar la GPO. Y en uno de esos choques, Connolly fue herido dos veces: la primera en el hombro, por un limpio balazo que no le rompió el hueso, y la segunda en el tobillo, que quedó deshecho por el tiro. Tendido en el suelo, sin nada que le aliviara el dolor, continuó dando órdenes a sus hombres.

El viernes, la GPO, los Four Courts y casi todo el centro histórico de Dublín ardían o estaban en ruinas, a causa de los bombardeos del *Helga*, y Pearse mandó a sus hombres evacuar el edificio de correos, envuelto en llamas. Esa noche, los principales jefes de la rebelión lograron refugiarse en una tienda de ultramarinos de Henry Street, a la espalda de la GPO. Al general Maxwell le importaba un comino deshacer la ciudad. Lo mismo hubiera hecho con las pirámides de Egipto llegado el caso.

La mañana del sábado, los cinco firmantes de la declaración de independencia que se refugiaban en la tienda de Henry Street junto a un grupo de combatientes decidieron rendirse. Una enfermera con bandera blanca partió al encuentro del general británico Lowe para pactar las condiciones de la rendición: Pearse ofrecía que él y los otros firmantes de la declaración quedaran como prisioneros de guerra y el resto de los rebeldes fueran liberados. Pero la respuesta británica fue terminante: rendición sin condiciones. Antes del mediodía del sábado de Pascua, día 28 de abril, Pearse entregaba su sable al general Lowe en Moore Street. Todos los rebeldes se rindieron masivamente en las horas siguientes.

Y así concluyó el alzamiento de Pascua. En los combates cayeron 64 rebeldes. Del lado británico, murieron 142 soldados y policías y otros 397 resultaron heridos. Pero la mayoría de las bajas fueron civiles, atrapados entre dos fuegos o alcanzados por implacables bombardeos británicos: 254 dublineses perecieron y alrededor de dos mil resultaron heridos. Y el centro histórico de Dublín quedó casi por completo arrasado, con unas pérdidas de cerca de dos millones de libras esterlinas entre mercancías destruidas y edificios dañados.

Los prisioneros fueron conducidos en columnas a las cárceles de la ciudad y la gente les arrojaba tomates, los insultaban y les escupían, en su mayoría los viejos, pues temían perder las pensiones que les concedía el gobierno británico. Ya se sabe que, en estas situaciones, antes que la patria está el bolsillo. Por otro lado, había muchos jóvenes irlandeses que combatían en Europa contra Alemania en el ejército inglés, y el alzamiento de Pascua, en cierta manera, fue visto por muchos como una suerte de traición a los hijos de Irlanda, que morían a miles en los cruentos cam-

pos de batalla del Marne, en el Somme, en la lejana Gallipoli...

Londres dio vía a libre al general Maxwell para ahogar
por completo la revuelta. Y el «bloody (sangriento) Maxwell» se aplicó de inmediato a la tarea represiva, sin escrú-
pulo alguno, mientras los irlandeses comenzaban a cantar a
sus héroes vencidos. No les quedaba otra en aquella jornada
de la derrota:

... in the foggy dew.

Probablemente, con su brutalidad, Bloody Maxwell hizo
más por la causa irlandesa que los alzados de Pascua. En
menos de un mes, convirtió a los impopulares rebeldes en
héroes y mártires. Sin pestañear, ordenó una serie de fusilamientos en la cárcel de Kilmainham, al oeste de Dublín.
Tres de los signatarios de la declaración de independencia
—Pearse, McDonagh y Clarke— fueron pasados por las armas el 3 de mayo, sin que ninguno de ellos admitiera la
presencia de un sacerdote. El día 4 les tocó el turno a Edward Daly, Michael O'Hanrahan (un periodista), Willie
Pearse (hermano menor de Pádraig) y Joseph Plunkett. El 5
fue ejecutado John McBride, que no había tenido un papel
relevante en el alzamiento, pero que había luchado como
voluntario contra los británicos en la segunda guerra bóer,
en Sudáfrica, comandando una brigada de caballería. El
día 8 se fusiló a otros jefes menores de la revuelta: Con Col-
bert, Michael Mallin y Seán Heuston, además de otro signa-
tario, Éamonn Ceannt. Y el día 9, en Cork, era ejecutado
Thomas Kent, acusado de preparar el levantamiento en esta
ciudad, aunque no llegara a cuajar. Al mismo tiempo, du-

rante esos días, Maxwell ordenaba la detención de tres mil quinientos dublineses, sospechosos de haber participado o apoyado la revuelta, encarcelándolos, deportándolos a campos de concentración en Gales y formando tribunales especiales para juzgarlos. Los detenidos doblaban en número a los rebeldes de Pascua.

Las noticias de la brutalidad de Maxwell llegaron a Inglaterra y el Parlamento pidió al primer ministro Asquith que cesara en su terrible política de represión. Y éste ordenó a Maxwell terminar con los fusilamientos de inmediato, al tiempo que anunciaba que viajaría con urgencia a Dublín, fijando la fecha para el 12 de mayo.

Maxwell, sin embargo, quería rematar su trabajo. Aún quedaban con vida dos de los firmantes de la declaración de independencia: Mac Diarmada y Connolly, a quien los médicos ingleses trataban de salvar la vida en el hospital de la Cruz Roja de Dublín a pesar de sufrir un avanzado estado de gangrena. Maxwell hizo un gesto y conmutó la pena de muerte por la cadena perpetua a Éamon de Valera y Thomas Ashe, dos de los dirigentes militares del alzamiento. Era una coartada para liquidar su obra.

El día 12, antes de que Asquith desembarcara en Dublín, Mac Diarmada y Connolly fueron conducidos a Kilmainham para ser fusilados. A Connolly hubo que atarle a una silla, pues sus heridas no le permitían sostenerse en pie.

Poco después, en junio, fue juzgado en Londres Roger Casement y sentenciado a muerte, por alta traición, el día 29. Sería ahorcado en agosto. Con él se cerraba la lista de los dieciséis «mártires» del alzamiento de Pascua.

Maxwell fue cesado de sus funciones en los días siguientes al fusilamiento de Connolly y Mac Diarmada. Un año después, en el mes de junio de 1917, los últimos prisioneros salieron de las cárceles. Todo Dublín, incluidos los que arrojaron tomates a los rebeldes el 28 de abril de 1916, se echó a la calle el 21 de junio de ese año para vitorear a la condesa de Markievicz cuando llegó a la ciudad, recién liberada de la prisión de Aylesbury. A la aristócrata, condenada a ser fusilada en los primeros días de la represión, Maxwell le había conmutado la pena de muerte por cadena perpetua merced a su condición de mujer.

El movimiento independentista irlandés se prolongó durante la guerra contra los ingleses de 1919-1922 y concluyó, en diciembre de ese último año, con la proclamación del Estado Libre Irlandés. Siguió, entre 1922 y 1923, una breve pero sangrienta guerra entre dos facciones del IRA y, al fin, la Irlanda independiente comenzó a caminar en la Historia. Muchos de los supervivientes del alzamiento de Pascua ocuparían en las décadas siguientes la mayoría de los puestos de responsabilidad política de la nueva república, como Éamon de Valera, que llegó a ser primer ministro («Taoiseach») y, más tarde, presidente del país.

Quizá desde entonces, Irlanda entera venera a sus escritores. Puede que sea ésa la razón por la que en 1969, a instancias de Charles Haughey, más tarde primer ministro del país, el Parlamento aprobó una ley por la que los derechos de autor de los creadores (ojo, no de los intérpretes) quedaban libres de impuestos. La ley sigue en vigor y los sucesivos parlamentos irlandeses se han negado a derogarla, por más que discrepe de las legislaciones sobre derechos de autor de la Unión Europea.

Lo que son las cosas: a nuestro Cervantes, sin embargo, nada le reportaron sus hazañas y sacrificios en Lepanto. Si acaso, la pérdida de la movilidad de un brazo.

Caminó hacia la muerte como un verdadero hijo de Irlanda,
y bravamente dio la cara al pelotón de fusilamiento.
La orden clamó: «Presenten armas» y «fuego».
James Connolly cayó en la tumba ya preparada para él.
[...]
Los Juzgados de Dublín fueron bombardeados por los ingleses,
querían ahogar el espíritu de libertad.
Pero sobre todo el estruendo se oyó el grito: «No nos rendiremos
    nunca».
Era la voz de James Connolly, el rebelde irlandés.[8]

[He went to his death like a true son of Erin,
The firing party he bravely did face.
Then the order rang out «Present arms» and «Fire».
James Connolly fell into a ready-made grave.
(...)
The Four Courts of Dublin the English bombarded,
The spirit of freedom they tried hard to quell.
Forth above all the din came the cry: «No Surrender».
'Twas the voice of James Connolly, the Irish rebel.]

En su *Diario irlandés*, escribe Heinrich Böll: «Al fin y al cabo fueron poetas irlandeses quienes iniciaron y llevaron a término algo que parecía conmovedor [el alzamiento de Pascua], pero que acabó de una manera nada conmovedora; lo que hicieron fue una locura; pero, pese a lo demencial, era más realista de lo que puso en marcha aquel intelectual ya entrado en años que se llamaba Vladlimir Ilich Ulianov [Lenin]».

Ser irlandés, dijo alguien que no recuerdo, no es un regalo; es un martirio.

8. Canción en honor de James Connolly, una balada muy popular todavía hoy.

4

Rumbo al oeste

Adiós a las colinas de Kerry, nunca volveré a veros.
¿Por qué dejé mi casa?, ¿por qué crucé el océano
dejando a los alegres pájaros cantando alrededor de ti, dulce
*   Tralee?*[1]

[Adieu the hills of Kerry I'll never see you no more.
Why did I leave my home? Why did I cross the sea
And leave the small birds singing around you, sweet Tralee?]

El azar te juega en ocasiones malas pasadas y, en otras, te hace regalos inesperados. Ya he dicho que quería pasar unas semanas en Irlanda durante este verano de 2012 para escribir mis recuerdos del viaje por el país en el año 2004, pues pretendía impregnarme del aire irlandés mientras escribía. Y escogí Westport sencillamente porque encontré allí las condiciones que yo deseaba: una vivienda agradable en el centro de una localidad pequeña del occidente irlandés en

---

1. Canción popular del condado de Kerry. Tralee es la capital del condado.

la vecindad del mar. Internet se encargó de encontrármela. O a lo mejor Westport se encargó de encontrarme a mí. Quiero pensar que entre la pequeña ciudad y yo nació un amor a primera vista. Mis días de Westport rezuman felicidad y amor.

Y aquí estoy. La vivienda es un apartamento muy espacioso en un viejo molino rehabilitado. El pueblo, situado en el condado de Mayo, tiene unos seis mil habitantes, ha sido considerado durante cuatro años el más limpio (tidy) de Irlanda, y en este 2012 ha ganado el título del lugar con mayor calidad de vida del país. La pequeña villa, situada al norte de Connemara y Galway y al sudeste de la isla de Achill, se tiende a una milla y media de la bahía de Clew y está bien comunicada con Dublín, a unas tres horas por tren y más o menos lo mismo en coche. Yo he venido en tren.

Pero lo importante, el regalo que la casualidad me ha deparado en Westport, es la vitalidad de la villa. El pueblo guarda una gran armonía en sus edificaciones, casas de estilo georgiano de dos plantas, con una ancha plazuela, el Octagon, siempre alegre por los vivos colores que le presta el mercadillo de flores. En el centro se alza sobre una alta columna la estatua de san Patricio, con la garrota de matar serpientes en la mano y un gran reptil, moribundo, enroscado en ella.

En Westport hay una veintena larga de pubs y en casi todos, cada noche de la semana, se escucha música en vivo. La gente viene a oír las baladas tradicionales irlandesas desde los pueblos vecinos, Newport y Castlebar, principalmente, y la noche de la localidad está cargada de vida. Las leyes en Irlanda determinan que, entre semana, los pubs deben cerrar a las once de la noche, y los festivos y sus vísperas, a las doce. Pero llegada la hora, los pubs echan el candado a la puerta principal, dejan abierta una trasera y sigue la juerga hasta las tantas. Los menores de dieciocho años tienen vetada la entrada en las tabernas a partir de las nueve de la noche, y sin embargo en Westport se quedan hasta que deciden sus padres. Las dos tabernas musicales más famosas y las más concurridas del pueblo son The Porter House y Matt Malloy's, de la que es dueño uno de los miembros del conocido grupo de música gaélica The Chieftains. También pueden oírse bellas canciones en el Bourke's, al otro lado del río, y en un par de bares de la plaza del Octagon. A los habitantes de Westport les llaman «covies», que viene de la palabra «cove», ensenada. Y el apellido más abundante en Westport es Malloy.

La villa no tiene una historia muy importante, lo cual la hace más relajada y agradable que otras, porque no está obligada a comportarse de acuerdo con su historia, asunto que suele resultar muy fatigoso para los habitantes y para los visitantes de los lugares célebres por su pasado. En el pueblo nació John McBride, fusilado tras el alzamiento de Pascua de 1916, quien además combatió a los ingleses en la segunda guerra bóer de 1899-1902. No deja de resultar curioso que este hombre de guerra tuviera un hijo, Sean McBride, al que en 1974 le fue concedido el Premio Nobel de la Paz. Se ve que los excesos bélicos de John agotaron la sed de guerra de las siguientes generaciones de McBrides. Por cierto: John, del que hablaré más tarde, era un auténtico salvaje.

En el siglo XVI, Westport, la bahía de Clew, parte de la costa que se tiende al sur y al norte, así como varias de las islas cercanas, fueron el reino de una mujer pirata, Gráinne Ni Mháille en gaélico, Grace O'Malley en inglés. El poder de esta bucanera era inmenso y su genio para la guerra, asombroso. Llegó a plantar cara a la reina Isabel I de Inglaterra, con quien se entrevistó en Londres, y pactó con ella una tregua. Tenía un poderoso ejército mercenario de soldados escoceses e irlandeses, una línea de castillos y fortalezas en la costa y una flota de barcos nada desdeñable. La reina pirata, que se hacía llamar «Soberana de Umaill», solía residir en la isla de Claire, frente a la bahía de Clew. Cumplía así con la tradición, porque ya sabemos que todo pirata debe vivir en una isla. Sus descendientes aún residen en Westport.

Cerca de aquí, surgiendo desde el mar como una pirámide de roca seca y sembrada de guijarros y lajas basálticas, se alza el Croagh Patrick, el Monte de Patricio, a 762 metros sobre el nivel del mar. Ya en tiempos de los celtas era una montaña considerada sagrada. Y ha seguido siéndolo para los cristianos, pues la tradición afirma que san Patricio alcanzó la cumbre en el año 441 y permaneció allí 40 días ayunando. Al finalizar su dieta, desde la altura, decretó el destierro de todas las serpientes y demonios de Irlanda.

Cada año vienen a escalar la montaña, hasta la capilla que hay en la cumbre, un millón de peregrinos. La mayoría se acercan para cumplir una penitencia y muchos suben descalzos, e incluso de rodillas. Una vez en lo alto, tienen que dar siete vueltas a la capilla mientras rezan siete padrenuestros y siete avemarías. Un ceremonial parecido al que hacen los musulmanes alrededor de la piedra sagrada de La Meca.

De modo que, en este bonito, apacible y alegre pueblo del oeste irlandés, paseo —a menudo bajo la lluvia—, almuerzo patas de cangrejo de mar con mayonesa y mejillones con salsa cremosa de ajo, contemplo los hermosos cielos atlánticos, que al atardecer tienen el brillo de la hoja de un sable herida por la luz del sol, y, muerto el día, bebo unas pintas de Guinness en un pub donde toquen música en vivo, para seguir escuchando cómo canta Irlanda.

Es fácil hacer amigos aquí. A Kathy Mulligan, una dublinesa, y Eve Forester, de origen inglés, las conocí en un pub, en el Quay de la bahía de Clew. La primera trabaja en una oficina bancaria de Westport y, cada vez que me encuentro con ella, me insiste en que le cante algo de flamenco. No puede creer que yo no sepa casi nada de cante. Eve, por su parte, es una mujer entrada ya en años pero todavía excepcionalmente hermosa, que afirma ser bisnieta del novelista inglés del mismo apellido —el autor de *La Reina de África*—, que ama las viejas baladas y que se une a corearlas con los cantantes en los pubs aunque tiene una voz espantosa.

Paul Bordiss es un pintor inglés, cincuentón, fortachón y con una nariz grande y patatuna, al que le encanta cantar. Todas las noches hace la gira de pubs, con la esperanza de que los grupos que tocan le inviten a interpretar un par de piezas. Como es hombre de campo, sus temas pictóricos son a menudo retratos de vacas y de cerdos.

Brian Duffy es un guitarrista con una voz bonita que, dos o tres veces por semana, actúa en diversos pubs, a veces con un flautista, otras con una chica que toca con gusto el acordeón y, en ocasiones, con una muchacha percusionista de rasgos asiáticos. Vivió en España ocho años, en Asturias y Alcalá de Henares, y cuando me distingue entre el público mientras está actuando, me dedica una canción que sabe que me gusta: *The Galway Bay*.

Olcan Masterson es un virtuoso de la flauta, de los mejores flautistas de Irlanda. Cada semana toca en dos o tres pubs cambiando de compañeros. Es un hombre amable y muy educado, con aire de viejo caballero pensionista. Siempre viste pantalón y camisa negra y, a veces, una impoluta chaqueta blanca.

Las actuaciones en estos pubs de Westport, y creo que en todo el oeste irlandés, son muy peculiares. Los músicos se sientan entre el público, casi hombro con hombro, en un pequeño rincón del bar. Beben y charlan con los clientes entre canción y canción. A veces atienden peticiones o dejan que un voluntario interprete una balada. No existe la distancia del escenario con el público.

Y en ocasiones, cuando entonan una canción concreta, una balada triste o un himno por un patriota muerto, por lo general en lucha contra Inglaterra, el pub parece de pronto convertirse en un templo religioso y la canción toma el aire de un rezo. Los músicos cierran los ojos, el vocalista parece murmurar más que cantar y muchos de los parroquianos se unen con su runrún de fondo a la melodía.

Pero eso dura apenas tres minutos o cuatro. De pronto, con el último silbido de la flauta, uno de los músicos lanza un grito, el del pandero comienza el son y a voz en grito se escucha el *Wild Rover*:

He sido un salvaje vagabundo por muchos años
y he gastado todo mi dinero en whiskey *y cerveza.*
Pero ahora regreso con mucho oro en el bolsillo
y ya nunca más seré un salvaje vagabundo.
Y no, nunca, nunca más jugaré a ser un salvaje vagabundo,
nunca más.[2]

[*I've been a wild rover for many's a year*
And spent all my money on whiskey and beer.
But now I'm returning with gold in great store

---

2. Una de las canciones más populares de Irlanda y raro es el pub en donde no se canta al menos una vez cada noche. Sin duda es la canción favorita de todos los borrachos.

And I never will play the wild rover no more.
And it's no, nay, never, no nay never no more,
Will I play the wild rover, no never no more.]

En la taberna de The Porter House, hace unos días actuaba un grupo curioso, The Molloy Brothers. Tenían aire de campesinos y pienso que todos eran miembros de una misma familia. El abuelo se encargaba de la percusión; el tío, del laúd y el acordeón; el padre cantaba y a veces se acompañaba con un acordeón; el hijo mayor —de unos diecisiete años— alternaba la guitarra y el banjo y tenía una voz briosa; y el pequeño, todavía con la cara cubierta de acné juvenil —tendría unos quince años—, tocaba el banjo y la guitarra. Se divertían lo suyo cantando, yo creo que mucho más que el público. Pero tenían, al tiempo, un aire montaraz, como si fueran una banda de forajidos bajados de las montañas a saquear una pacífica ciudad. Algunas de las canciones de su repertorio eran muy antiguas.

En la sala del fondo de la vecina taberna Matt Molloy's, hace un par de noches un grupo interpretaba música celta instrumental, con aire místico. Pero en un descanso dejaron que salieran voluntarios a cantar. Y un viejo de unos ochenta años se arrancó con algunas piezas tradicionales y cerró su breve actuación con una balada local. Chicos y grandes aplaudieron a rabiar al abuelete.

Quiero terminar mis días
en Westport,
en el condado de Mayo.[3]

---

3. Canción popular de Westport.

[*I want to end my days*
In Westport,
In the county of Mayo.]

En toda Irlanda, y mucho más en el oeste, es normal que los músicos dominen varios instrumentos. He visto a uno que tocaba la guitarra, el laúd y el banjo; a otro, el pandero y el laúd; a una chica, la flauta y el acordeón... Y así. Les sucede como a los escritores irlandeses: que casi todos tocan varios palos. Joyce, fuera de su famosa novela, hizo dos libros de versos, uno de relatos y una obra de teatro. Y, además, tocaba el piano, la guitarra y cantaba. Wilde era poeta, autor de teatro y novelista. Beckett, poeta, dramaturgo y novelista. Behan, cuentista, novelista, ensayista, escritor de viajes y dramaturgo. Kavanagh escribía poesía, teatro y letras de canciones... En España te dejan ser sólo escritor de un género; en Irlanda puedes serlo de varios. Porque aquí nadie se acompleja para cantar, para beber o para crear. Y los críticos tienen poco peso.

Siento que no me será fácil olvidar estos días de Westport: escribir, pasear, comer, beber vino, escuchar la dulce flauta Olcan, oír las baladas de Brian que hablan de la bahía de Galway, admirar de reojo la sonrisa otoñal de Eve... ¿qué más puede pedirse a la vida?

Y ahora, en el viejo molino, con los cuadernos de 2004 abiertos en mi mesa, sigo los pasos de mi anterior viaje irlandés.

El día en que dejaba Dublín, durante aquel largo viaje a la isla, el cielo se tendía feo y turbio sobre la estación ferroviaria de Heuston. Los ferrocarriles de Irlanda han mejorado mucho desde aquel 2004 a este 2012, y el de entonces era un tren algo viejo, con los vagones pintados de color naranja. Partimos a las once en punto de la mañana y mi compartimento no iba muy lleno. Pronto dejamos atrás los arrabales de la ciudad y, bajo el cielo encapotado y gris, el paisaje se mantendría muy parecido durante casi todo el viaje, hasta alcanzar las montañas de Kerry: prados pintados de verde hosco, ocasionales lagunas de aguas oscuras, pequeñas granjas, campos de turba, ovejas de cara negra, gordas vacas castañas que eran puro filete y miríadas de cuervos, el pájaro más abundante en Irlanda.

El tren paró en numerosas estaciones a recoger pasajeros y quienes no subían a los vagones nos observaban desde los andenes con aire de tristeza. Antes de que existieran los trenes de alta velocidad —en Irlanda por ahora sólo hay uno, el que une Belfast y Dublín— la gente podía acercarse a contemplar la llegada y la salida de los convoyes. Recuerdo que siempre, cuando viajaba por España años atrás, veía ese mismo gesto de tristeza en los que nos observaban. ¿Les producía pena no poder largarse de su puñetero pueblo?

En la estación de Thurles, subió al compartimento un tipo que parecía sacado de una película de terror. Era muy grueso, grande y fornido, sudoroso, de unos setenta años de edad, encorvado, chepudo, y su cara pálida ofrecía un tono grisáceo bajo patillas rojas de boca de hacha. Tenía ojos pequeños, azulados y adormecidos. Vestía un sucio pantalón sujeto por tirantes, camisa blanca engorrinada en los puños y el cuello, y llevaba en la mano una garrota de nudos que quizá él mismo arrancó de la tierra y talló a mordiscos. Iba por el pasillo buscando sitio y cada pasajero, como hacía yo —y eso que no soy creyente—, debía de estar rezando para que no se colocara en el asiento contiguo al suyo. Cuando cruzó a mi lado, dejó un tufo a cerveza, heno y estiércol que quitaba el sentido. Tal vez consciente del rechazo y el temor que provocaba, encontró al fin un asiento solitario al final del vagón y todos los demás viajeros respiramos aliviados.

En Limerick Junction, a eso de las doce y media, mucha gente bajó para transbordar. El horrible tipo desapareció y, desde mi ventanilla, le vi perderse al fondo del andén, con el aire del monstruoso ser de la novela *Frankenstein* que escapa hacia el Polo Norte. Pensé que, quizá, Mary Shelley había conocido al tatarabuelo de ese hombre y le sirvió como fuente de inspiración para su terrorífico personaje.

Iba leyendo la espléndida biografía de Richard Ellmann sobre James Joyce que había comprado en Dublín. Y curiosamente caí en un asunto de trenes. En abril de 1922, dada por concluida la guerra civil, Nora Joyce decidió que quería volver a Irlanda, a su ciudad natal, Galway, para mostrársela a sus hijos Giorgio y Lucia. Joyce, que se oponía al viaje, se quedó en París, muy preocupado por su familia. Tras pasar por Dublín y visitar a John Joyce, el padre de James, Nora y los chicos viajaron hasta Galway. Todo estaba tranquilo. Visitaron el convento de monjas en donde Nora había trabajado como sirvienta siendo casi una niña y presentó con orgullo a sus hijos a la madre superiora.

Pero de súbito, la guerra estalló de nuevo en Galway entre las tropas opuestas al tratado con Inglaterra, el IRA, y las que habían firmado el acuerdo, las fuerzas del Estado Libre. Y Nora casi se desmaya del susto cuando varios soldados de la última facción entraron en el hotel en donde se alojaba con los niños y convirtieron la ventana de su habitación en una posición elevada de tiro. A toda prisa, metió lo que pudo en una maleta y se largó con Lucia y Giorgio a la estación ferroviaria.

Al tiempo de arrancar el tren, comenzó un fuego cruzado entre los adversarios desde los dos lados de la vía que obligó a detenerse al maquinista. Nora y Lucia se arrojaron al suelo, pero Giorgio permaneció sentado, al lado de un hombre viejo que fumaba en su pipa. El viejo miró al chico y le preguntó: «¿No vas a tirarte al suelo?». «No», respondió Giorgio. «Haces bien, ellos disparan muy mal. Además, lo más probable es que ahora estén disparando balas de fogueo.»

Cuando la familia llegó a París, Joyce se sintió horrorizado al oír la historia. Por su parte, Giorgio siempre recordó con orgullo su glorioso momento de valor.

Los campos se hacían a partir de Limerick más solitarios y rudos. El tren marchaba lento y pude contemplar con cierto detalle las ruinas de un antiguo palacio medieval. O mejor que ruinas: la carcasa. Tan sólo quedaban en pie los muros de piedra gris y parte del techo; dentro, el vacío. Era como la carrocería de un automóvil a medio fabricar, aún sin la pintura, sin motor todavía, exento de ruedas y de asientos. Un rey sin alma.

Bosques nobles de arces, alisios y castaños poblaban las llanuras y, al fondo, las sombras inciertas de las montañas de Kerry nadaban entre los oleajes de la bruma. En un ancho pradal, bajo la llovizna, una yegua ruana, de cola y crines airosas, galopaba con brío, desnuda y libre, seguida de su potrillo de trote torpón.

Pasada la una del mediodía, los que íbamos a Kerry tuvimos que cambiar de tren en Mallow, a un trasto mucho más viejo que el anterior y con mucha más gente a bordo. Viajábamos sentados en dos filas, con un estrecho pasillo en medio y dándonos frente de dos en dos. Delante de mí ocupaba su plaza una mujer de unos cuarenta años, de aspecto sanote y aseado, que leía un libro de portada color rosa-braga con letras en relieve negras y escuchaba música a través de unos pequeños auriculares encajados dentro de las orejas. A su lado y al mío viajaban dos amigas suyas, que charlaban entre sí con gritos retumbantes. Detrás de mí, espalda con espalda, se acomodaba un tipo que olía a cuadra.

Los montañones de Kerry avanzaban hacia nosotros. Cruzábamos junto a prados recién segados, con la hierba recogida en forma de grandes cilindros envueltos por plásticos negros.

La mujer que me daba frente dejó de leer al rato y se quitó los auriculares.

—¿Le importa que abramos un poco la ventana?

—Desde luego que no —respondí aliviado.

Mi vecina de la izquierda la abrió por completo con un movimiento enérgico. El aroma del establo voló hacia fuera como un genio árabe que escapa de una botella y entró en el compartimento un aire frío preñado de olor a hierba cortada.

—Hoy hace calor y, ya ve, el cielo está gris —dijo la mujer—. Esto es Irlanda.

Yo no notaba el calor.

—En Irlanda decimos que tenemos todas las estaciones del año en un solo día —añadió.

—Sí, es curioso —dije por decir.

La verdad es que no tenía ganas de cháchara. Pero era consciente de que en Irlanda, como en Inglaterra, cuando a la gente le apetece conversar empieza hablando del tiempo, algo que los españoles sólo hacemos en el ascensor cuando subimos con algún vecino.

La mujer siguió contándome que, todos los meses, iba por lo menos una vez de compras a Dublín con sus amigas.

—No puedo quejarme, me va bien de dinero. Trabajo como cocinera en Tralee y tengo dos hijos que criar. Estoy separada desde hace seis años y soy mucho más feliz que cuando estaba casada.

Sus amigas rieron.

—Lo digo en serio. ¡Ellas también están separadas! Y ya ve, todas tan felices.

Rieron las tres a coro.

—Y usted, ¿de dónde es?

—De España.

—Ah…, hombres fogosos. A los irlandeses sólo les interesan las mujeres para tener hijos y prefieren el pub a la cama.

Rieron de nuevo las tres, con más ganas.

—El chiste favorito de mi marido era: ¿cuál es la definición de un gay? Pues un hombre que prefiere las mujeres al *whiskey*.

Más risas.

—¿Y a qué viene a Irlanda?, ¿a jugar al golf?

—No sé jugar al golf.

—Entonces, vendrá a pescar…

—No me gusta pescar en los ríos.

—¿Y a qué viene?

—A conocer pubs, aunque me gustan más las mujeres que el *whiskey*.

Las tres respondieron con grandes carcajadas.

Me quedé dos días en un Bed and Breakfast (B&B) de la High Street de Killarney, el pueblo más bonito de Kerry. Y no cesó de llover. Pasé casi todo el tiempo en el saloncito común del hotelillo, en donde había una pequeña biblioteca y las paredes se adornaban con retratos pintados a lápiz de Bernard Shaw, Brendan Behan, Oscar Wilde y William Yeats. Al tercer día alquilé un coche y me largué a la península de Dingle.

La península de Dingle pasa por ser uno de los lugares más bellos de Irlanda y fue el escenario de una famosa película, *La hija de Ryan*. Pero llegar con vida hasta allí parece en ocasiones un milagro. Hay que viajar por carreteras tan estrechas que parece que el coche se encoge, con los arbustos y los árboles echándose encima por el lado izquierdo y los otros vehículos que viajan en dirección contraria casi rozándote por tu costado derecho. Si aparece un camión o un autobús, cosa nada infrecuente, tus rodillas tiemblan y el sudor se escurre por tus sienes. Respiras cuando, de pronto, por un camino lateral, asoma un tractor y todos los demás coches nos ponemos en fila detrás de él, a veinte kilómetros por hora, hasta que se desvía por otro camino: Irlanda es el país de Europa que tiene más cambios de rasante y menos kilómetros de autopista. Así era en 2004 y así sigue siendo en 2012.

Pero yo no tenía prisa. Incluso me sentía feliz de percibir ese aire rural que emana de Irlanda a toda hora: ver al tío que, en un pueblo, para el coche, baja la ventanilla y se pone a charlar con un conocido; observar al que arrima su vehículo a un lado de la carretera y se baja a coger moras o arándanos.

De camino a Dingle, crucé el centro del pueblo de Castlemain y, de pronto, reparé en un anuncio en la entrada: CASTLEMAIN, LUGAR DE NACIMIENTO DEL WILD COLONIAL BOY. ¿Cómo no iba a parar en el pueblo que rinde honores a un famoso bandido? Y aunque era algo temprano, entré en un pub para tomarme media pinta y preguntar por el «Chico Salvaje de las Colonias». El bar se llamaba, ¡cómo no!, Jack Duggan.

Casi todos los países tienen, en su particular mitología, la leyenda de algún forajido generoso o, si se quiere, del buen bandido, ese que robaba a los ricos para dárselo a los pobres. El madrileño Luis Candelas o el andaluz Tempranillo o el catalán Serrallonga; y Dick Turpin en los bosques del sudeste de Inglaterra, y Robin Hood en el de Sherwood, y Jesse James en Missouri (Estados Unidos), y el mexicano Jesús Malverde... En Irlanda, ese héroe-villano se llama Jack Duggan y algunos lo identifican con el bandolero australiano Ned Kelly.

Pero los bandidos del Oeste de Irlanda tienen otra particularidad. Así lo cuenta en su libro *Las islas Aran* John M. Synge: «El impulso de proteger al criminal es práctica singular en el Oeste. Parece ser en parte debido a la asociación entre la justicia y la odiada jurisdicción inglesa, pero está relacionado más directamente con los sentimientos primitivos de esta gente, que no son nunca criminales, pero son siempre capaces, sin embargo, de cometer un crimen. Creen que un hombre no cometerá una injusticia a no ser que se encuentre bajo la influencia de una pasión, algo tan inevitable como una tormenta en el mar».

La popular canción *The Wild Colonial Boy* es una mezcla de la historia de Duggan y Kelly. Del primero sabemos sólo lo que nos cuenta la canción: que nació en Castlemain y que, de allí, emigró a Australia y se dedicó a robar a los ricos. Lo mató un agente de la policía colonial inglesa, un tal Fitzroy, como dice la letra.

Ned Kelly, por su parte, nació en Australia, hijo de un delincuente irlandés enviado a las lejanas prisiones de las antípodas por la justicia inglesa. Desterrar a los convictos de Irlanda y Escocia a la remota Australia era algo muy común en el siglo XIX. Cumplían allí una condena inferior a la que les correspondería en su tierra y después se convertían en colonos. Era una forma de poblar con blancos las colonias con que contaba el inmenso y poderoso Imperio británico.

Una tarde, varios agentes de la policía colonial se presentaron en el domicilio de Kelly para detenerle, acusándole de un pequeño robo. Y el joven se enfrentó a ellos a tiros y mató a tres agentes. Luego huyó de su domicilio, en Victoria, formó una banda y se dedicó a asaltar carruajes de propietarios ingleses en los caminos. Iba armado con fusil y dos pistolas y se cubría con armadura y casco metálicos.

No duró mucho. En una emboscada, la policía le hirió e hizo prisionero, cerca de la localidad de Glenrowan. Juzgado, fue enviado a la horca en la prisión de Melbourne. Parece ser que sus últimas palabras fueron: «Así es la vida». Muchos australianos le consideran un héroe anticolonialista y hay un museo en Glenrowan en el que se conservan sus armas, su armadura y casco y otros recuerdos personales.

Si fue enemigo de Inglaterra, ¿qué mejor aval para ser cantado en Irlanda?

Por otro lado, los habitantes de Kerry son tenidos por el resto de los irlandeses como los menos capacitados intelectualmente del país. Les sucede lo mismo que a los leperos en España o a los ciudadanos polacos en Estados Unidos. Hay chistes sobre ellos y una expresión común en toda Irlanda que dice: «Here you are, from Kerry», que viene a significar algo así como «Eres tonto». A veces les califican también con un mote poco agradable: «*cute*» (monos).

Quizá no es más que una consecuencia de la tradición celta, según la cual los guerreros vienen del norte, los granjeros del este, los intelectuales del oeste y los locos del sur. Además, en Kerry, como en el vecino condado de Tipperary, durante el siglo XIX se produjeron feroces luchas de clanes que espantaban por sus sangrientas consecuencias al resto de la isla y a las autoridades inglesas.

Bobos y violentos. Pero ellos se ríen de esa fama y preguntan: «¿Por qué son tan simplones los chistes que inventamos en Kerry?». Y responden: «Para que los entiendan los otros irlandeses y los ingleses».

Más vale reírse de la gracia, no sea que te suelten un guantazo.

No había clientela en el Jack Duggan, sólo el dueño, al otro lado del mostrador, con cara de aburrido.

Pedí media pinta de cerveza Kilkenny, di un sorbo y le abordé:

—Supongo que aquí cantarán todas las noches el *Wild Colonial Boy*. Yo la escuché por primera vez en una película.

—Ya, *El hombre tranquilo*. No, nosotros no la cantamos, estamos hartos de oírla. Pero siempre viene alguien de fuera y quiere cantarla. Bueno, pues que lo haga. ¿Quiere usted cantarla? Adelante, no hay problema.

—Déjelo.

—¿De dónde es usted?

—De España.

—¿Y canta allí todos los días *Que viva España*?

Apuré la cerveza y me fui. Llovía otra vez. Puse un CD

en el coche y busqué la canción: me fastidia que me pataleen los mitos.

> *Había un muchacho salvaje y colono llamado Jack Duggan...*
> *A la temprana edad de dieciséis años dejó su hogar*
> *y vagó hasta las soleadas tierras de Australia.*
> *Robaba a los ricos y ayudaba a los pobres,*
> *y mató de un disparo a James MacEvoy.*
> *El terror de Australia fue el muchacho salvaje y colono.*

> [*There was a wild colonial boy, Jack Duggan was his name...*
> *... At the early age of sixteen years he left his native home*
> *And to Australia's sunny shore he was inclined to roam.*
> *He robbed the rich, he helped de poor, he shot James MacEvoy.*
> *A terror to Australia was the wild colonial boy.*][4]

Entrando ya en la península de Dingle, me detuve ante Inch Beach, una larguísima lengua de arena hincada en el mar, poblada de dunas y arbustos recios. Me bajé para hacer una foto, pero el ventarrón me arrojaba minúsculos granos de arena contra la cara y los ojos. El temporal convertía el océano en una furiosa caldera de agua hirviente y el viento enloquecido agitaba los arbustos de la playa con violencia.

En el pueblo de Dingle, al abrigo del puerto, el aspecto del día parecía más calmo. Algunos barcos, de arrastre y boniteros, se mecían en la rada. Me llamó la atención un pub-restaurante que se llamaba La Armada. Aquí cerca naufragó una parte de la Invencible de Felipe II, enviada a invadir Inglaterra en 1588. Y los habitantes de Dingle recuerdan

---

4. En Australia la letra es diferente.

con cariño a los numerosos náufragos españoles que se refugiaron en sus casas huyendo de los soldados ingleses, que los buscaban para matarlos. Entré para comer algo rápido en la barra y, al poco, charlaba ya con el dueño del bar sobre la historia de la Invencible.

—Si hubieran ganado, nos habrían librado de los bastardos ingleses. Por eso a los españoles se les recuerda aquí con agradecimiento. Y como usted es español, será bienvenido. Se cuenta que muchos de sus marineros y soldados permanecieron escondidos en la zona, librándose de la muerte, y que algunos se quedaron aquí para siempre. ¿Cómo iban a volver? También existe la leyenda de que en Dingle hay más cantidad de morenos que en el resto de Irlanda por la descendencia que dejaron los españoles. Ya ve usted si no fueron acogidos con amor…, sobre todo por las irlandesas.

En el verano de 1588, Felipe II envió desde Lisboa hacia el norte de Europa una imponente flota, la «Grande y Felicísima Armada», como la llamó el mismo monarca, con la misión de recoger en Flandes 30.000 soldados de los Tercios españoles e invadir a renglón seguido Inglaterra, país con el que España estaba en guerra desde tres años antes. El rey no pretendía apoderarse del país enemigo, sino destronar a la reina protestante Isabel I, a quien consideraba responsable de la ejecución de la católica María Estuardo. Al mando de la flota, compuesta por 127 barcos, iba Alonso Pérez de Guzmán, séptimo duque de Medina Sidonia, un Grande de España sin ninguna experiencia en lides bélicas e ignorante de todo lo que tuviera que ver con la navegación. El pobre hombre insistió ante el rey en varias ocasiones para que no le nombrara jefe de la escuadra, pues no se consideraba el comandante apropiado para la empresa. Pero Felipe II no admitía fácilmente que se le llevara la contraria. Y como era de prever, la expedición terminó en desastre.

Cuando los barcos llegaron al canal de la Mancha, su número se había reducido a 122, ya que cinco, averiados, se quedaron en el puerto de La Coruña. Y a principios de agosto, los buques ingleses les salieron al paso en las Gravelinas, cerca de la costa francesa, y les hicieron frente.

Pero aquello no podría considerarse siquiera una batalla, sino todo lo más una sonada y sangrienta escaramuza. Apenas se hundieron unos cuantos barcos —cuatro de los españoles, para ser exactos—, los muertos no pasaron del medio millar, sumando los de ambos bandos, y los ingleses se retiraron muy pronto a buscar refugio en Inglaterra, apoderándose de un par de galeones españoles.

El desastre vino después. La flota española, en lugar de dirigirse a Flandes y embarcar a los Tercios, fue atrapada por un feroz temporal. Sin cartas náuticas adecuadas ni información alguna sobre las corrientes marinas, los buques españoles se desperdigaron y muchos terminaron perdidos en el brazo de mar que separa las islas de Irlanda y Gran Bretaña.

Desde allí, una parte de las naves pudo regresar a España, mientras que otra, empujada por los vientos y las corrientes, siguió hacia el norte, viró hacia la costa septentrional de Irlanda y comenzó a descender por el oeste de la isla. En ese punto, nuevos temporales acosaron a los barcos y un buen puñado de ellos buscó refugio en la áspera costa irlandesa, lo que provocó del naufragio de la mayoría.

Al final, toda la empresa de la Invencible —el nombre se acuñó en Inglaterra, burlescamente— terminó con el regreso a España de dos tercios de la flota. En total, se perdieron

34 barcos de los 127 que iniciaron la aventura. Y las bajas, entre muertos en combate, prisioneros, heridos o fallecidos por epidemias, alcanzaron la cifra de los 10.000 hombres. A la costa occidental de Irlanda, entre los condados de Donegal y Kerry, se calcula que llegaron 46 barcos, desde el 11 al 16 de septiembre de 1588, de los que 25 se hundieron, mientras que los otros 11 pudieron regresar a España cuando remitió el mal tiempo.

Al tener noticia de que navíos españoles buscaban refugio en las costas irlandesas, el lord Deputy William FitzWilliam, la máxima autoridad inglesa en la isla, ordenó al gobernador de la provincia de Connaught (la que cubre parte del oeste del país), Richard Bingham, que todos los españoles que desembarcaran fueran apresados y de inmediato ejecutados. Bingham fue más lejos aún y dictó una orden según la cual todo irlandés que ayudase a los españoles sería también ajusticiado.

La suerte de los marinos y soldados españoles fue muy diversa. Un gran número, al desembarcar, fueron bien acogidos por los irlandeses, que los veían como liberadores de sus opresores ingleses; otros fueron despojados de todo cuanto llevaban con ellos, incluso de las ropas, por los habitantes de la isla, y una buena cantidad de ellos fueron asesinados, como sucedió en los condados de Kerry, Clare, Mayo o Sligo. También muchos murieron en naufragios cuando sus barcos se estrellaron contra las rocas de la costa, y sólo unos pocos, ayudados por irlandeses, pudieron escapar por tierra y cruzar a Escocia. Y en fin, los menos lograron regresar a España en sus naves, tras el cese del mal tiempo. Por otra parte, algunos caciques locales que dieron refugio a los españoles fueron ajusticiados por orden de Bingham, como Brian O'Rourke, ahorcado, y Oge MacClancy, decapitado.

Las autoridades inglesas calcularon en alrededor de cinco mil el número de españoles que perecieron en Connaught por orden de FitzWilliam y Bingham, una cifra mucho mayor que la de los españoles muertos en el enfrentamiento de las Gravelinas, la única y breve batalla que libró la Invencible, en la que perecieron trescientos.

De la agria peripecia de los españoles en Irlanda hay mucha noticia, sobre todo de fuentes locales. Pero de todos los relatos, existe uno en particular de una gran calidad literaria, escrito por un superviviente español, el capitán Francisco de Cuéllar, quien en una carta datada en octubre de 1589 narró con gran precisión y buena pluma su aventura en la isla:

> … pasé harta desventura, desnudo, descalzo todo el invierno, más de siete meses en montañas y bosques, entre salvajes, que lo son todos en aquellas partes de Irlanda donde nos perdimos…

Cuéllar viajaba en la nave *San Pedro* de la flota castellana incluida en la Armada. Pero antes de que se produjese la batalla de las Gravelinas, el capitán fue condenado a morir ahorcado por un acto de indisciplina y se le trasladó al galeón *San Juan de Sicilia*.

La ejecución no se llegó a realizar y, al desintegrarse la flota española, el *San Juan de Sicilia*, junto con otros dos barcos, llegó a la costa del condado de Sligo, en donde la tormenta arrojó a las naves contra las rocas y las deshizo. De los aproximadamente mil trescientos soldados y marineros que viajaban a bordo, lograron salvarse trescientos, en-

tre ellos Cuéllar, quien pudo llegar agarrado a un madero y
esconderse en un bosquecillo de juncos. Eso le salvó la vida,
porque pronto llegaron habitantes de la región y procedieron a robar a los supervivientes del naufragio. Tras ellos vi-
nieron los soldados ingleses a comenzar las matanzas de españoles escapados del mar:

> … me puse en lo alto de la popa de mi nao después de ha-
> berme encomendado a Dios y a Nuestra Señora y desde allí
> me puse a mirar tan grande espectáculo de tristeza; ahogar-
> se muchos dentro de las naos, otros en echándose al agua,
> irse al fondo sin tornar arriba; otros, sobre balsas, y caballe-
> ros, sobre maderos; otros daban grandes voces en las naos
> llamando a Dios; echaban a la mar los capitanes sus cadenas
> y escudos; a otros arrebataban los mares y de dentro de las
> naos los llevaban… y por otra parte, la tierra llena de ene-
> migos que andaban danzando y bailando de placer de nues-
> tro mal y en que saliendo alguno de los nuestros en tierra,
> venían a él doscientos salvajes y otros enemigos y le quita-
> ban lo que llevaba hasta dejarle en cueros vivos y sin piedad
> ninguna los maltrataban y herían…

Sigue contando Cuéllar que, más tarde, vio en otra playa, entre hombres ahogados que arrojaban las olas y otros
asesinados, más de seiscientos cadáveres a los que ya habían
empezado a devorar perros salvajes y bandos de cuervos.

Medio desnudo, huyó hacia una iglesia abandonada, en
cuyo interior colgaban los cadáveres de una docena de españoles. Otros dos fugitivos hispanos se unieron a Cuéllar.
Y en una playa encontraron de nuevo numerosos cadáveres.
Iban a enterrarlos cuando fueron atacados por un grupo de
gente local que trataba de robarles y Cuéllar resultó herido
en la pierna de una cuchillada.

Finalmente, un joven le curó las heridas y, en compañía de un grupo de españoles, llegó a las tierras de un cacique irlandés, O'Rourke, enemigo jurado de los ingleses, que les dio cobijo y alimento. Cuéllar siguió camino burlando patrullas inglesas que buscaban náufragos para asesinarlos y alcanzó los dominios de otro cacique irlandés enemigo de Inglaterra, MacClancy, que le ofreció en matrimonio a su hermana, oferta que Cuéllar rechazó. Siguió luego hacia el norte y consiguió que el obispo de Derry le acogiera junto con otros dieciséis españoles.

El obispo organizó su viaje a Escocia, donde Cuéllar permaneció seis meses. Al fin logró pasaje en un barco para ir a Flandes y unirse a los Tercios. Pero al alcanzar las costas holandesas, el barco naufragó. Cuéllar, que tenía el santo de cara o quién sabe si una flor en el culo, se salvó otra vez y pudo finalmente entrar en contacto con los Tercios e integrarse a ellos. Unos meses después escribió su carta a Felipe II.

El texto, ameno y prolijo en detalles, no solamente es un testimonio del destino de aquellos desdichados españoles que desembarcaron en Irlanda, sino que se detiene a relatar el modo de vida de los irlandeses de entonces, a los que Cuéllar llama siempre «brutos» o «salvajes»:

> Su propiedad destos brutos es vivir como brutos en las montañas, que las hay muy ásperas en aquella parte de Irlanda donde nos perdimos. Viven en chozas hechas de paja; son todos hombres corpulentos y de lindas facciones y miembros; sueltos como corzos; no comen más que una vez al día y ésa debe ser de noche, y lo que ordinariamente comen es manteca con pan de avena; beben leche aceda por no tener otra bebida; no beben agua, siendo la mejor del mun-

do. Las fiestas comen alguna carne medio cocida, sin pan ni sal, que es su usanza ésta. Vístense como ellos son, con calzas justas y sayos cortos de pleotes muy gruesos; cúbrense con mantas y traen el cabello hasta los ojos. Son grandes caminadores y sufridores de trabajos; tienen continuamente guerra con los ingleses que allí hay de guarnición por la reina, de los cuales se defienden y no los dejan entrar en sus tierras, que todas son anegadas y empantanadas [...]. Las más de las mujeres son muy hermosas, pero mal compuestas [...] su mayor inclinación destos es ser ladrones y robarse los unos a los otros [...] y en resolución, en este reino no hay justicia ni razón, y así hace cada uno lo que quiere. A nosotros nos querían bien estos salvajes porque supieron que veníamos contra los herejes y que éramos tan grandes enemigos suyos, y si no fuera por ellos, que nos guardaban como sus mismas personas, ninguno quedara de nosotros vivos; teníamos en buena voluntad por esto, aunque ellos fueron los primeros que nos robaron y nos desnudaron en carnes a los que vinimos a tierra...

De modo que, como se ve, los irlandeses de hace cuatrocientos años ya se parecían en algo a los de hoy: detestaban el agua como bebida y odiaban a los ingleses.

Cuéllar debía de ser, por otra parte, un tipo divertido e ingenioso. En un momento de su carta al rey cuenta que, en el castillo de MacClancy, una tarde se encontraba sentado al sol con un grupo de mujeres irlandesas, entre ellas la esposa de MacClancy, cuando le pidieron que les leyera la mano. Dice Cuéllar:

Yo, dando gracias a Dios, pues ya no me faltaba más que ser gitano entre los salvajes, comencé a mirar la mano de cada una y a decirles mil disparates, con lo cual tomaban

tan grande placer, que no había otro mejor español que yo
ni que más valiese con ellos, y de noche y de día me perse-
guían hombres y mujeres para que les dijese la buenaven-
tura...

Pero como ya he contado, la inmensa mayoría de los
náufragos españoles de 1588 no tuvieron la misma suerte
que Cuéllar. Más adelante narraré la triste historia de Alonso Martínez de Leyva, el segundo en mando de la Armada.

Me iba a ir cuando un hombre, que se acodaba en la barra
cerca de la puerta, me dijo:

—Paisano, ¿no?

—¿Cómo lo sabe?

—Me ha parecido que decía usted algo de Spain...

—De allí vengo, paisano.

Era un marino gallego, de La Coruña, patrón de un barco bonitero que recorría la costa de Irlanda pescando al cu-
rri. Me quedé unos minutos con él.

—He fondeado aquí por el temporal. Hace una mar de
mil diablos *coloraus*. Llevamos veinte días costeando a la
cacea, pero al enfriarse las aguas no sé yo si los pescados no
van a irse.

—¿Cuánto lleváis en el pueblo?

—Tres días. A ver si mañana escampa y los pescados
no se han ido. La gente es muy simpática con los españoles, dicen que vinimos a salvarlos de los ingleses. ¿Es eso
verdad?

—No así exactamente.

—También dicen que debemos ser buenos folladores
—añadió riendo—, porque llenamos Dingle de chiquillos.

Eso sí que será de verdad: no conozco español que no corra detrás de un buen culo de hembra, sea de Madrid o de La Coruña.

—O neoyorquino e, incluso, irlandés —señalé.

—Bien mirado, tendrá usted razón: al hombre le tira la hembra más que una yunta de bueyes.

Seguí la horrible carretera, golpeado por el viento, en dirección a Slea Head, un elevado promontorio sobre el mar que constituye el extremo más occidental de tierra firme europea en el Atlántico. El océano batía con vigor y el rudo viento había despoblado de árboles, desde siglos atrás, la ariscada costa. Todos los carteles indicativos de la carretera estaban escritos en gaélico y muy raramente en inglés. No en balde el condado de Kerry presume de ser el guardián del alma secular irlandesa. Como dice el dicho, en Kerry no se habla el gaélico; se mastica.

En Dunkin, en el famoso embarcadero al pie del acantilado, me detuve a hacer una foto. Enfrente, golpeada por el brioso oleaje, se alzaba sobre el océano la isla grande del pequeño archipiélago de las Blasket, hoy deshabitado. Era una vista grandiosa y bárbara.

Regresé por el camino inverso hacia Killarney. Algo lejos ya de la costa, el aire agitaba los árboles de tal forma que parecían atrapados por un ataque de furia incontenible, cual púgiles arbóreos que pelearan los unos contra los otros, golpeando sus ramas contra las de los vecinos.

A la entrada de un pequeño pueblo, Castle Cove, vi una casa a la derecha de la carretera en cuya pared lateral aparecían pintados a gran tamaño los rostros de Yeats, Joyce y Wilde. ¡Qué amor por la literatura!

Crecían las montañas sobre los campos vacíos, montañas coronadas de bruma gris, surcadas por torrentes que descendían de la altura, como tortuosas cicatrices plateadas.

Esa noche cené en Tralee, la capital del condado, en un amable pub llamado Kirby's Olde Brogue Inn. Era domingo y un grupo tocaba música tradicional en vivo. Y todos los parroquianos se unieron a los cantantes en el estribillo de la balada The Rose of Tralee.[5]

La pálida luna asomaba sobre las verdes montañas,
el sol iba cayendo bajo el mar azul
mientras caminaba con mi amor hacia la fuente pura de cristal
que hay en el hermoso valle de Tralee.

Ella era bella y clara como una rosa de verano.
Pero no fue sólo su belleza lo que me enamoró.
Oh no: fue ver la verdad amanecer en su mirada lo que me hizo
        amar,
a Mary, la Rosa de Tralee.

Las frías sombras de la tarde iban extendiendo su manto,
y Mary, toda sonriente, se sentaba a escucharme.
La luna derramaba sus pálidos rayos a través del valle
cuando conquisté el corazón de la Rosa de Tralee.

5. Esta balada, muy popular en Irlanda y sobre todo en Kerry, fue compuesta por William Pembroke Mulchinock. Según se cuenta, el joven William se enamoró de una muchacha que servía en su casa, Mary O'Connor, pero la familia, de origen noble, lo envió al extranjero para que la relación no siguiera adelante. No obstante, William no olvidó a su amada y regresó en su busca unos años después. Al entrar en Tralee, se cruzó con un cortejo fúnebre y preguntó quién era el fallecido. «Mary O'Connor —le contestaron—, ha muerto consumida por la pena.» William se fue a Nueva York, donde alcanzó gran éxito como letrista. Todos los meses de agosto, en Kerry, se celebra un festival llamado The Rose of Kerry, en el que se elige una especie de «Miss Rose» entre las muchachas locales. Éstas no compiten sólo con su belleza, sino también con su buena educación y sus virtudes intelectuales.

[*The pale moon was rising above the green mountains,*
The sun was declining beneath the blue sea,
When I strayed with my
Love by the pure crystal fountain
That stands in the beautiful
Vale of Tralee.

She was lovely and fair as the rose of the Summer.
Yes 'twas not her beauty alone that won me.
Oh no 'twas the truth in her eyes ever dawning
That made me love
Mary, the Rose of Tralee.

The cool shades of evening their mantle were spreading
And Mary, all smiling, sat list'ning to me.
The moon through the valley her pale rays was shedding
When I won the heart of the Rose of Tralee.]

Más tarde, en otro pub cercano, la gente bailaba *gigas* tradicionales al son de una vieja canción. Me acordé de un gracioso juicio de Frank McCourt: «En la danza irlandesa se pone uno firme, con los brazos pegados al cuerpo, y se dan patadas con las patas para arriba y para los lados y no se sonríe nunca. Mi tío Pa Keating dice que a los bailarines irlandeses parece que les han metido una barra de acero por el culo, pero eso no se lo puedo decir a mamá: me mataría».

Los parroquianos que no bailaban alzaban sus jarros de cerveza y cantaban a coro la bonita letra de la canción:

Oh, los días de los bailes de Kerry, oh, la música del gaitero.
Oh, esas horas alegres, perdidas demasiado pronto,
ay, como nuestra juventud.

Cuando los muchachos se reunían en el valle las noches
de verano,
y con su música del gaitero de Kerry añorábamos el placer salvaje.
Oh, al pensarlo, al soñarlo, mi corazón se llena de lágrimas.
Oh, los días de bailes de Kerry, oh, la música de las gaitas.
Oh, esas horas alegres, perdidas,
ay, tan pronto como nuestra juventud.[6]

[Oh, the days of Kerry dancing, oh, the ring of the piper's tune.
Oh, for one of those hours of gladness, gone,
alas, like our youth too soon.
When the boys began to gather in the glen of summer nights,
And the Kerry piper's tuning made us long with wild delight.
Oh, to think of it, oh, to dream of it, fills my heart with tears.
Oh, the nights of Kerry dancing, oh, the ring of the piper's tune.
Oh, for one of those hours of gladness, gone,
Alas, like our youth too soon.]

Era noche cerrada cuando regresé a dormir en Killarney.
Y no cesaba de llover.

---

6. La canción, antigua y muy popular en Irlanda, se llama *Los días de los bailes de Kerry.*

5

Y ésta es mi historia

Cuando cruces el mar hacia Irlanda,
quizá al final de tu vida,
siéntate y mira la luna alzarse sobre Cladagh
y al sol ponerse sobre la bahía de Galway.
[...]
Si hubiera una vida posterior,
y yo estoy seguro de que de alguna forma la habrá,
le pediría a Dios construir mi propio paraíso
en mi querida tierra cruzando el mar de Irlanda.[1]

[When you go across the sea of Ireland,
Then may be at the closing of your day,
You will sit and watch the moon rise over Cladagh,
And see the sun goes down on Galway Bay.
(...)
And if there is going to be a life hereafter
And somehow I am sure there's going to be,
I will ask my God to let me make my heaven
In that dear land across the Irish sea.]

---

1. Canción muy popular en Irlanda, escrita por Arthur Colahan.

Killarney me despidió al día siguiente con la misma lluvia pertinaz. Me dirigía a Galway y tomé el autobús a las nueve de la mañana, un vehículo algo viejo conducido por un chófer tan grueso que no podía abrocharse el cinturón de seguridad. Su rostro ancho, sus ojos hundidos bajo las pobladas cejas y las hinchadas mejillas le daban un aspecto algo hosco y un aire inequívoco de bebedor. Encendió la radio y la puso a todo volumen y, durante el viaje, tan sólo la bajaba cuando sonaba su móvil con la melodía de *Toreador*. Conducía bien, pero a veces se saltaba las normas adelantando a otros coches en cambios de rasante. Sin duda era un *outlaw* completo y yo me arrepentí de haberme sentado en la primera fila, justo detrás de él: un frenazo y me lo hubiera comido entero.

El viaje se prometía fatigoso; aunque la distancia no es mucha entre Kerry y Galway, las carreteras son muy malas, el tráfico es lento y el autobús iba deteniéndose en pequeños pueblos para soltar y recoger pasajeros. Además de eso, los que íbamos a Galway teníamos que hacer transbordo en Limerick, lo que suponía un viaje de al menos cuatro horas y media.

A las once diluviaba en Limerick y la ciudad, oscura y tristona, se mostraba con un aire siniestro, todo lo contrario del lirismo con que la retrata una canción:

> *Hay un precioso lugar en Irlanda*
> *que siempre reclamo como mi patria...*
> *en donde fluye el viejo y querido río Shannon...* [2]

---

2. La canción es *Where the River Shannon Flows*, compuesta por James Russell.

[*There's a pretty spot in Ireland*
I always claim for my land...
Where dear old Shannon's flowing...]

O quizá es que yo iba cargado de prejuicios contra la localidad por la descripción que había leído de ella en *Las cenizas de Ángela*, el libro de Frank McCourt sobre su infancia irlandesa: «De octubre a abril, las paredes de Limerick estaban relucientes de humedad. La ropa no se secaba nunca: los abrigos de tweed y de lana albergaban a seres vivos y a veces brotaban de ellos vegetaciones misteriosas. En las tabernas salía vapor de los cuerpos y de las ropas húmedas, que era aspirado con el humo de los cigarrillos y de las pipas, sazonado con emanaciones rancias de la cerveza negra y del *whiskey* derramados e impregnado del olor de la orina que entraba a bocanadas de los urinarios exteriores, donde muchos hombres vomitaban su sueldo semanal. La lluvia nos empujaba a la iglesia, nuestro único refugio, nuestra fuerza, nuestro único lugar seco... Limerick se labró una reputación de ciudad piadosa, pero nosotros sabíamos que sólo era a causa de la lluvia».

No deja de resultar extraño que, en una ciudad tan lúgubre, hayan nacido los famosos y populares *limericks*, poemas humorísticos de cinco versos, en los que riman los dos primeros con el último y, en ocasiones, el tercero con el cuarto. Casi todos los irlandeses sueñan con componer un día un ingenioso *limerick* y poder recitarlo en un pub. Hay libros publicados con infinidad de ellos. Recojo un par de ejemplos:

A young Irish lad like a giant
Who in sexual ways was just quaint,

> *One day he went swimming*
> *With twelve naked women*
> *And deserted them all for a pint.*[3]

Otro:

> *God's plan made hopeful beginning*
> *But irishmen damned it by sinning.*
> *We hope that the story*
> *May end in God's glory.*
> *But at present the irishmen's winning.*[4]

Cambié de autobús y, en esta ocasión, busqué un asiento en la parte trasera, por si acaso el nuevo chófer era también aficionado a la música. Cruzamos sobre el ancho curso del Shannon, el río más grande de Irlanda, que lucía como un tenebroso espejo al reflejar en sus aguas el negro cielo. Luego, acercándonos a nuestro destino, la lluvia remitió y, en ocasiones, asomaba la débil lumbre del sol bajo las nubes. Pero no había gloria en la luz: el sol irlandés es de una timidez sombría cuando advierte la presencia de las nubes, como si las temiera.

Eran casi las dos de la tarde cuando alcanzamos Galway. Ya no llovía, pero el viento soplaba con fuerza sobre las calles encharcadas.

---

3. «Un joven muchacho como un gigante tenía hábitos sexuales extravagantes. Un día fue a nadar con doce mujeres desnudas y, por una pinta [de cerveza], las dejó a todas.»

4. «El plan de Dios fue esperanzador comenzando, pero los irlandeses lo maldijeron pecando. Esperamos que esta historia termine en gloria de Dios. Mientras tanto, los irlandeses van ganando.»

El condado de Galway, junto con Kerry, Mayo y las islas Aran, es el territorio donde más extendido está el uso del gaélico. De hecho, casi todos los escritores irlandeses que utilizan el viejo idioma autóctono, que son pocos, han nacidos en estas regiones del oeste del país. Uno de ellos, el aranés Liam O'Flaherty, publicó en esa lengua un delicioso libro de cuentos, *Deseo*, que en ocasiones alcanza majestuosos niveles de hondura poética. O'Flaherty fue también el autor de la novela *El delator*, que llevó al cine el gran John Ford, interpretada por Victor McLaglen.

Pero el escritor más venerado y popular en Galway fue Pádraic Ó Conaire, narrador también de relatos breves, cuya estatua se elevaba en Eyre Square, en el centro de la ciudad. En 1999, un grupo de jóvenes norirlandeses, protestantes, decapitaron la estatua que, reconstruida, fue llevada al museo de la ciudad.

Pádraic Ó Conaire trabajó en la City de Londres como funcionario, hasta que decidió dejar el empleo y se dedicó a viajar por el mundo. En uno de sus relatos cuenta cómo un colega suyo de la City apareció en el trabajo una mañana con *kilt*, la falda tradicional irlandesa masculina, y vistió desde entonces, a diario, de la misma manera. «Eso es algo que puede parecer normal —escribe Brendan Behan en su libro *Mi isla*— un sábado por la tarde en Blackheath, pero resulta un poquito extraño un lunes por la mañana camino de la City.» Ó Conaire contaba que la esposa del hombre le había dicho en una ocasión: «Mi marido era perfectamente normal hasta que descubrió que era un puñetero irlandés».

Pádraic murió en 1928 en Dublín y el poeta Frederick Robert Higgins, amigo suyo, escribió una bella elegía en su memoria, «Lamento por Pádraic Ó Conarie»:

Ah, todos dicen: Pádraic se ha ido a explorar de nuevo;
va ahora por los valles luminosos,
por tabernas con bardos que forjan con genio
el hablar gaélico. Y allí sus pensamientos
se encontrarán con sus propios ancestros;
mentes de las que nuestra raza es deudora,
hombres diestros que construían barcos
o armaban el mecanismo secreto de una canción.

[Ah, they all say: Pádraic is gone again exploring;
But now down glens of brightness, O he'll find
An alehouse overflowing with wise Gaelic.
That's braced in vigour by the bardic mind,
And there his thoughts shall find his own forefathers;
In minds to whom our heights of race belong,
In crafty men, who ribbed a ship or turned
The secret joinery of song.]

Brendan Behan, que admiraba a Pádraic Ó Conaire, escribía sobre la ciudad: «La gente de Galway está muy orgullosa de ser de Galway, aunque personalmente creo que sentirse orgulloso de ser de un sitio concreto es bastante tonto». Las mismas ideas antinacionalistas las han mantenido muchos escritores irlandeses. Joyce decía: «Una nación no es más que la misma gente viviendo en el mismo sitio».

Aprovechando que no llovía, paseé esa tarde hasta alcanzar las orillas del río Corrib, que atraviesa la ciudad y va a desembocar en la bahía que se abre al oeste de la urbe. Galway es una ciudad que, en los días del reinado de Felipe II, mantenía una activísima relación comercial con la península Ibérica. A la España imperial y a la Irlanda ocupada por Inglaterra les unían dos cosas: el profundo catolicismo y el odio a los ingleses. Un viajero londinense del siglo XIX escribió que existía una tercera coincidencia entre los españoles y los habitantes de Galway: el carácter soberbio de ambos. En el viejo puerto de la ciudad sobrevive una antigua bóveda llamada Spanish Arch.

Enormes gaviotas gritaban enfurecidas sobre las aguas del río en el atardecer. Y vi una luna gorda tratando de abrirse camino, inútilmente, entre las nubes oscuras del ocaso.

A un precio razonable, cené ostras de la bahía de Galway, pequeñas de tamaño, pero de un gusto exquisito. No sé si fue un irlandés quien dijo que las ostras son el sexo de la mar, pero sin duda saben a algo parecido. Luego entré a refugiarme del ventarrón, con el día dando ya sus últimas boqueadas, en el Taaffes, un pub donde un cartel en la puerta anunciaba música en vivo. Y sí que la había. Y de la buena.

Los músicos eran ocho, seis hombres y dos mujeres. Como casi siempre en Irlanda, gente normal que ama tocar un instrumento o cantar sin aspirar a vivir de ello. La clientela les invita a cerveza y, a veces, hacen coro a sus canciones. Tocar y escuchar música en los pubs es una ceremonia muy usual en el occidente irlandés, casi tan ritual como la misa. Los músicos entran y salen, se incorporan al grupo, se van, tocan algún solo, beben una pinta de Guinness, charlan entre ellos o con el público... Cantar y beber en Irlanda son actos de carácter místico.

Estos hombres y mujeres llegan a los pubs con su instrumento musical guardado en su funda. Lo sacan con mimo, lo acarician, incluso lo limpian un poco con un trapito. Lo afinan si es el caso. Sacan una partitura en ocasiones. Y se incorporan al concierto con naturalidad y un gozo contenido que se lee en sus sonrisas. Después desaparecen con discreción o hacen hueco para que se siente un recién llegado. Arpa, guitarra, banjo, violín, flautas diversas, pequeñas gaitas, panderos, acordeón..., los instrumentos son casi innumerables. Imagino a estos hombres y mujeres en esos inviernos helados de Irlanda, mientras en la calle ruge el viento y bate la lluvia, aprendiendo las antiguas melodías nota a nota. Son como sus escritores: días y días leyendo sin cesar, escribiendo versos, dramas y novelas que quizá lean largas generaciones de irlandeses.

Si a Irlanda la significan el viento, la lluvia y el océano, su esencia es el archipiélago de Aran, que cierra la bahía de Galway. Las tres rocosas islas constituyen una de las geografías más agrestes de Europa, más inhumanas si se quiere. Hasta ellas llegan los feroces vendavales del Atlántico sin freno alguno desde las costas americanas. El mar brama en torno a Aran, el frío aprieta en los inviernos, la lluvia golpea con violencia contra los tejados, hechos de recias capas de heno, de las casas achaparradas, que se refugian de la naturaleza feroz en pequeños recodos, junto a estrechos caminos. Cuesta trabajo imaginar la dureza de las condiciones de vida que afrontaron anteriores generaciones. No obstante, uno puede hacerse una idea aproximada a través del filme *Hombre de Aran*, de Robert Flaherty, un mítico documental rodado en 1934 cuyo efecto social puede compararse al de *Tierra sin pan*, rodado por Luis Buñuel en las Hurdes extremeñas un año antes. Dicen que, tanto el director irlandés como el español, falsificaron algunas situaciones para dotar de mayor dramatismo a sus obras. Puede ser; pero es un hecho que no les resta valor. El retrato que hace Flaherty de aquellos hombres de rostro pétreo que pescaban a bordo de sus tradicionales barcas, los *curraghs*, en un mar salvaje poblado de tiburones, todavía alcanza a estremecernos. Son embarcaciones de apariencia liviana, de seis o cuatro remos y dos o tres bancos, de popa chata y proa elevada, alzada como la visera de una gorra. Los *curraghs*, utilizados durante siglos y aún en uso, son la mejor nave para faenar en estas aguas enfurecidas.

Pero esa dureza de la vida contrasta con la dulzura de las gaitas y las flautas gaélicas que suenan en las islas al atardecer y con las bellas y misteriosas leyendas y fantasías acuñadas por los habitantes de Aran durante siglos, algunas de las cuales recoge en un pequeño y delicioso libro, que llevaba conmigo en el viaje, el escritor John Synge, *Las islas Aran*, publicado en 1907.

Así que Aran es piedra, acantilados, viento, naves y mar, pero también música y leyendas; una combinación recia y conmovedora, que toca el alma:

> ... *hombres diestros que construían barcos*
> *o armaban el mecanismo secreto de una canción.*

La mayor de las islas se llama Inishmore (en gaélico Inis Mór o Árainn); la de menor tamaño, Inisheer (Inis Oírr), y la tercera, Inishmaan (Inis Meáin). El nombre de la mayor significa Isla Grande, mientras que el de la menor se traduce como Isla Pequeña. Por lógica, la otra debería llamarse Isla Mediana. Y no es así. Su nombre significa Isla de En Medio, pues se alza entre las otras dos. O sea, que a dos de las islas las define su tamaño y a la tercera su posición. Pero la lógica no es ciencia que tenga mucho que ver con la geografía. Viajando por el mundo he conocido algunos lu-

gares que se llamaban Bellavista y uno de ellos era una ba-
rriada construida en un altozano que se alzaba sobre un cementerio.

· Los habitantes del archipiélago rondan los setecientos y
la Isla de En Medio, Inishmaan, es la menos poblada. Por
esa razón, y porque en ella vivió Synge largas temporadas,
era la que más me interesaba de las tres.

Los ferris para el archipiélago salen del puerto de Rossaveal,
situado hacia el oeste de la costa de Galway. Fui hasta allí en
un autobús que partía de Eyre Square. Ya en los muelles,
arriba del espacio, el sol lucía lozano entre nubes inciertas,
mientras que, abajo, el mar se mecía en suaves ondas regulares. Alrededor del puerto se tendía un paisaje de tierras
yermas, desprovistas de árboles y barridas por el viento.

El transbordador, que se dirigía primero a Inishmaan y
luego a Inisheer, iba casi vacío, con apenas media docena de
personas a bordo. Al poco de abandonar el embarcadero, el
mar comenzó a zarandearlo y el oleaje se hizo más fuerte.
Pronto, la mitad de los viajeros comenzaron a marearse.

Me quedé en una cubierta al aire libre, con el riesgo de
tomar una ducha inopinada, ya que las olas amenazaban
con echar lengüetazos de agua sobre el barco. Charlé un
rato con una pareja neoyorquina de origen irlandés que se
dirigía a Inisheer y luego con una muchacha irlandesa que
viajaba sola y, como yo, a Inishmaan. El resto de los pasajeros viajaban en la cabina inferior, protegidos de los escupi-
tajos del océano. A los de arriba, el aire nos revolvía los cabellos y goterones de agua nos golpeaban de cuando en
cuando la cara. Pero yo disfrutaba con el paisaje del Atlántico alborotado y recio. Grandes albatros surcaban el cielo y,

en ocasiones, se acercaban con curiosidad hasta casi rozar la antena del radar del ferry.

Llegamos a Inishmaan una hora después de haber zarpado y el transbordador atracó en el pequeño embarcadero del este de la isla. Un par de *curraghs* permanecían amarrados en la cercanía, con sus nasas langosteras tiradas con descuido sobre el muelle. A primera vista, Inishmaan me pareció una suerte de avispero, a causa de los cercados de las parcelas cultivables, que tenían el aspecto de celdillas. Los habitantes de Aran, desde siglos, han levantado sólidas vallas de piedra gris entre sus huertos, encajando los pedruscos sin el uso de ninguna amalgama artificial, con tal presteza que ni el más fuerte de los vientos logra derribarlas.

Todos estos terruños le han sido robados a la roca por los araneses y su tierra no es natural, sino que está hecha con piedra machacada y arena de la playa. Las patatas y algunas hortalizas constituyen los únicos cultivos de la isla. Y de patatas, pescados, carne de oveja, calabacines y zanahorias se han alimentado los isleños durante cientos de años.

Gracias a esa dieta y a su aislamiento del resto de Irlanda, el archipiélago pudo escapar de la terrible peste de la patata que asoló el país entre 1845 y 1850, lo que se conoce como «Great Famine» (la Gran Hambruna), a causa de la cual más de cuatro millones de irlandeses emigraron de la isla o murieron, esto es, aproximadamente la mitad de la población de entonces. Sólo Aran eludió aquella tragedia que continúa lacerante y llameando en el alma de todo irlandés. Ya hablaré de ello más adelante.

Bajamos la chica y yo y, detrás de nosotros, un japonés de mediana edad cargado con dos voluminosas y pesadas maletas. Un joven esperaba en el muelle con dos bicicletas y la muchacha se acercó a él, le besó y los dos se perdieron pedaleando con agilidad cuesta arriba.

El cielo se había transformado: ahora lo iluminaba un sol dudoso mientras nubes asesinas cruzaban el espacio y borraban de cuando en cuando, con sus turbias manazas, la intensidad de la luz atlántica. Yo llevaba una bolsa liviana con un par de mudas, ya que había dejado mi equipaje en el hotel de Galway, y pensé en echar una mano al japonés. Pero la visión de la empinada cuesta que crecía delante de mí hasta alcanzar, a cosa de medio kilómetro, el edificio de un Bed and Breakfast, me hizo desistir. Dejé atrás al nipón caminando como un sufrido borrico y llegué con más de cinco minutos de ventaja al hostal.

El lugar se llamaba Tíg Cóngaile, un coqueto hotelillo que tan sólo tenía dos habitaciones para huéspedes. Me quedé la mejor, por supuesto, y sin remordimiento alguno. La dueña era una mujer de unos cincuenta años, pequeña, pelirroja y de piel muy blanca. Cuando inscribí mi nombre en el registro, exclamó en español:

—¡Latino!

—De España.

Vilma Godoy era guatemalteca y llevaba en la isla veinte años. Conoció en Dublín a su marido, Pádraig, que era nativo de Inishmaan, y ambos decidieron instalarse allí y abrir un hotel. En ese momento, el esposo estaba fuera de Aran por unos días.

—Al principio no soportaba vivir aquí, pero ahora me gusta Inishmaan y no lo cambiaría por nada. No se parece a ningún otro lugar del mundo y es mucho mejor que las otras dos islas, no lo dude.

La puerta se abrió y, jadeante, asomó el japonés cargado con sus maletones.

—¡Naoisha! —exclamó con alegría Vilma.

Nos presentó de inmediato y el asiático se inclinó levemente y me estrechó la mano, sin aparente rencor por haberle ganado en la subida. Mi compañero de navegación era pintor y llevaba las maletas repletas de tablas con bocetos de pinturas. Las había iniciado el año anterior en el lugar y volvía para completarlas. Aunque pensaba que, tal vez, debería darles un repaso final una vez de regreso en Osaka, la ciudad en donde residía y en cuya universidad se ganaba la vida dando clases de dibujo. Su nombre completo era Naoisha Inove.

En los viajes encuentras gente rara, pero con pocos me he topado tan extraños como aquel japonés de Aran. Si tenía que hacer dos viajes entre Japón e Irlanda para completar sus obras, ¿a cuánto debería vender cada cuadro para que le fuese rentable?

Vilma nos preparó para el almuerzo un plato de *pollock*, una especie de bacalao autóctono de Aran que sus habitantes consideran exquisito. Naoisha me explicó que pensaba seguir viniendo a Aran cada año.

—No hay una luz igual en ninguna parte de la Tierra. Pero no acabo de captarla bien…, por eso traigo los cuadros.

Me preguntó por mi viaje a Irlanda y, cuando le dije que pensaba recorrer el país casi entero, me miró intrigado:

—¿Y cómo se las arregla para viajar con una bolsa tan pequeña como la que llevaba en el barco?

—Voy tirando la ropa usada y compro nueva —se me ocurrió decir.

—Ah, ya… Es una buena idea. Pero yo no puedo hacer lo mismo con mis cuadros.

—Pinte en tela en lugar de hacerlo en tabla.

Me miró con asombro:

—¡Mi técnica y estilo están en la madera! —concluyó.

Me dispuse a dar una vuelta por la isla esa tarde. Naoi-sha, con aire místico, había sacado uno de sus cuadros y se sentó junto a la ventana, que daba a un mar esplendoroso, en el que se distinguía el áspero perfil de Inisheer, la Isla Pequeña. Yo eché una ojeada de lado a la pintura mientras me dirigía a la puerta. No sé si era buena o mala; pero me pareció extraña, impersonal casi.

Salí al aire libre, ascendí el resto de la empinada cuesta y me encontré en la vía principal de Inishmaan, una estrecha calle flanqueada por casas en su mayoría de una planta y techadas de duras esteras de paja anudadas a vigas. Reparé en que, sobre las tapas de los contenedores públicos de basura, había grandes pedruscos, imagino que para evitar que el viento se los llevara. El cielo arrojaba una vigorosa luz sobre la isla, pero las feroces nubes seguían allí en lo alto, tenaces y sombrías. Por un instante, el aire del lugar me trajo el recuerdo de las Malvinas, las desoladas islas del otro lado del Atlántico, adonde había viajado como periodista quince años antes, siete después de concluida la guerra entre Inglaterra y Argentina.

Caminé el pueblo en dirección al oeste. Crucé junto a un pub y la única tienda del pueblo —una suerte de comercio de los que en España se llamaban durante la posguerra «de ultramarinos»— y alcancé más adelante la iglesia, un edificio de muros blancos y tejas azules.

La puerta estaba abierta y me asomé al interior. Era un templo de una larga planta de cruz latina y de las paredes colgaban las estaciones del Vía Crucis, indicadas con leyendas en gaélico. El altar era de mármol y las bonitas vidrieras mostraban un vivo colorido. Las esquinas de la nave acogían toscas imágenes de escayola que representaban vírgenes y santos.

Calculé que en las bancadas cabrían unas trescientas personas y me pregunté para qué tanto espacio eclesial en una población, la de Inishmaan, que no llega a las doscientas almas. Pero imagino que la Iglesia católica, en Irlanda, como en todo el orbe en donde aposenta sus reales, nunca pierde la esperanza de que nos pongamos todos a procrear como conejos.

La vía comenzaba después a trepar con suavidad entre los muros de las huertas. El pueblo se quedaba atrás y, si volvía la cabeza, alcanzaba a distinguir la ensenada del puerto en donde me había dejado el transbordador. El océano parecía una alfombra rugosa de color gris plomo adornada con movientes rizos blanquecinos.

Un poco más adelante, a la derecha del camino, detrás de un pequeño vallado, un cartelito señalaba el *cottage* en donde vivió John M. Synge. Era pequeño y humilde, con los muros pintados de blanco y un techo de paja seca. En ese momento se encontraba en obras.

Seguí caminando cuesta arriba. No me había cruzado con nadie desde que salí de mi hostal y la carretera se había convertido en un estrecho camino. A mi derecha distinguía el Atlántico y la vecina isla de Inishmore, la Isla Grande. Pasaron a mi lado dos grandes perros lanudos de aspecto fiero, pero por fortuna no me hicieron el menor caso.

El camino se encogía más aún y ya era un sendero abierto entre pedruscos oscuros y tierra cubierta de musgo que, a la postre, fue a morir en un hueco rodeado de rocas, que recordaba al nido de un ave gigante de otras edades. CHAIR OF SYNGE, rezaba un cartel, la silla de Synge.

Era el lugar en donde el autor de *Las islas Aran* se sentaba por las tardes a contemplar el mar, el perfil de Inishmore y el atardecer atlántico. Me acomodé en su trono, protegido del viento por las piedras, y admiré la majestuosidad de Aran, el sol jugando entre las nubes, rebotando su luz en el agua cuando asomaba, la adusta espalda de la isla grande y las gaviotas que volaban junto al abismal acantilado que caía sobre el Atlántico.

En mi cuaderno anoté un breve poema:

> *Islas de Aran,*
> *ceñudo mar,*
> *atlántico ritual*
> *de piedra y viento.*

Synge describía así el sitio:

Ha despejado y está brillando el sol con un calor luminoso que hace que toda la isla resplandezca como una joya y que se llene el mar y el cielo de una radiante luz azul. He venido a sentarme en las rocas desde donde veo el borde negro de la isla norte frente a mí. La bahía de Galway, casi demasiado azul para poder mantener en ella la mirada, está a mi derecha; el océano Atlántico, a mi izquierda, un precipicio perpendicular bajo mis tobillos y por encima de mi cabeza innumerables gaviotas que se persiguen unas a otras en un blanco cirro de alas [...]. Muchos de los pájaros desfilan ante mí con la vanidad de los bárbaros, realizando extraños movimientos mientras que están al alcance de mis ojos y regresando a su alféizar de roca cuando me voy. Algunos son increíblemente expertos y adoptan elegantes postu-

ras de una duración inconcebible, sin mover en absoluto las
alas, tan absortos en su propia destreza que a menudo cho-
can unos con otros en su vuelo, incidente al que sigue siempre una sarta de insultos. Su lenguaje es más fácil que el
gaélico y tengo la sensación de entender la mayor parte de
sus gritos, aunque no soy capaz de contestarlos. Hay una
nota lastimera que exhalan en medio de su acostumbrado
parloteo y causa una impresión extraordinaria. Esa especie
de inarticulado lamento, pasa a lo largo del acantilado de
un pájaro a otro, como si se acordaran repentinamente del
horror de las nieblas.

¿Qué añadir? Sólo silencio.

John Millington Synge nació en 1871 en un suburbio al sur
de Dublín, Rathfarnham, el mismo barrio donde Pádraig Pearse fundó un colegio y donde, una mañana de 1916, salió temprano en su bicicleta para unirse al alzamiento de Pascua y
encabezarlo. Los héroes legendarios no tienen por qué ir
siempre a morir por la patria montados a caballo.

Synge vivió sólo treinta y ocho años, pero su obra, fun-
damentalmente dramática, impresionó mucho en su tiempo. Su drama más famoso, *The Playboy of the Western World*
(«El playboy del mundo occidental») cosechó un enorme
éxito en Irlanda y en Estados Unidos. Con el paso de los
años, sin embargo, su prestigio ha ido en descenso y la única obra narrativa que escribió, *Las islas Aran*, es hoy la más
celebrada. Se publicó en 1907, dos años antes de su muerte.

Synge se movió mucho por el mundo. Estudió música
en Alemania y residió una temporada en París, donde conoció a Yeats. Fue precisamente el gran poeta quien le animó a

adentrarse en el estudio del universo y la lengua gaélicos.
Y, a causa de ello, Synge pasó cuatro largas temporadas en
Inishmaan.

Su retrato de Aran tiene mucho de idílico:

> Todas las cosas en esta isla tienen un carácter casi per-
> sonal que presta a esta vida sencilla, donde todo el arte es
> desconocido, algo de la artística belleza de la vida medieval.

Y más adelante:

> El hecho de que no se encuentren en estas islas las sóli-
> das botas que se utilizan en el resto de Europa, ha prestado
> a sus habitantes la ágil manera de andar de los animales
> salvajes, así como la sencillez general de su modo de vivir
> les ha conferido muchos otros rasgos de perfección física.

Pero también hace observaciones muy peculiares:

> Nadie que no haya vivido una semana entre estas nubes
> y mares grises puede comprender la alegría que proporciona
> el contemplar los trajes rojos de las mujeres, sobre todo
> cuando se ve un grupo de ellas [...]. A menudo veo a una
> muchacha con las enaguas remangadas lavando su ropa en
> un charco que ha dejado la marea, entre las anémonas de
> mar y los cangrejos. Los corpiños rojos y las piernas blan-
> cas, que van adelgazándose hasta los tobillos, hacen parecer
> a estas mujeres tan hermosas como aves de mar tropicales
> en un recuadro de algas, destacándose sobre la orilla del
> Atlántico.

Está claro que, en ocasiones, Synge debía de sentirse
muy solo y necesitado de hembra. Es lo que tienen las islas.

Las nubes apresuradas del océano venían oscuras desde el oeste. Comenzó a chispear. Así que pensé que era el momento de retirarme de allí, pese a que quedaban algunas horas para el atardecer.

Arrancó a llover a mares cuando alcanzaba la calle principal, justo a tiempo para refugiarme en la tienda que, por fortuna, permanecía abierta. Eché una ojeada a los productos que vendían: periódicos del día anterior, leche, frutas, verdura, conservas, pan, carne congelada, bacalao salado… Además, unos pocos souvenirs, en particular jerséis de colores muy vivos, de textura gruesa y áspera, tejidos con lana sin tratar.

—Compre uno, señor —me dijo la mujer que despachaba—; no los hay iguales en el mundo.

—¿Cuánto valen? —pregunté.

Me dijo el precio y el susto fue tal que ni siquiera soy capaz de recordar lo que respondió.

—¿Y sabe por qué son todos distintos entre sí? —añadió.

—Ni idea, señora.

—Los tejían las mujeres casadas y sus maridos los llevaban al mar cuando salían a pescar.

—Calientan mucho, supongo.

—No era ésa la razón, señor. Cuando una barca se hundía y los hombres se ahogaban, gracias a los colores del jersey sus esposas podían reconocer los cadáveres, si es que aparecían, semanas e incluso meses después. Así recibían cristiana sepultura con su nombre y no el de otro. Inteligente, ¿no? Compre uno, no se arrepentirá.

—Lo siento: soy soltero y no pesco en mares salvajes.

Escampó levemente y eché una carrera hasta el vecino

Teac Ósta, el único pub de la isla. Era un local alargado y modesto y de las paredes colgaban antiguas fotografías de las islas y de rostros de marineros de antaño, probablemente imágenes sacadas del documental de Flaherty. Había tan sólo dos hombres en ese momento: el tabernero y un parroquiano de edad muy avanzada. Charlaban en gaélico. Pedí una pinta de Guinness y me acomodé cerca de ellos.

Fue entrando nueva clientela: un grupo de jóvenes excursionistas llegados en el ferry de la tarde y un hombre con un acordeón que se acomodó al fondo de la sala en espera, quizá, de otros músicos que finalmente no aparecieron. El tabernero se separó del hombre viejo para atender a los recién llegados. Acerqué mi banqueta a la suya.

—Bonita su isla —dije.

—Extranjero, ya veo.

—Español.

—Puede usted ser de donde quiera con tal de que no sea inglés. ¿Cómo se llama?

—Martin. ¿Y usted?

—O'Flaherty. En Aran, la mitad de los hombres nos llamamos O'Flaherty y la otra mitad Joyce. ¿A qué se dedica?

—Viajo.

—Yo me dedicaba a la pesca de langostas, un trabajo duro y peligroso: el mar es muy traidor en Aran y hay que respetarle. Ahora vivo de una pensión, tengo ya noventa años.

Me acordé de una frase de un pescador que recogía Synge en su libro: «Un hombre que no le tiene miedo al mar se ahogará pronto porque saldrá al mar el día que no deba salir. Pero nosotros le tenemos miedo al mar y sólo nos ahogamos de vez en cuando».

—¿Tiene familia?

—Soy viudo. Tuve diez hijas y cinco hijos. Ninguno estudió. Dos de las chicas murieron, cuatro de los chicos emigraron a Estados Unidos y el otro vive aquí. Tengo dos hijas en Australia y he perdido la cuenta del número de nietos. Eso sí, mis nietos han estudiado todos: son técnicos y cosas así. No pasarán hambre. Irlanda ya no es lo que fue. ¿Alguna pregunta más, amigo?

—Pues no.

Cuando gané la calle para regresar al hostal el campo olía a heno mojado y a turba húmeda.

Vilma nos había preparado un *Irish stew*, un estofado tradicional de cordero, y se había incorporado a la cena una chica irlandesa, Dorothy, de cara pecosa y pelirroja. Era pintora, como Naoisha, y había alquilado una casa en Inishmaan hasta el otoño. Los dos me manifestaron encendidamente su admiración por Goya.

Cenábamos en la espaciosa cocina y alabé el guiso de Vilma.

—Las patatas locales son muy buenas, de las mejores de Irlanda —dijo ella—. Cuando la peste de la patata desató la Hambruna, aquí se salvaron porque el pulgón que propagó la enfermedad no sabía nadar y no pudo cruzar el mar.

Le pregunté si sabía gaélico.

—Algo me ha enseñado mi marido, pero es un idioma muy difícil.

—Dicen que en Aran está la sangre más pura del Éire.

—Eso no es tan seguro: casi todos los habitantes de Aran son descendientes de los mercenarios romanos que dejó abandonados en las fortalezas de los archipiélagos el canalla de Cromwell, cuando las islas ya no le hacían falta. ¿No se ha fijado en sus narices y en lo morenos que son? De gaélicos nada: ¡romanos, son romanos!

Naoisha nos contaba que la isla le tocó el corazón desde el primer momento en que puso el pie en ella.

—A lo mejor su vida anterior transcurrió aquí —dijo Dorothy.

—Yo creo en otras vidas para nosotros, soy budista —repuso el japonés—. Pero el problema de la reencarnación es que no recuerdas tus vidas anteriores. Quizá fui perro, o pez, o mujer.

—O flor —dije yo.

—Eso no —me corrigió Naoisha—. Para reencarnarse en otro ser, éste debe poseer un alma. Las flores no tienen alma.

Naoisha siguió contándonos que le gustaba tocar la guitarra y cantar y que lo hacía a diario. Y se arrancó a cantar *Santa Lucía* en un italiano inventado que sonaba a chino. Vilma y yo le coreamos y Dorothy aplaudía.

Cuando terminó, dije:

—La música es, para mí, la superior de las artes.

—Claro —agregó Vilma—, siempre me han asombrado esos músicos que son capaces, con una sola nota, de tocarte el corazón.

—A mí me sucede lo mismo con la poesía —dijo Naoisha—. Pero es que en Japón se recita casi cantando.

—Lo mejor de la música es que parece estar hecha para cada uno de nosotros —intervino Dorothy—. Todos podemos elegir algo que nos gusta particularmente y quizá a los otros no.

—Con la música recuerdas cosas de pronto —dijo Vilma—, cosas que habías olvidado. La música te devuelve los recuerdos.

—Como el olfato —sentenció Naoisha.

Naoisha regresó a su pintura, Dorothy se marchó a su casa y Vilma se quedó en la cocina. Yo tomé el libro de Synge, me acomodé en el salón y seguí leyendo.

Cuenta el escritor que, por las noches, la gente de Inishmaan se reunía alrededor del fuego y era casi obligatorio que cada uno contase una historia, su historia. Y así nació una literatura oral que ha viajado en el tiempo, a mitad de camino entre la imaginación y la realidad. Según Synge, las historias debían ser contadas siempre en primera persona, con minuciosos detalles que mostraran que el narrador había estado de verdad presente en las escenas descritas. Todo el mundo en Inishmaan estaba obligado a saberse unas cuantas para ser aceptado en sociedad. Los relatos se cerraban siempre con la misma frase: «Y ésta es mi historia».

Synge recogió algunas de esas narraciones en su libro. Por ejemplo, la de la esposa infiel. Se la contó un lugareño y, resumiendo, decía así:

Una noche de lluvia me acerqué a una casa y vi por la ventana a un hombre muerto tendido sobre una mesa y velado por su esposa. Llamé a la puerta y ella me dejó entrar para que me calentara y luego me preguntó si no me importaría quedarme solo con el muerto mientras ella se acercaba por unos minutos al pueblo. Le dije que no me importaba, que un muerto no puede hacer daño a nadie, y ella se marchó y yo encendí mi pipa. Al poco de irse la mujer, el muerto abrió los ojos y se levantó. Me dijo que no estaba muerto, sino que lo fingía para descubrir los engaños de su esposa. Y me enseñó dos varas que ocultaba bajo la sábana. Luego, volvió a tumbarse y a simular que estaba muerto. Cuando la mujer regresó, media hora más tarde, venía acompañada de un hombre joven. Me dijo: «No tiene dónde dormir y le he invitado a usar nuestra cama, pues a mi marido y a mí no nos hace falta esta noche». Llevó al joven al dormitorio y pasaron largos minutos sin que la mujer regresara. Entonces el muerto se levantó, me dio una de las dos varas y juntos fuimos al dormitorio. Entramos en la estancia y encontramos a la pareja echada, muy juntos, con la cabeza de la mujer infiel sobre el brazo del joven. El marido muerto le dio tal golpe con la vara al joven que su sangre saltó hacia lo alto y llegó hasta el pasillo. Y ésta es mi historia.

Vilma entró en la sala. Le pregunté sobre si sabía algo de la costumbre de las narraciones junto al fuego.

—Sí, claro. Mi marido vivió de niño aquellos tiempos. Pero eso se acabó. Desde que la televisión llegó a las islas, ya nadie necesita escuchar historias de otros labios. El viejo mundo se nos escapa entre los dedos.

Me acordé de mi infancia, de los fines de semana en que, sin televisión en casa, mis padres nos enseñaban canciones a mí y a mis hermanos.

La mañana en que me iba de Inishmaan, Vilma nos preparó para desayunar una sopa japonesa de *miso*. Naoisha se sentía feliz con el detalle.

—¿*Miso* de Aran? —le pregunté a Vilma.

—*Miso* de Inishmaan, soy la única que sabe prepararlo —respondió ufana—. Y con caldo de pescado de este rico mar.

Me iba de la isla para seguir mi viaje desde Galway por el oeste irlandés. Pero había decidido tomar el barco que, tras atracar en Inishmaan, se dirigía a Inisheer, la Isla Pequeña, para pasar allí unas pocas horas y seguir luego en el último transbordador de la tarde de vuelta a Rossaveal.

Bajé hasta el muelle con tiempo de sobra. Un mar sosegado se tendía bajo el sol pálido e, incluso, hacía calor. Me senté sobre un noray de madera en la confortable soledad del embarcadero. La brisa trajo el canto de un gallo, el mugido de una vaca, el rumor del mar, el ladrido de un perro, el piar de las golondrinas marinas, perfume de hierbas jugosas y un aroma de pulpa de sargazos que olía a mujer. Un bando de gaviotas revoloteaba sobre el mar, inmerso en una misteriosa danza, mientras otro grupo pescaba en la cercanía. Un solitario cormorán se zambullía cerca de la orilla, quizá tomando el baño de la mañana, y un *curragh* recogía con parsimonia las nasas tendidas la noche anterior a la entrada de la pequeña rada. De vez en cuando se escuchaban los quejidos lastimeros de algunas de las gaviotas que se posaban en las farolas del espigón del muelle. Nubes raudas jugaban a tapar y descubrir el sol tibio. Resultaba hermosa la soledad en la mañana perezosa de Inishmaan.

Llegó el ferry a la hora anunciada y, tras una breve y dulce navegación, atracábamos en Inisheer. Me di un garbeo por el pueblo. Había niños de diez o doce años jugando en las calles y nutridos grupos de turistas haciendo fotos. Arriba de una loma se dibujaban como una dentadura decrépita las arruinadas almenas del viejo castillo de O'Brian. Ascendí la cuesta que llevaba al cementerio. Sobre el escaso centenar de sepulcros, pasaban las gaviotas lanzando gritos fúnebres. Reparé en que todas las tumbas se orientaban hacia la costa irlandesa y daban la espalda al feroz Atlántico. Había nume-

rosos Joyce y O'Flaherty entre los muertos. Desde allí arriba
se distinguían los campos de Inisheer completamente parce-
lados, sin un solo espacio libre, igual que en la vecina Inishmaan. Sospecho que los habitantes de Aran tienen un corazón tacaño.

No había otra cosa que hacer que irse a uno de los tres
pubs de la isla mientras llegaba la hora de embarcarme
de regreso a Galway. Elegí el Rory y me tomé media pinta de
Guinness. El tabernero me dijo que no tenía nada que ofre-
cerme para comer, de modo que me largué al Mairteen. El
dueño, con aspecto de truhán malhumorado y un cierto aire
a Peter Ustinov, me puso delante una pinta de cerveza cuando le había pedido media y me dijo que allí no daban comidas, sólo alcohol. No me atreví a protestar por la pinta, dado
su aire de asesino. Y cambié al Pádraig, donde el amable tabernero me ofreció unos sándwiches.

Como el hombre debía de aburrirse a esa hora, tras una
corta charla decidió contarme su historia, la llamada «la
Gran Historia de Inish Inisheer». Era más o menos como
sigue:

Desde mucho tiempo atrás, en las islas sólo ha habido
un puesto de policía, situado en Inishmore, la mayor de las
islas, con dos representantes del orden. Hace años, los policías eran el sargento J. J. Bourke y el agente Sean McCole,
un hombre joven que llevaba poco tiempo destinado en
Aran. Un día los llamó el jefe de la policía de Galway, de
quien dependían, diciéndoles que tenía muchas llamadas de
mujeres de Inisheer quejándose de que sus maridos llegaban a casa muy bebidos y muy tarde, mucho después de la
hora oficial de cierre de los pubs, establecida por ley a las
once de la noche en días de diario y a las doce y media en
los fines de semana.

El sargento Bourke conocía bien a los «sandys» —el apodo que se da en las islas a los nativos de Inisheer— y sabía que, cuando llegaba la lancha de la policía, los habitantes de la Isla Pequeña se avisaban unos a otros antes de que atracase, de tal modo que los pubs se cerraban de inmediato. Así que Bourke decidió enviar a McCole vestido de paisano, ya que en Inisheer no conocían al policía recién llegado a las islas.

McCole se desplazó en ferry a Inisheer un día de entre semana, plantó su tienda de campaña a las afueras del pueblo y aquella misma noche recorrió los pubs ataviado con ropas de civil. Todos seguían abiertos a la una de la mañana y la gente no cesaba de beber y cantar. El agente regresó a su tienda, se puso el uniforme de policía y volvió a los pubs para poner las denuncias. Eran las dos de la mañana y la gente seguía bebiendo. «¿No tiene usted nada mejor que hacer a estas horas? —le preguntó el malhumorado dueño del Mairteen—. Aquí estamos gente pacífica que sólo bebe y canta.» McCole contestó: «Mientras sesenta hombres están aquí, hay sesenta mujeres esperándoles en sus casas». El otro replicó: «No hay nada de malo en que esperen, nadie les impide dormir si lo desean. ¿No le parece lógico?». El agente concluyó: «Yo no invento las leyes; sólo ayudo a cumplirlas».

McCole puso las denuncias y unas semanas después se celebró el juicio. El Pádraig fue multado con cien libras, el Rory con treinta y el Mairteen, que se negó a comparecer ante el tribunal, con doscientas.

Desde entonces, cuando llega la hora oficial de cierre, dejamos a la gente en la terraza, al aire libre, bajo las estrellas, y a la siguiente mañana recogemos los vasos.

—Y ésta es mi historia —concluyó el tabernero.

Aquella tarde me despedí de Aran y tomé el ferry rumbo a Galway. Viajábamos alrededor de treinta personas a bordo, casi todos turistas. En cubierta, un hombre tocaba el acordeón y cantaba:

> *Las brisas que corren sobre los mares de Irlanda,*
> *cuando soplan, vienen perfumadas de brezo...*[5]

> [*For the breezes blowing o'er the seas of Ireland*
> *Are perfumed by the heather as they blow...*]

El viento comenzó a golpear muy fuerte en popa cuando nuestro transbordador se alejaba desde Inisheer rumbo a los muelles de Rossaveal, como si, desde sus acantilados rocosos, las islas Aran quisieran alejar de ellas, con furiosos resoplidos, a los inoportunos visitantes.

Y ésta es mi historia.

---

5. La balada *The Galway Bay*, citada al principio del capítulo.

6

El hambre y el exilio

Barro es el verbo y barro es la carne
[...]
Patrick Maguire, el viejo campesino,
nunca será condenado ni glorificado,
su tumba será un hondo bancal de patatas
del que las semillas no pueden subir
hasta la alegría del sol.
Su lengua es como la raíz del tejo.
Silencio, silencio. La historia ha terminado.

Aguarda en el umbral de su casa,
como una escultura harapienta expuesta al viento,
a que octubre chirríe en el colchón podrido
y se caigan las patas de la cama. No hay esperanza. No.
> *Ni lujuria.*
El diablo hambriento
grita el apocalipsis del barro
en cada esquina de esta tierra.[1]

---

1. Del poema «The Great Hunger» (La Gran Hambruna), de Patrick Kavanagh. Aquí reproduzco el primer verso del canto I y los últimos del canto XIV, que cierra el poema.

[*Clay is the word and clay is the flesh*
(...)
*Patrick Maguire, the old peasant, can neither be damned nor
    glorified:*
*The graveyard in which he will lie will be just a deep-drilled
    potato-field*
*Where the seeds gets not chance to come through
    to the fun of the sun.*
The tongue in his mouth is the roof of a yew.
Silence, silence. The story is done.

He stands in the doorway of his house
A ragged sculpture of the wind,
October creaks the rooted mattress,
The bedposts fall. No hope. No. No lust.
The hungry fiend
Screams the apocalypse of clay
In every corner of this land.]

Mi última mañana en Galway amaneció con lluvia y viento. Alquilé un coche para seguir mi viaje y, mientras lo preparaban, me fui a tomar un café y leer el periódico en una taberna próxima a Eyre Square. Reparé en un espejo de la pared en donde habían grabado una leyenda que decía: «*God bless John Wayne*» (Dios bendiga a John Wayne). Sobre las palabras se dibujaba el perfil reconocible del actor. Al lado, un cartel anunciaba las fechas y las localidades donde iban a celebrarse carreras de caballos durante las siguientes semanas. Si compitiese John Wayne, las ganaría todas, seguro.

Conduje como si navegara en un mar salvaje por la carretera batida por la tormenta y el ventarrón. Quería visitar

Athenry, a pocos kilómetros de Galway. Y no porque hubiera leído nada sobre su historia o sus monumentos, que ignoraba si contaba con muchos o con pocos, sino por una preciosa y triste canción, *The Fields of Athenry*. A veces viajo por razones de ese jaez: un verso, una balada...

La canción recoge la historia de un joven matrimonio en los días de la plaga de la patata, Michael y Mary. Para poder comer, él roba el grano de Trevelyn —el principal funcionario inglés en el gobierno de la isla, que administraba el reparto del grano y del trabajo al desatarse la Gran Hambruna—, pero es detenido por la policía británica de Galway. Mary le llama desde el muro de la cárcel y le advierte de que hay un barco-presidio esperando en la bahía para llevárselo a una cárcel de Australia. Y él responde que no importa, que ella es libre y que él ha luchado contra el hambre y contra la Corona (británica), y que sus hijos podrán crecer con dignidad. Mientras el barco se aleja con Michael preso, ella ve llegar la noche en la bahía y piensa que rezará para mantener la esperanza en el regreso de Michael.

> *Es tanta la soledad en los campos de Athenry...*
> [*It's so lonely 'round the fields of Athenry.*][2]

Aunque compuesta en 1970, más de un siglo después de la Gran Hambruna, la canción es cantada y escuchada por los irlandeses como una suerte de místico homenaje a aquellas generaciones desdichadas. La pena por aquella devasta-

---

2. La balada fue compuesta por Pete St. John. En la última Eurocopa del año 2012, celebrada en Polonia y Ucrania, cuando España vencía a Irlanda por 4 goles a 0, miles de hinchas irlandeses despidieron los últimos minutos del partido cantando *The Fields of Athenry*, como una suerte de canto al honor en la derrota.

dora tragedia y el rencor hacia el comportamiento que mantuvieron las autoridades inglesas siguen vivos en Irlanda.

Llovía sin descanso y me metí en una taberna cerca de una plazuela. Tres perezosos parroquianos de edad avanzada leían periódicos y bebían cerveza negra, apartados los unos de los otros, en la oscuridad del pub. El ambiente era sombrío. Los ecos de la triste balada de Athenry resonaban en mi cabeza:

> *Junto a un muro del puerto,*
> *ella contemplaba caer la última estrella*
> *mientras el barco-prisión navegaba contra el cielo.*
> *Sí, ella aguardará y mantendrá la esperanza y rezará*
> *por su amor que está en la bahía de Botany.*[3]
> *Es tanta la soledad en los campos de Athenry.*
>
> *Ahí quedan los campos de Athenry,*
> *en donde una vez vimos volar los pajarillos libres.*
> *Nuestro amor iba en sus alas,*
> *teníamos sueños y canciones que cantar.*
> *Es tanta la soledad en los campos de Athenry.*
>
> *[By a lonely harbour wall,*
> *She watched the last star falling*
> *As the prison ship sailed out against the sky.*
> *Sure she'll wait and hope and pray*
> *For her love in Botany Bay.*
> *It's so lonely 'round the fields of Athenry.*
> *Low, lie the fields of Athenry,*
> *where once we watched the small free birds fly.*

3. En la bahía de Botany, en el sudeste de Australia, había un penal para los prisioneros deportados por Inglaterra en calidad de delincuentes.

Our love was on the wing,
We had dreams and songs to sing,
It's so lonely 'round the fields of Athenry.]

El factor que desató la mayor tragedia de Irlanda, la Gran Hambruna de 1845-1850, fue la coincidencia de una cadena de causas: la pobreza en que vivían la mayor parte de los irlandeses, la superpoblación, la excesiva dependencia de la patata en la dieta alimentaria, la avaricia de los latifundistas y la intransigencia de las autoridades inglesas que administraban la isla.

Inglaterra había comenzado a colonizar Irlanda a partir del siglo XII y esa ocupación se agudizó y extendió durante los siglos XVI y XVII. Oliver Cromwell trató por medios brutales de erradicar el catolicismo en la isla a mediados del XVII, con matanzas, desplazamientos de población, expropiación de tierras y repoblaciones de regiones enteras con escoceses y galeses de religión protestante. Al tiempo, a los terratenientes católicos no les ofrecía otra alternativa que «someterse a las leyes inglesas o irse al infierno». En 1690, el enfrentamiento de dos reyes irlandeses, el protestante Guillermo III, del Ulster, y el católico Jacobo II, concluyó con la victoria del primero en la batalla del Boyne. Los nobles y los soldados que habían apoyado a Jacobo II perdieron sus tierras y tuvieron que exiliarse. Se decretaron leyes muy duras contra los católicos de la isla. Como resultado de todo ello, mientras que, a comienzos del siglo XVIII, tres cuartas partes de la población del Éire eran irlandeses y católicos, sólo un 14 por ciento de la tierra les pertenecía. Los dueños del resto eran protestantes irlandeses, o grandes señores ingleses que vivían en Gran Bretaña.

Entretanto, la mayoría de la población vivía arrendando las tierras de los latifundistas y en condiciones de extrema pobreza. Ésa fue la situación que llevó al escritor Jonathan Swift, en 1729, a escribir *Una modesta proposición*, un satírico panfleto del que he hablado antes, en el que proponía que los pobres vendieran sus hijos a los ricos para que éstos los consumieran como alimento. El texto es reivindicado todavía por los irlandeses como un ejemplo de rebeldía contra la opresión. Y eso que Swift era un clérigo de la Iglesia protestante de Irlanda. Pero ya en su tiempo, muchos protestantes del Éire se sentían identificados con sus compatriotas antes que con sus vecinos británicos.[4]

La patata fue introducida en el Éire por los ingleses a comienzos del siglo XVII y pronto se convirtió en el principal alimento para el pueblo: era fácil de cultivar, barata y muy nutritiva. Y en dos décadas, una buena parte de la superficie cultivable de Irlanda estaba sembrada de patatas. Sin embargo, antes de la Gran Hambruna de 1845-1850, en 1740, una caída en la cosecha del tubérculo dio el primer susto en la isla: de una población que alcanzaba los dos millones y medio de almas, decenas de miles murieron de hambre. En la historia de Irlanda se recuerda aquel evento en gaélico como «*Bliadhain an áir*» (el Año de la Matanza). Sin embargo, el asunto permanece casi olvidado por lo que supuso la Gran Hambruna de un siglo después.

4. Aunque geográficamente Irlanda forma parte de las Islas Británicas, a los irlandeses no les gusta que les llamen británicos e, incluso, llaman al archipiélago Islas Europeas Occidentales. Así que, en este libro, siempre que citamos a británicos, nos referimos a los ingleses: el nacionalismo tiene sus normas, que pasan por encima de la geografía, y el viajero debe respetarlas, por más que el asunto le importe un bledo.

Al desastre de 1740 sucedieron años de cierta prosperidad. Y también de turbulencia política, con frecuentes levantamientos de signo independentista en los que participaban tanto los católicos como numerosos anglo-irlandeses protestantes. El enemigo era común: la poderosa Inglaterra y sus latifundistas, que controlaban la producción agraria de la mayor parte de la isla y su comercialización. En 1796, alentados por la Revolución francesa, los patriotas irlandeses fracasaron en un gran intento de rebelión y sus líderes se exiliaron o fueron ejecutados. Su dirigente principal, Wolfe Tone, fundador de la asociación patriótica United Irishmen, fue condenado a la horca, pero se suicidó antes de ser colgado.

Durante las guerras napoleónicas, las exportaciones irlandesas crecieron y los aranceles británicos se suavizaron, lo que llevó cierta riqueza al país. Muchos grandes propietarios británicos dejaron la administración de sus tierras a irlandeses de clases medias de origen inglés. Pero al concluir los conflictos bélicos, a partir de 1815, el boom de la exportación agrícola se desinfló y los latifundistas británicos volvieron, anulando los contratos de los irlandeses que las administraban. Al mismo tiempo, reimplantaron el sistema de arriendo de tierras para los campesinos más pobres, que subsistían en niveles de extrema miseria. Hubo algunos asesinatos de grandes propietarios y la policía británica reprimió con extrema dureza cualquier intento de rebelión o simple protesta.

Mientras, la población de Irlanda seguía creciendo. Si en 1700 la isla contaba con dos millones de habitantes, en 1800 eran cinco, en 1821 siete y en 1845, el año del comienzo de la Gran Hambruna, ocho y medio. La proporción de población por tierra cultivable era de unas quinientas personas por kilómetro cuadrado, una de las más altas de Europa. La pobreza era extrema. Y los más pobres dependían de la patata, que había desplazado desde décadas antes a la tradicional fuente alimenticia, la avena. En ocasiones se podía comer repollo o pescado, pero por lo general un adulto dependía del consumo de la patata. Se calcula que, en 1840, los irlandeses se comieron siete millones de toneladas de este tubérculo. La patata servía también para la elaboración de algunas cervezas, mezclándola con la cebada, y su piel la utilizaban los campesinos para alimentar a los cerdos, animales que casi nunca formaban parte de la dieta de la gente pobre, sino que se vendían a los ricos para conseguir algo de dinero.

Eso no quiere decir que Irlanda no produjera otra cosa. Había también una importante recolección anual de cereales y la carne de vacuno abundaba. Pero casi toda esa producción estaba monopolizada por los grandes terratenientes y se destinaba en un altísimo tanto por ciento a la exportación. Encontrar a un irlandés de pobre extracción comiendo un filete de ternera podía parecer asunto de ciencia ficción.

De modo que, en 1845, cuando hizo su aparición la llamada «peste de la patata», un hongo conocido científicamente como *Phytophora infestans*, que arruinaba las plantaciones del popular tubérculo, todas las condiciones previas estaban ya dadas para que aquella enfermedad vegetal se convirtiera en una de las tragedias humanas más imponentes del siglo XIX: miseria, superpoblación, dependencia del alimento y explotación de las gentes humildes por parte de los grandes propietarios. Irlanda perdió en cinco años, entre muertos y exiliados, más de dos millones y medio de habitantes, y cerca de dos millones más abandonaron la isla en los años siguientes, acosados por la miseria, zarpando de los muelles de Dublín y de Liverpool, rumbo a América, en barcos abarrotados y en penosas condiciones.

> *He embarcado en un velero yanqui,*
> Davy Crockett *es su nombre*
> *y Burgess es su capitán,*
> *y todos dicen que es una vergüenza flotante.*
>
> *Adiós a ti, mi verdadero amor,*
> *cuando regrese, unidos volveremos a estar.*
> *No es dejar Liverpool lo que me abruma,*
> *sino mi amor cuando pienso en ti.*[5]
>
> [*I have shipped on a Yankee sailing ship,*
> *Davy Crockett is her name*
> *And Burgess is the captain of her,*
> *And they say that she's a floating shame.*
>
> *So fare thee well, my own true love,*
> *When I return united we will be.*
> *It's not the leaving of Liverpool that grieves me,*
> *But my darling when I think of thee.*]

Por cierto que James Joyce tiene un hermoso cuento sobre la diáspora irlandesa en su excepcional libro *Dublineses*. Lo llama «Eveline».

---

5. *The Leaving of Liverpool* es una popular canción tradicional de las numerosas que se compusieron sobre la emigración a América. En las veladas de los pubs casi nunca falta.

Los primeros síntomas de la peste se percibieron en el otoño de 1845, cuando un tercio de la producción de la patata se perdió. Al principio, la mayor parte de la población inculta y pobre interpretó el hecho como un signo de maldición divina, una suerte de castigo a un país que no respetaba las festividades religiosas, en donde los hombres bebían en exceso y gustaban de las peleas a palos y puñetazos. La Iglesia protestante aprovechó para ligar la plaga al desvío religioso de Irlanda hacia el catolicismo, el llamado por los británicos «pecado nacional». Varios miles de personas murieron ese año de hambre, pero los periódicos silenciaron la gravedad del mal.

El año siguiente, 1846, el 90 por ciento de la cosecha se fue al garete. Llegaron barcos con alimentos desde América, sobre todo maíz, pero las dificultades aduaneras y la corrupción impidieron que una buena parte de la ayuda fuese distribuida. El nefando Charles Trevelyand, uno de los principales funcionarios ingleses destacados en Irlanda, aplicó medidas muy estrictas en la distribución de alimentos, bajo el criterio de que «lo importante es enseñar a la gente a depender de ellos mismos, desarrollando los recursos del país, en lugar de recurrir a la ayuda del gobierno en cada ocasión». Mientras miles de personas morían de hambre, grandes cantidades de grano y de carne, producidas en suelo irlandés, eran exportadas para mantener los beneficios de los terratenientes ausentes del país. Contingentes militares bien armados protegían estos convoyes de las multitudes hambrientas. En Londres, la prensa acusaba a los irlandeses de ser los causantes del desastre, alentados por lo que llamaban «el cáncer de la independencia». La revista satírica *Punch*, líder de opinión en su época, los caricaturizaba pintándolos como seres apáticos y violentos. Y el influyente

The Times denunciaba «la indolente disposición de los irlandeses a pedir ayuda antes que a trabajar».

En su novela *Hambruna*, publicada en 1937, Liam O'Flaherty traza este dramático retrato de aquellos días:

> Tres jinetes venían desde el este, bordeando un alto seto de hierba... Un convoy de carros seguía a los jinetes. Los soldados marchaban a los lados de los carros. Los hombres montados llevaban espadas y los de a pie carabinas. Dos de los jinetes iban cantando. Los carros iban cargados con sacos.
>
> De repente un hombre alto se levantó desde el extremo de una zanja cercana al seto. Estaba medio desnudo. Levantó su mano derecha con el puño cerrado. Un trozo de manga le colgaba del codo desnudo.
>
> «¡Ladrones!», gritó mientras agitaba su puño ante el convoy. «Os lleváis la cosecha del pueblo fuera del país. Estáis robando nuestro grano mientras morimos de hambre. Hemos caído pero nos levantaremos otra vez. Destruiremos a los tiranos que nos chupan la sangre. El pueblo se levantará de nuevo.»
>
> Entonces, un enojado murmullo, como un clamor desafiante, recorrió la zanja. Otras figuras se alzaron y amenazaron al convoy con sus puños cerrados. Excitado por el murmullo, el hombre medio desnudo corrió hacia delante gritando. Uno de los soldados le golpeó en la cabeza con su carabina y el hombre cayó. El convoy se alejó con rapidez. Ahora eran muchos los soldados que cantaban al unísono. Una mujer salió de la zanja y comenzó a arrastrar al hombre derribado.

En 1847, la peste arrasó las cosechas y la Gran Hambruna continuó, sobre todo en los condados del oeste y del sur, en donde la gente moría en masa. La mayoría de los niños, por malnutrición y diarreas, y los adultos, por las enfermedades que desataban el hambre, la escasez de medicamentos y la falta de higiene: cólera, disentería, ictericia, tifus... Los alimentos que llegaban desde América en decenas de barcos, miles y miles de kilos de maíz, trigo y avena, eran retenidos en las aduanas por las autoridades inglesas para que los precios del cereal no se desplomaran en los mercados.

Irlanda agonizaba y Gran Bretaña se enriquecía a su costa.

En 1848, el cólera y el tifus se extendían. Y también la cólera de la gente. Las famélicas multitudes se rebelaron en muchas ciudades y pueblos, asaltaron comercios, atacaron las propiedades de los latifundistas y asesinaron a unos cuantos de ellos. Pero la policía y el ejército ingleses eran fuertes e implacables. Ante la rebelión, Inglaterra sólo aplicaba una política firme de represión. Entretanto, miles de pequeños arrendatarios a quienes la peste arruinaba sus cosechas y sus medios para subsistir, eran expulsados de sus hogares por los grandes propietarios. En ese año, casi veinte mil familias fueron desposeídas de las tierras que habían alquilado a los terratenientes y condenadas al hambre.

Cientos de miles de personas habían muerto en la isla en 1848, sobre todo en los condados del oeste, mientras los latifundistas mantenían incólumes sus beneficios y los periódicos ingleses ridiculizaban a los famélicos irlandeses. Nació entonces un nuevo movimiento independentista: la Confederación de la Joven Irlanda, uno de cuyos principales dirigentes era un joven protestante irlandés, John Mitchel. Los rebeldes se alzaron en el condado de Tipperary en julio de ese año. Pero, mal armados y faltos de entrenamiento militar, fueron derrotados con facilidad en el primer enfrentamiento. Sus principales líderes escaparon rumbo a

América y Australia. Desde América, Mitchel acusó a Inglaterra de ser la causante directa de la Gran Hambruna. Así escribía en 1860:

> La he llamado una hambruna artificial, una hambruna que ha asolado a una fértil y rica isla capaz de cosechar cada año en abundancia y superabundancia para sustentar a su propia gente y a muchos otros. Los ingleses llaman a la hambruna una «disposición de la Providencia». Pero la enfermedad de las patatas ha afectado a toda Europa y no ha habido hambruna salvo en Irlanda. Ese juicio de los ingleses es, en primer lugar, un fraude y, en segundo lugar, una blasfemia. El Altísimo envió la «peste de la patata», ciertamente, pero los ingleses crearon la hambruna.

En 1849, la cosecha de la patata fue de nuevo desastrosa. Y el país era un territorio devastado. Hombres y mujeres morían en la calle, atacados por el cólera y el tifus, y los muelles de los puertos acogían a multitudes que trataban de escapar hacia América. Los barcos, repletos de gentes desesperadas, llegaban a Estados Unidos y Canadá, en donde les esperaba un rígido control en las fronteras, con cuarentena incluida, en la isla neoyorquina de Staten o en la canadiense Groose, en el estuario del río San Lorenzo. Se calcula que alrededor de un 5 por ciento de los irlandeses que emigraban a América morían durante la travesía o en el curso de la cuarentena.

Un emigrante irlandés que viajaba, rumbo a Quebec, a bordo de un barco en el que mucha gente había enfermado, escribió en su diario sobre las extremadamente duras condiciones de estos viajes:

Jueves, 16 de junio: La noche pasada fue muy tensa y tuve poco descanso. No hubo casos adicionales de enfermedad, pero sí signos de insubordinación entre los hombres sanos que se quejaban de hambre y querían agua para sus esposas y sus hijos enfermos. Una delegación de ellos fue a ver al capitán para expresarle sus quejas, pero el capitán les ordenó marcharse. Los líderes le amenazaron entonces con romper las puertas de los almacenes de provisiones… El capitán, para asustarles, tomó un viejo trabuco y disparó un tiro al aire, que sonó como un pequeño cañonazo. Los hombres se retiraron asustados, murmurando disculpas. Si hubieran sido más resueltos, se habrían hecho fácilmente con las provisiones. De hecho, me sorprendió ver cómo hombres hambrientos podían soportar el sufrimiento de sus hijos hambrientos.

Jueves, 24 de junio: Siendo la festividad de San Juan y fiesta católica, algunos hombres y mujeres jóvenes comenzaron a bailar al atardecer, ignorando los llantos y gritos de aquellos que eran torturados por la feroz fiebre. Cuando el oficial les reprochó lo impropio de su conducta, desistieron y se retiraron a proa, se sentaron y se pasaron el resto de la tarde cantando. Su monótono canto estaba en concordancia con las escenas de desolación de las cubiertas y la sombría vastedad del océano.

Sábado, 3 de julio: Cualquier idea que me hubiese formado sobre el horror del viaje fue superada por la dura realidad y la aterradora pintura de la pasada noche. La siniestra oscuridad que nos rodeaba a causa de la niebla impenetrable se agudizó con el lúgubre tono de la sirena del barco, entre cuyos aullidos de aviso podían oírse los gritos y los delirios de los desvariados pacientes y, en ocasiones, el tañido de alguna campana, advirtiéndonos de la proximidad de algún barco pesquero. El oficial no podía decirnos nada y nuestras vidas estaban en manos de su buen juicio.

Otro pasajero que viajaba de Liverpool a Nueva York en 1850 anotaba en una carta:

> 25 de noviembre: Otro niño, que hace ya el número 12, murió de disentería por falta de alimentos adecuados y fue arrojado al mar envuelto en una sábana con una gran piedra. Ningún funeral ha sido oficiado, me informa el doctor, para nadie que haya muerto a bordo. Los católicos protestan y quieren que cualquier seglar realice el servicio. Como no hay clérigos, un hombre ha tomado esa función y, mientras los marineros jalan los cabos al ritmo de la tradicional canción —«*Haul in the bowling, the Black Star bowling, Haul in the bowling, the bowling haul...*»—, ha arrojado el niño al agua al sonido de la última palabra de la canción, como si se tratara de un himno fúnebre.

Un funcionario canadiense escribía en Quebec en 1847:

> Nunca vi gente tan indiferente a la muerte. Pueden seguir en la misma litera con una persona muerta a su lado hasta que los marineros o el capitán echan el cadáver al mar atado a un ancla.

Muchos miles emigraron también a la cercana Inglaterra. En 1847, casi una quinta parte de la población de Liverpool eran irlandeses huidos de la «peste» y, cuando una epidemia de tifus se desató en la ciudad, las autoridades británicas embarcaron por la fuerza a quince mil de estos emigrantes y los abandonaron a su suerte en los muelles de Dublín.

En 1850, la peste de la patata cesó y, con ello, se dio por oficialmente terminada la Gran Hambruna. Pero miles de irlandeses siguieron emigrando de un país arruinado en el que ganarse la vida era una tarea casi imposible. Decía una balada de la época:

En el año 46 fui forzado a dejar mi tierra nativa,
a la vieja Irlanda y a mis queridos familiares les di mi adiós.
Y ahora, en América, no pagamos rentas ni impuestos en absoluto,
de modo que le doy un largo adiós a mi nativo y viejo Donegal.[6]

[It was in the year of '46 I was forced to leave my native land,
To old Ireland I bid adieu and to my fond relations all.
But now I'm in America, no rent or taxes we pay at all.
So now I bid a long farewell to my native and old Donegal.]

Las generaciones de irlandeses que siguieron a la Gran Hambruna culparon siempre a Gran Bretaña del desastre, acusándola de un deliberado intento por despoblar el país. Fuese o no cierto, la mortandad causada por la peste de la patata tuvo dos efectos inmediatos: el enriquecimiento de los terratenientes ingleses y de los irlandeses de origen británico, que ampliaron sus propiedades y sus fortunas, y la revitalización del movimiento independentista irlandés. Los alzados en Dublín durante la Pascua de 1916 juzgaron la Gran Hambruna como un proyecto criminal diseñado en Londres.

Y la pena y el rencor han seguido coleando siglo y medio después. En su libro *Mi isla*, Brendan Behan escribe:

El mayor desastre sufrido por una nación en Europa, antes del asesinato de seis millones de judíos en la última guerra, fue la Hambruna irlandesa [...]. La historia que

6. La canción, *The Emigrant's Farewell to Donegal*, fue compuesta en 1847.

cuentan los ingleses es que la patata falló y que los irlandeses dependían por entero de la patata porque Irlanda no cultivaba otra cosa. En realidad, en 1847, Irlanda exportaba cereales y ternera en cantidad más que suficiente para alimentar hasta cuatro veces su población. La comida se tenía que vender para pagar el arriendo y que el terrateniente, su esposa y sus amantes siguieran viviendo confortablemente en Inglaterra. Todas las naciones enviaron barcos cargados de comida para aliviar la situación de los irlandeses, pero no se les permitió atracar por el sencillo motivo de que la política del gobierno consistía en que los irlandeses debían ser exterminados. El diario *The Morning Post* dijo: «El celta está desapareciendo, desapareciendo rápidamente. Muy pronto, encontrar a un irlandés en las orillas del Shannon será tan extraño como un indio en las orillas del Potomac». Pero me alegra informar de que *The Morning Post* ya no existe y, gracias a Dios, nosotros seguimos aquí [...]. La reina Victoria estaba muy afligida por el hambre que padecían sus leales súbditos, así que envió cinco libras al fondo de socorro contra la Hambruna; acto seguido, y para que no se pudiera pensar que manifestaba simpatía hacia una turba de rebeldes, envió otras cinco libras al hogar para perros de Battersea.

Behan no oculta las responsabilidades de las iglesias católica y protestante de Irlanda:

La Iglesia [católica] siempre ha preferido la ocupación y el patrocinio británico antes que tomar partido y arriesgarse por su propio rebaño devoto y católico. Cuando se fundó la Liga Agraria Irlandesa para luchar contra los grandes terratenientes y apoyar a los pequeños campesinos, se opuso. Cuando los agricultores se unieron y se negaron a ocupar las tierras de un arrendatario desahuciado, la Iglesia

persuadió al Papa de que tal conducta fuera declarada pecado mortal. Así que los irlandeses, que tan pocos privilegios
habían recibido de la Iglesia católica, fueron distinguidos
con la institución de un pecado mortal en su honor. La Iglesia apoyó al hipócrita de Gladstone [primer ministro britá-
nico] contra Parnell [patriota irlandés] y, posteriormente en
1920, el obispo católico de Cork declaró que cualquier persona que atacara a un paramilitar Black and Tan sería culpa-
ble de asesinato y que los Black and Tans eran las fuerzas
legítimas de la Corona y, como tales, dignas del respeto y la
asistencia de la población. La noche siguiente a estos pro-
nunciamientos, seis hombres jóvenes fueron asesinados a
hachazos por los Black and Tans en el condado de Cork
[...]. La Iglesia protestante de Irlanda ha sido peor. Su historia consiste por entero en respaldar a los terratenientes, lo
que quizá fuera natural ya que ambos eran minorías. Todavía tienen enormes propiedades en el país, de las que obtie-
nen grandes rentas. Pero sería un gran error pensar que las
iglesias protestantes en Irlanda han sido de algún modo
progresistas; no lo han sido. Hasta tiempos muy recientes,
los principales patriotas irlandeses han sido protestantes:
Wolfe Tone, Robert Emmet, lord Edward Fitzgerald, los
hermanos Sheares, Thomas Davis, John Mitchel y otros;
pero aun hoy, con la llegada de la independencia nacional,
la Iglesia protestante no se aparta de su camino para ofre-
cerles el más mínimo reconocimiento.

Los Black and Tans fueron una fuerza armada integrada
por antiguos combatientes ingleses de la Gran Guerra, utili-
zada por Inglaterra para implantar el terror durante la guerra de la Independencia irlandesa (1919-1921), como una
suerte de policía paramilitar. El nombre les viene del color
de sus uniformes: negros y pardos.

Sin duda fue una de las instituciones más odiadas por los irlandeses y, naturalmente, hay una canción para ellos:

Vamos, salid Black and Tans,
salid a pelear conmigo como los hombres.
Mostrad a vuestras mujeres las medallas ganadas en Flandes,[7]
contadles cómo el IRA os hizo huir como locos
de los verdes y queridos senderos de Killashandra.[8]

Decidnos cómo asesinabais
a los bravos árabes de dos en dos,[9]
cómo a los zulúes[10] que sólo llevaban lanzas, arcos y flechas,
cómo los asesinabais a cada uno de ellos
con vuestros fusiles de dieciséis balas
y atemorizabais a los nativos hasta la médula.

Vamos, Black and Tans,
salid a pelear conmigo como los hombres...[11]

[Oh, come out you Black and Tans,
Come out and fight me like a man,
Show your wives how you won medals down in Flanders,
Tell them how the IRA made you run like hell away
From the green and lovely lanes of Killashandra.

7. Se refiere a los combates que libraron las tropas inglesas en el continente europeo durante la Gran Guerra.

8. Una famosa emboscada del IRA que produjo numerosos muertos entre los Black and Tans.

9. Referido a la guerra de Irak de 1920 y las carnicerías cometidas por los británicos.

10. La guerra contra los zulúes en Sudáfrica en 1879.

11. La canción, sobre una música popular, fue compuesta por Dominic Behan.

Come, tell us how you slew
Those brave Arabs two by two,
Like the Zulus, they had spears and bows and arrows,
How you bravely slew each one
With your sixteen pounder gun
And you frightened then poor natives to their marrow.

Oh, come out you Black and Tans,
Come out and fight me like a man...]

Volví en dirección a Galway y, sin entrar en la ciudad, tomé la agreste carretera de la costa para seguir mi viaje rumbo al norte. La lluvia no cesaba. Pero en Dog's Bay, al aparcar el coche y descender a la playa, salió el sol unos instantes y pareció que, de pronto, se produjera un milagro a mi alrededor, cuando las arenas a la orilla del mar ardieron repentinamente, con un fuego nacarado, como si cada grano de tierra fuera una pequeña y luminosa perla. El fenómeno, claro está, tiene su explicación: la superficie de la playa de Dog's Bay no es de arena, sino que está formada por pedacitos de conchas marinas machacadas por el oleaje y arrojadas por el océano a tierra. Lo extraño es el nombre: bahía del Perro.

Una pareja me pidió que les tomase una fotografía. Ella era una mujer de algo más de cincuenta años, rubia, que debió de ser muy bella en su juventud. Ahora mostraba un cuello algo ajado, patas de gallo cercando sus ojos, y labios probablemente hinchados con botox. En cuanto a él, más bajo de estatura, podía tener cerca de setenta, era barrigudo, de mejillas y nariz coloreadas probablemente por el exceso de alcohol, y tenía el pelo alborotado y cano. No parecían matrimonio, sino una aventura otoñal. Se sentaron sobre una roca, sonrieron a la cámara y se tomaron por los hombros. Hice la foto y les devolví la máquina.

Volví al coche mientras ellos caminaban por la playa, seguidos por un perrucho histérico de pelaje gris que no paraba de ladrarles.

Me detuve a comer en un restaurante de Roundstone, un pequeño pueblo que es poco más que un puerto excavado en un recodo de las dentadas riberas del oeste irlandés. Tomé unos mejillones y una ensalada de cangrejo acompañados de una pinta de cremosa cerveza Kilkenny, mi favorita. Cuando salí, el cielo permanecía encapotado y el aire traía un poderoso olor de algas.

Continué por la línea costera. Era una ribera llana y pedregosa, sin apenas playas, con islotes pétreos y orillas de grises rocas melladas por los puñetazos inclementes que el mar les ha propinado durante milenios. Toda esta región de Connemara es tan pobre como bella.

El Atlántico se mostraba enrabietado ese mediodía, rugía con furor y descargaba sobre la costa golpes inmisericordes, como un boxeador empeñado en concluir un combate por K.O. Al fondo, el océano tenía el tono del acero oxidado, revolcándose sobre sí mismo, espumoso y agrio, pugnando inútilmente por devorar los islotes de hierro.

A eso de las cuatro de la tarde llegaba a Clifden, una amable localidad del norte del condado de Galway que asoma su perfil sobre la bahía del mismo nombre. Busqué un hotel en el centro de la ciudad y encontré uno pulcro y amplio, el Alcock & Brown. El nombre era un homenaje a los dos pilotos que, por vez primera en la Historia, cruzaron el Atlántico en setenta y dos horas, sin hacer escala, desde Terranova a Clifden, en junio de 1919. En Clifden hay numerosas placas recordándolos. Constituyen el hito principal en la historia de esta pequeña ciudad de la bella región de Connemara.

Me agradaba Clifden. No es una ciudad muy bella, pero resulta aseada, tranquila y tiene la apariencia de ser una población cuajada, satisfecha de sí misma y dotada de carácter. Además, su perfil es netamente irlandés, en la boca del mar, con las rocosas montañas de los Twelve Pins elevándose a sus espaldas, el cielo atlántico cabalgado por nubes veloces, árboles altivos, un río vigoroso de aguas limpias —el Owenglen—, y numerosos pubs en donde matar penas, celebrar alegrías y escuchar baladas de borrachos.

Me refugié del sirimiri en uno de los bares del centro de la ciudad, ya en la atardecida. En el mostrador, un matrimonio entrado en años bebía oporto. Enseguida me preguntaron de dónde era.

—Nosotros somos belgas —dijo él— y la mitad de los belgas tienen casa en España. Pero a nosotros nos gusta Irlanda. ¿Y sabe por qué?

Me encogí de hombros.

—Porque aquí no hay belgas, se van a España casi todos, y eso es un verdadero alivio.

Cuando se fueron, Loretta, la dueña del bar, se acodó frente a mí en el mostrador y me preguntó cosas sobre España: el fútbol, los toros, el flamenco…

—Yo tengo unas ganas enormes de viajar a su país, sobre todo a Sevilla.

Era una joven sensual, de menos de treinta años: lucía una piel lechosa y el pelo muy rojo. Tenía cinco hijos, el mayor de ellos de siete años. Y estaba embarazada de nuevo.

—¿Será niño o niña? —le pregunté.

—No lo sé, me gustan las sorpresas.

—En mi país, las familias ya no tienen más que uno o dos hijos.

—Pues en nuestro condado hay mucha más gente joven que en otros lugares de Irlanda. He leído en un periódico que dos tercios de la población de Galway tenemos menos de treinta años. Aquí criamos muchos hijos, son raras las familias que tienen menos de tres.

Pedí una segunda pinta mientras iban llegando varios músicos, que se acomodaban en un rincón de la sala. Afinaban sus instrumentos y los clientes se arrimaban a las mesas próximas para celebrar con ellos esa suerte de comunión irlandesa que es tocar y escuchar música en los pubs.

Un hombre bastante borracho aproximó su banqueta a la mía. Comenzó a hablarme. Se le trababa la lengua y no le entendía nada. Pero él insistía. Al fin logré comprender algo:

—¿Cómo me llamo, cómo me llamo? ¿Usted me conoce? Acabo de olvidarme de mi nombre. ¿Lo sabe usted?

Loretta se acercó:

—Vamos, Paddy, deja en paz al caballero.

—Ah, eso, Paddy, Paddy... —dijo el borracho.

Me alejé hacia el extremo de la barra. Y los violines, las flautas, el acordeón y las guitarras acometieron melancólicas y dulces melodías celtas, ahora sólo instrumentales.

Salí temprano por la mañana rumbo a Cong, al este de Clifden, el pueblo en donde se rodó mi película favorita: *El hombre tranquilo*. Lloviznaba y la carretera era estrecha. Un chico hacía autoestop protegiéndose con un paraguas. Me detuve y bajé la ventanilla. Iba en la misma dirección que yo y le invité a subir.

Me pidió disculpas por la lluvia.

—No importa —respondí—, me gusta Irlanda tal y como es. Y, después de todo, usted no es el responsable.

—Aquí llueve casi siempre. Y cuando no llueve, éste es uno de los lugares más bellos de Irlanda.

Parecía obsesionado con el clima:

—Si presta atención a las predicciones del tiempo que da la televisión, verá que, con sutileza, los meteorólogos acaban diciendo que, al día siguiente, probablemente habrá sol, probablemente lluvia y probablemente viento fuerte. Así nunca fallan. Haga la prueba, escúchelos bien.

Le dejé en una pequeña aldea, a pocos kilómetros de Cong. Antes de bajar, me tendió la mano.

—No se preocupe por la lluvia —dijo.

—No me preocupo.

A mi izquierda se tendía un lago de aguas oscuras, el Mask. Al fondo, cercados por nubes graníticas, se distinguían los riscos de rudas montañas. No había tráfico en la estrecha carretera y, bajo la lluvia, la soledad resultaba abrumadora.

Puse un disco compacto que había comprado en Galway para la ocasión:

He encontrado algunos muchachos que dicen que soy un soñador
y no tengo duda de que es verdad lo que dicen.
Pero seguro que ser un soñador es un impulso del cuerpo
cuando las cosas que se aman están lejos.
Las cosas preciosas son sueños para el exiliado,
le llevan en brazos sobre la tierra y cruzando el mar,
especialmente cuando sucede que se es un exiliado
de esa querida y amada isla de Innisfree.[12]

12. La canción *La isla de Innisfree* es uno de los principales temas musicales de *El hombre tranquilo*, de John Ford. Ha sido interpretada por muchos conocidos cantantes, entre otros Bing Crosby. Letra y música fueron

[*I've met some folks who say I'm a dreamer*
And I've no doubt there's truth in what they say.
But sure a body's bound to be a dreamer
When all the things he loves are far away.
And precious things are dreams unto an exile,
They take him o'er the land across the sea,
Especially when it happens he's an exile
From that dear lovely Isle of Innisfree...]

---

compuestas por Dick Farrelly, un policía irlandés aficionado a la música, mientras viajaba en un autobús. A Ford le cautivó, hasta el punto de que el tema suena once veces en el curso del filme. Sin embargo, Ford no citó en los créditos a Farrelly; ignoro por qué.

7

¿Innisfree? ¡Por aquí!

Oh, Innisfree, mi isla, regreso
después de años baldíos, cruzando el mar invernal.
Y cuando vuelvo a mi querida Irlanda,
descanso a tu lado, «amor de mi corazón».[1]

[*Oh, Innisfree, my island, I'm returning*
From wasted years across the wintry sea.
And when I come back to my own dear Ireland
I'll rest beside you, «gradh mochroidhe».[2]]

Más o menos medio kilómetro antes de entrar en Cong, ya en el condado de Mayo, uno se encuentra con una senda abierta entre bosques de enormes árboles que lleva al castillo de Ashford, a orillas del lago Corrib. Es una construcción imponente levantada en el siglo XIII por una noble es-

---

1. Una de las diferentes letras con que se canta la popular canción de Dick Farrelly citada al final del capítulo anterior. En este caso se trata de la que canta Maureen O'Hara al piano, en una escena de la película *El hombre tranquilo*, junto a Barry Fitzgerald. Maureen O'Hara tenía una bellísima voz de mezzosoprano.
2. En idioma gaélico en el original.

tirpe anglo-normanda. Más tarde perteneció a la familia Guinness, el gran imperio cervecero irlandés, y hoy es un hotel de cinco estrellas.

Su perfil aparece en el inicio de *El hombre tranquilo*, la película de John Ford, mientras suena la música de *La isla de Innisfree*. De modo que entré en Cong como quien entra en la pantalla de un cinematógrafo a vivir una historia soñada, con la adecuada música de fondo sonando en el reproductor de CD del coche. Había cesado de llover y aparqué junto a un pinar en la vereda de entrada de Ashford. Bajé, me interné entre los árboles y cerré los ojos, deseando que, al abrirlos, estuviera allí delante Maureen O'Hara tal y como se muestra en su primera aparición en el filme: cuidando un rebaño de ovejas, con una blusa azul chillón, la fogosa falda encarnada, la melena roja al viento y una mirada que podría fundir los plomos de todo el castillo. Yo tenía unos diez años cuando vi por primera vez la película, en un cine madrileño de sesión continua cercano a mi casa, el Apolo. Y me enamoré perdidamente de Maureen O'Hara.

En el año 2009, el editor Pepe Verdes tuvo la idea de producir un libro colectivo que tituló *Querida*, en el que un grupo de autores literarios escribíamos una carta a una mujer. Podías elegir a tu novia, a tu esposa, a tu amante, a tu madre, a una mujer imaginaria, a la Virgen María…, a quien te diera la gana. Y yo escogí a Maureen O'Hara. Aquí va el texto, que explica muy bien mi relación con la película, con John Ford, con Irlanda y con mi viaje a Cong:

Querida Maureen: Ahora que te queda poco más de un año para cumplir los noventa, me gustaría escribirte una carta en cierto sentido amorosa. Cuando te conocí tenías treinta y cinco años y yo tan sólo diez. Por supuesto que tú a mí no me conociste entonces ni me conoces ahora, ya que soy sólo uno de los millones de espectadores que te han visto actuar en *El hombre tranquilo*, aquella magnífica película de John Ford rodada en Irlanda en 1952, en la que interpretabas el papel de la fogosa Mary Kate Danaher. Calculo tu edad sobre el dato de que naciste en 1920, según leo en una enciclopedia de cine. Y aunque yo tenía ocho años cuando se estrenó el filme, no lo vi hasta dos años después; por eso digo que te conocí con diez. Creo que, a lo largo de mi vida, habré visto la película medio centenar de veces. Y nunca me has decepcionado. Eres la mujer más hermosa que ha sido jamás filmada por una cámara de cine, Maureen: para mi gusto, por encima de Greta, de Ava, de Brigitte, de Ingrid, de Angie y de Marilyn. Y como a ellas, en justo homenaje a la deslumbrante belleza de la naturaleza femenina, que es la más hermosa de todas las naturalezas, no hace falta ponerte apellido para saber quién eres.

Yo nací en Madrid en los días en que la ciudad pagaba con la pobreza y la intolerancia el costo de una terrible Guerra Civil. Recuerdo aquella urbe de los años cincuenta del pasado siglo como un escenario dibujado en blanco y negro, igual al de los noticiarios del cine que entonces llamaban NO-DO. Recuerdo el gris de las guerreras de los guardias, el caqui desvaído de los uniformes de los soldados, el azul oscurísimo de las camisas de los falangistas y el negro tenebroso de las sotanas de los curas. La gente olía mal y aquél era un Madrid de edificios en ruina, de numerosas calles sin asfaltar, de desmontes en donde todavía se mantenían en pie las casamatas de la batalla que llevaba el nombre de la ciudad y en donde permanecían abiertas las trincheras; un Madrid de miríadas de mendigos, de mutilados de guerra, de colas de hambre, de desfiles militares y de procesiones religiosas. Era un Madrid en el que casi todos

los mayores eran enemigos de los niños, en el que recibía-
mos golpes en la escuela si no aprendíamos el Catecismo de
memoria y en el que debíamos cantar a coro los himnos
fascistas y los del nacional-catolicismo. Pero cantar no era
malo, después de todo, aunque no comprendiésemos el sentido de las canciones. Era aquél, en fin, un Madrid en el que
hacía frío, mucho frío. La mía, en cierto sentido, fue una
infancia de picor de sabañones.

También recuerdo, en esa infancia, que la mayoría de
las mujeres, sobre todo las pobres, vestían de negro. Y una
buena parte de ellas se cubrían el cabello con una gasa del
mismo color. Ahora, cuando en los países de Occidente se
discute sobre el uso del velo por parte de las inmigrantes
musulmanas, me acuerdo de aquella España católica llena
de mujeres cubiertas con pañuelos oscuros. Muchas, lo
supe luego, eran viudas de guerra.

Y súbitamente, en mi infancia de grisura y tristeza,
apareció el tecnicolor. ¡Qué tecnicolor el de los años cincuenta! Colores vivos y rotundos en la pantalla: azules vi-
rulentos, encarnados de sangre, verdes jugosos, amarillos
fulgurantes... El blanco y negro del Madrid de la posguerra
se desvanecía en la penumbra de la sala del cinematógrafo,
en cuya pantalla brillaba una fiesta de colores plena de vitalidad. Daba lo mismo que la película fuese una tragedia de
final infeliz: el color vencía sobre el drama. Y los espectadores, sobre todo los niños, salíamos a la calle con las pilas de
optimismo recargadas, como si gritásemos a viva voz: «¡Pronto vendrá un mundo en tecnicolor!».

Quizá una de las primeras películas en color que vi fue
El hombre tranquilo. La fui a ver junto con mis hermanos y
algunos primos y estoy casi seguro de que era una tarde de
domingo, un tipo de función conocido entonces como «de
sesión continua», esas larguísimas sesiones de filmes ininte-
rrumpidas que los adultos utilizaban para descansar duran-

te unas horas de los chavales, dejándolos en el cine con una bolsa de pipas de girasol en la mano.

Y de pronto apareciste, al poco de comenzar la película.

Sucedió así: Sean Thornton (John Wayne) viajaba en una carreta que conducía Michaeleen Oge Flynn (Barry Fitzgerald), camino del pueblo de Innisfree, cuando se toparon con el sacerdote católico, el padre Lonergan (Ward Bond). Sean se bajó del coche para dar un corto paseo y dejar hablar a solas a los otros dos hombres. Sean aprovechó para encender un cigarrillo, frotando una cerilla en la suela del zapato. Y se internó unos metros en un bosque, a uno de los lados de la senda. Mientras apagaba la cerilla y daba la primera calada al cigarrillo, levantó la cabeza y miró hacia el interior de la pinada. Sus cejas se alzaron en un gesto de asombro...

Y no era para menos. Allí delante estaba una pastora con su rebaño de ovejas, una chica de talle ceñido, larga falda encarnada de brillo de fuego, blusa de azul turquesa que dejaba al aire un trozo del marfileño cuello, ojos oscuros, boca encendida y cabellos rojos que parecían arder. En la mano llevaba un cayado.

La chica se giró y miró hacia Sean, curiosa y desconfiada, quizá prendada ya del forastero. Era Mary Kate Danaher (tú, Maureen), la hermana del brioso Will Danaher (Victor McLaglen), el hombre más fornido de Innisfree.

Allí terminó en cierta manera, para el niño que yo era —un chaval de diez años—, la triste posguerra madrileña.

Porque cada vez que iba a ver la película, me llenaba de asombro ver brillar en la pantalla el verdor de los campos de Irlanda y el azul intenso de sus ríos y del mar de la bahía de Galway, sobre un fondo de bellas, melancólicas y a veces desbocadas baladas irlandesas. Y me encendía seguir a Sean mientras le daba una merecida paliza a tu hermano «Red»

Will. Y cantaba junto a Michaeleen, al mayor Hugh Forbes (Charles Fitzsimmons) y a Owen Glyn (Sean McClory) la balada *The Wild Colonial Boy*. Y me reía de los apuros del padre Lonergan para pescar el gran salmón que siempre le esquivaba. Y me caían simpáticos la viuda Tillane (Mildred Natwick), enamorada secretamente del feo Will Danaher, y el reverendo Ciryl Playfair (Arthur Shields), un clérigo protestante apasionado del boxeo.

Pero, querida Maureen, tú estabas por encima de todo y de todos ellos. Lucías bellísima con tu traje de chaqueta gris, el jersey negro de cuello alto y el gorro de borlón, cuando Sean te llevaba casi a rastras para devolverte a tu hermano. Y probablemente eras una de las novias más guapas que se han visto el día de tu boda con Sean, cuando tu hermano le propina un artero puñetazo al descubrir el engaño tramado por todos contra él. Y desbordabas sensualidad cuando corrías descalza sobre un arroyuelo, quitándote las medias junto a las viejas ruinas de la iglesia derruida, con un vestido faldicorto de cuello con puntillas. ¡Y qué hermosura la tuya, con una blusa clara, tocando el piano y cantando *The Isle of Innisfree* con tu bonita voz de mezzosoprano, que yo no sabía entonces que era tu voz y que durante años pensé que era un doblaje!

No obstante, tu mejor vestuario, en esa y en todas tus películas, fue siempre, para mí, tu falda rojo fuego y tu blusa de furioso azul. Y tu mejor gesto, esa cara de mala uva y tus movimientos agresivos que recorrían más de medio filme. Creo que, a causa de ello, siempre me han gustado las mujeres que no se rinden. ¡Ay, el jarronazo que casi le das a tu hermano Will en medio de una comida con sus trabajadores, o el guantazo que le lanzas a Sean cuando te sorprende por la noche barriendo su casa, o el furor que destilas en el pueblo de Castletown cuando tu marido se niega a exigir tu dote a tu hermano, o la rabia malamante contenida que deja ver tu mirada cuando Michaeleen, en la petición de mano, te llama «solterona».

Ahora ya estás cerca de cumplir los noventa y yo los sesenta y cinco. No sé en qué geografías andas: si vives en California, en donde creciste como actriz, o en Dublín, la ciudad en donde el mundo te vio nacer, sin duda asombrado de tu belleza. Ya sé que eres la única superviviente de aquel elenco de actores que interpretaron los principales papeles de *El hombre tranquilo*. E imagino que echarás de menos al gran John Ford, tu maestro y amigo. Yo también le lloré cuando murió.

Pero estés donde estés, siempre tendrás contigo, aunque no lo sepas nunca, la veneración y el agradecimiento de un hombre al que enseñaste, cuando era un niño, un mundo diferente y cargado de vitalidad, aquí en un Madrid rodeado de miseria y tristeza; un chico que aprendió de tu hermosura y también de tu mal genio a contemplar el mundo con optimismo.

¡Oh, Maureen: esa mirada tuya, desconfiada, curiosa, retadora y deslumbrante, aquella mañana en el bosque de Ashford, vestida de azul y rojo, con la llama de tus cabellos haciendo arder mi corazón de niño!

Abrí los ojos. Me rodeaba el silencio del pinar. Sentí una inmensa saudade, una honda nostalgia de la infancia.

Deambulo sobre verdes colinas a través de valles soñados
y encuentro la paz que no hallo en otros lugares.
Oigo cantar a los pájaros músicas dignas de ángeles
y contemplo a los ríos que ríen mientras fluyen.

Pero los sueños no duran, aunque nunca se olvidan,
y pronto se vuelve a la cruda realidad.

Pero aunque aquí asfaltaran los senderos con polvo de oro,
yo seguiría escogiendo mi isla de Innisfree.[3]

[*I wander over green hills through dreamy valleys*
And find a peace no other land could know.
I hear the birds make music fit for angels
And watch the rivers laugh as they flow.
But dreams don't last, though dreams are not forgotten,
And soon I'm back to stern reality.
But though they pave the footpaths with gold-dust,
I still would choose my Isle of Innisfree.]

Me hubiera gustado entrar en Cong como lo hizo John Wayne, guiado por Barry Fitzgerald:

—*Innisfree? This way!*[4]

Pero lo hice en mi coche y solo.

Brillaba un tibio sol de fines de estío y los jardines del pueblo refulgían por las lluvias de las horas anteriores. Cong es una localidad pequeña, bonita y limpia, de casas bajas entre las que corre un manso río que lleva el mismo nombre que la población. Junto a las ruinas de una iglesia medieval, se extiende una ribera sembrada de hierba, a la sombra de árboles altos y frondosos. Allí es donde le dio John Wayne a Victor McLaglen uno de los más imponentes puñetazos que se han propinado nunca en la historia del cine, durante la gran pelea final del filme, tirándolo al río.

El pueblo parece un parque temático en homenaje a la

---

3. *La isla de Innisfree* con la letra de Dick Farrelly.
4. La traducción al español de la frase, en la primera versión de la película, fue: «¿Innisfree? ¡Por aquí!».

película de John Ford y todos los años, especialmente en los veranos, miles de turistas acuden a visitarlo. Esa mañana había varios autocares aparcados cerca de la plaza principal y decenas de viajeros recorrían las calles de la localidad fotografiando todo cuanto podía recordar al filme: la casa en donde vivía el reverendo Playfair, el *cottage* que acoge el museo de la película y que es una réplica de la casa del protagonista Sean Thornton, la carretera que lleva a Ashford por la que corrían en una bicicleta de doble silla y pedal Maureen O'Hara y John Wayne y otros lugares que aparecen en el largometraje. Los nombres de la película bautizan, además, a hostales y pubs, como el B&B The Quiet Man y la taberna Danaher.

Pero el sitio favorito de los visitantes es el pub de Pat Cohan, en la plaza principal del pueblo, allí donde se reunían los hombres de Innisfree para beber y cantar y en donde Will Danaher recibe el último puñetazo de Sean Thornton que pone fin a la pelea.

¡Madre mía, qué guantazo! ¡Rompió una puerta!

O como exclamó Michaeleen Oge Flynn en la película: «¡Homérico!».

El pub no era tal pub, sino una tienda de recuerdos del largometraje: fotos y vídeos del filme, calendarios, camisetas, llaveros, imanes de frigorífico, abrebotellas, artilugios y chucherías de todo tipo...[5] Me arrimé al mostrador a charlar con el dueño. Se llamaba Sean Murphy y tenía setenta y tres años.

—Aquí no se sirvió nunca una pinta de cerveza. Ésta

---

5. La última vez que visité Cong, en el verano de 2012, la tienda ya era por fin un pub, el Pat Cohan. Dentro, en un espacio del lado izquierdo, se había creado un ambiente igual al del interior del pub de la película, un interior que se rodó en unos estudios de Hollywood.

fue siempre una tienda de ultramarinos. Y yo la compré más tarde y puse esta tienda de souvenirs de *El hombre tranquilo*.

Rió:

—¿Quién diría que un tipo tan feo como yo iba a ganarse la vida con el cine?

—¿Se acuerda del rodaje? —pregunté.

—¿Y quién no? Todos los vecinos de Cong hicimos de extras y nos pagaron por ello. Estuvieron dos meses por aquí y el dinero que dejaron le vino muy bien al pueblo. Pero, sobre todo, fue muy excitante participar en la filmación.

—¿Por qué cree que Ford eligió el condado de Mayo para el filme?

—¡Dios nos ayude, no tengo ni idea! Tal vez sus ancestros eran de por aquí…[6]

Buscó una fotografía de la secuencia en que Danaher cae al río tras el puñetazo de Thornton, y puso el dedo sobre el rostro de un muchacho que sigue la pelea.

—Este chico era yo. Me pagaron dos dólares por hacer de extra.

Me miró ufano:

—Es un orgullo formar parte de la historia de Irlanda.

—Y de la historia de Hollywood.

—Bah, eso queda muy lejos… Me gusta que mis nietos me vean en la película y se sientan orgullosos de su abuelo.

Shawn Kelvin, un risueño muchacho de diecisiete años de edad, marchó a Estados Unidos en busca de fortuna,

---

6. Según cuenta Heinrich Böll en su *Diario irlandés*, siempre que en una conversación se cita al condado de Mayo, los irlandeses exclaman: «*God help us!*» (Dios nos ayude). Por lo que se refiere a John Ford, su padre era de Galway, y su madre, nacida en una de las islas Aran.

como muchos otros de su pueblo. Y quince años más tarde
regresó a Kerry. Y si había logrado o no fortuna, nadie pudo
saberlo. Él era un hombre tranquilo al que no le gustaba
mucho hablar de sí mismo ni de lo que había hecho.

Así comenzaba un relato publicado, el 11 de febrero de
1933, en la revista americana *The Saturday Evening Post*. Se
titulaba «El hombre tranquilo» y lo firmaba un desconocido
escritor irlandés llamado Maurice Walsh, que recibió 2.000
dólares por la publicación de su obra, una considerable
suma para la época. La historia impresionó a muchos miles
de lectores en América, entre ellos a un director llamado
John Ford, que dio a Walsh en 1936 un adelanto simbólico
de 10 dólares mientras intentaba captar el dinero suficiente
que le permitiera llevar el relato al celuloide: tardaría quince años en conseguirlo.

En agosto de 1933, el cuento se publicó en Irlanda, en
el *Chamber's Magazine*, y dos años después, Walsh lo inclu-
yó en un libro de historias cortas titulado *Green Rushes*. Es
un libro singular, pues todas las historias se entrelazan. Muchos de sus protagonistas son antiguos miembros del IRA,
combatientes en los días de la guerra de la Independencia
contra Inglaterra (1919-1921), entre ellos Shawn Kelvin.
Y varios aparecen en la película de Ford, como el mayor
Hugh Forbes.

El argumento del primer relato y el del cuento integrado en el libro *Green Rushes*, el titulado «El hombre tranquilo» es, en sustancia, el mismo: el irlandés que ha pasado por
América, ha labrado su fortuna como boxeador y regresa a
Irlanda para descansar. Pero los nombres de algunos de los
personajes cambiaron. Shawn Kelvin, «el hombre tranquilo», pasó a llamarse Paddy Bawn Enright, y la familia O'Grady

del relato primero (los hermanos «Red» Will y Ellen Roe) se transformó en los Danaher.

Luego, en el filme, las cosas siguieron cambiando. A Paddy (el John Wayne del cine), Walsh le atribuyó en el nuevo relato treinta y dos años de edad, «todavía bastante joven para el amor y para la guerra». A Ellen (Maureen O'Hara en la película) la situó en los veintiocho años, «una edad algo tardía para casarse», aunque al verla, «ningún joven de la región lo diría». No obstante, los actores de la película eran algo mayores: John Wayne tenía por entonces cuarenta y cinco años y Maureen O'Hara, treinta y dos. Sin duda, él era ya un poco viejo para la guerra, y ella andaba cerca de pasarse del punto de cocción, como el arroz.

Otra diferencia entre libro y filme es que el boxeador protagonista del primero era un peso wélter, en tanto que el del largometraje era un peso pesado.

Maurice Walsh nació en el norte del condado de Kerry, en el sudoeste de Irlanda, en 1879, y murió en su residencia de las afueras de Dublín en 1964, convertido en un autor famoso. Su padre, John Walsh, poseía una granja donde cuidaba caballos y era un apasionado de la lectura. Como no le gustaba mucho el oficio de ganadero —John se veía a sí mismo como una especie de lord campesino—, para ocuparse de los trabajos del campo contrató a un joven singular, callado y tranquilo, llamado Paddy Bawn Enright, que fue el gran amigo de la infancia de Maurice y con cuyo nombre, como homenaje, bautizó al protagonista de su más conocida obra. Aunque Paddy jamás viajó a América, era un buen boxeador, como casi todos los jóvenes del norte de Kerry, la tierra en donde nacieron los padres de John L. Sullivan, el primer campeón del mundo de los pesos pesados.

Mientras Paddy trabajaba con denuedo la tierra, Maurice crecía en una atmósfera literaria, buceando en la extensa biblioteca de su casa entre los clásicos de la literatura inglesa. Además de eso, su padre le despertó un hondo interés por las leyendas, el folclore y los mitos del mundo celta, lo que le convirtió en un encendido nacionalista irlandés.

El norte de Kerry es un lugar peculiar dentro de Irlanda. La afición a las carreras de caballos y las apuestas llega a cada pequeño pueblo y hay decenas de hipódromos en el condado. Pero hay otra característica singular de la región: su pasión por pelear. Dicen que, hasta hace pocos años, era habitual en Kerry que, cuando surgía una pelea entre dos personas, incluso los trenes se detuvieran y los pasajeros comenzaran a cruzar apuestas sobre el resultado del combate.

Kerry tiene un pasado belicoso. En el condado, no sólo era tradicional el boxeo, sino que desde hace más de dos siglos y hasta que fueron prohibidas tras la independencia (1922), se celebraban peleas masivas entre familias y clanes, con la intervención de cientos de personas en las batallas. Estos combates estallaban de pronto, por cualquier motivo, en cualquier lugar y circunstancia: en el curso de un entierro, o en el mercado, o en una feria de ganado, o en una carrera de caballos. Y los contendientes empleaban bastones, palos y piedras en la lucha. El resultado era docenas de muertos y cientos de heridos. Las autoridades inglesas hacían la vista gorda ante estos sangrientos combates, en la creencia de que servían como válvulas de escape para una sociedad potencialmente revolucionaria como la irlandesa.

La más famosa de estas contiendas tuvo lugar en junio de 1834, cuando las facciones de los Cooleens, Mulvihills y Lawlors se enfrentaron al término de la tradicional fiesta de juegos y carreras de Ballyeigh, en la frontera de los condados de Kerry y Tipperary. Mil doscientos Cooleens cruzaron el río Cash para enfrentarse a unos dos mil Mulvihills y Lawlors. Las peleas con garrotes y piedras produjeron al menos veinte muertos, aunque se piensa que el número final de víctimas mortales fue mucho más elevado, a causa de los numerosos heridos que perecieron en los días siguientes. No hubo investigación policial ni persona alguna fue detenida. Y en los años posteriores continuaron las luchas, hasta que en 1856 el festival de Ballyeigh tuvo que ser suspendido y trasladadas sus celebraciones a la localidad de Listowel, al este del condado. Una placa en Ballyeigh recuerda todavía aquella famosa «Faction Fight» de 1834.

En ese ambiente de peleas, nacionalismo a flor de piel, tradiciones arraigadas, amistades masculinas, literatura y no poca cerveza, se fue curtiendo el joven Walsh. Y ése es el espíritu que rezuman sus libros y que transpiran los relatos agrupados alrededor de *El hombre tranquilo*. Y ése es también el ambiente que plasmó el americano-irlandés John Ford, lírica y dramáticamente, en la película del mismo nombre, uno de los más hermosos filmes de la historia del cine. Ford, que se sentía tan americano como irlandés, viajaba a menudo a Galway en sus vacaciones y era un acérrimo partidario del IRA.

Aunque la historia de Walsh transcurre en Kerry, John Ford la situó en un lugar ideal: la isla de Innisfree. El sitio no existe como tal, sino que es una creación del poeta y premio Nobel William Butler Yeats, que situó su poema «La isla del lago de Innisfree» en un islote deshabitado del lago Gill, en el condado de Sligo, conocido por el nombre del Isla del Gato. El poema de Yeats hace del lugar un símbolo lleno del bucolismo del alma irlandesa y de la juventud perdida. Y algo así es lo que Ford pretendía encarnar en su película: el lirismo de Irlanda y el viento de la juventud.

Me levantaré y partiré ahora hacia Innisfree
y allí alzaré una cabaña de arcilla y zarzas:
tendré nueve surcos de judías y una colmena de miel;
viviré en soledad con el rumor de las abejas.[7]

[*I will arise and go now, and go to Innisfree,*
and a small cabin build there, of clay and wattles made:
nine bean-rows will I have there, a hive for the honey-bee,
and live alone in the bee-loud glade.]

Después de comprar a Walsh, en 1936 y por 10 dólares, una opción para el rodaje del filme, John Ford llegó a un segundo acuerdo con el escritor unos años después, entregándole 2.500 dólares por la compra de los derechos de la obra para llevarla al cine. El contrato final se cerró en 1951 y Walsh percibió otros 3.750 dólares.

La película se estrenó en Dublín en mayo de 1952 y en Estados Unidos en agosto, y pronto se convirtió en un éxito de taquilla. El filme recibió siete nominaciones para los Oscar, logrando dos, el del mejor director y el de la mejor fotografía en color.

Por supuesto que los beneficios de la película fueron enormes: millones de dólares. Y como es natural, Maurice Walsh, que había recibido en total algo más de 6.000 dólares por los derechos de la obra, estuvo pleiteando hasta su muerte por lograr más dinero, al tiempo que se quejaba de que su historia había sido alterada en su esencia por el guionista, ni más ni menos que el gran Frank S. Nugent. Sus descendientes continuaron con el pleito, sin éxito ninguno

7. El poema de Yeats lo aprenden a recitar todos los irlandeses desde niños. «Innis» es isla en gaélico, y «free» quiere decir libre en inglés. De modo que la palabra vendría a significar Isla Libre.

por ahora. No obstante, su libro, gracias a Ford, vendió cerca de medio millón de ejemplares.

En todo caso, *El hombre tranquilo* es uno de esos pocos casos en los que el filme supera a la obra literaria en la que se ha basado.

Salí de Cong pasado el mediodía. Y unos kilómetros después, me detuve junto al lago Mask, en la solitaria carretera que va hacia Leenane. Un par de islotes cubiertos de matas y de árboles parecían flotar sobre las aguas como extrañas naves. El aire era dulce y templado, no llovía y, entre las nubes, dibujaba su curva un nítido arcoíris. Oí los silbos alegres de un ruiseñor. Sentí que aquel bello entorno no nos pertenecía a los hombres. Y se me ocurrió pensar que, algún día, deberíamos devolver la tierra a los pájaros y a los árboles.

Atravesé el llamado Joyce Country, una hosca región al norte de Connemara donde los vientos atlánticos baten con furor, desnudando de bosques las llanuras y lacerando las graníticas montañas. Me dirigía a la isla de Achill, uno de los escenarios más salvajes de la costa occidental irlandesa. Y pensaba dormir de camino, en Westport, la ciudad donde ahora, ocho años después, escribo mis recuerdos de aquel viaje de 2004.

Me detuve a comer en Leenane, una población que, en realidad, es poco más que una intersección de las carreteras que llevan a Galway, Clifden y Westport. Al aire libre, en una terraza que me acogía como único cliente, me di un pequeño homenaje con una pinta de cerveza, media docena de ostras y un *Irish stew*, contemplando la belleza del fiordo de Killary, una lengua de acerado mar encogida entre rudas montañas tapizadas de verde.

A la noche, en Westport, me fui a escuchar música a
un pub. Cantaba un tipo acompañándose tan sólo de su
guitarra:

> *He sido un salvaje vagabundo por muchos años*
> *y he gastado todo mi dinero en whiskey y cerveza [...].*
> *Iré a casa de mis padres a confesar lo que he hecho*
> *y pediré perdón para su hijo pródigo.*
> *Y si ellos me acarician como a menudo hacían tiempo atrás,*
> *seguro que no volveré a ser un salvaje vagabundo.*

> [*I've been a wild rover for many's a year*
> *And spent all my money on whiskey and beer (...).*
> *I'll go home to my parents, confess what I've done*
> *And I'll ask them to pardon their prodigal son.*
> *And if they caress me as ofttimes before*
> *Sure I never play the wild rover no more.*]

Me incorporé al coro de voces de los parroquianos
cuando el cantante acometió el estribillo:

> *Y no, nunca, nunca más,*
> *volveré a ser un salvaje vagabundo.*
> *Nunca más.*[8]

> [*And it's no, nay, never, no nay never no more,*
> *Will I play the wild rover, no never no more.*]

---

8. *En The Wild Rover*, canción ya citada antes, el estribillo lo acompaña siempre el público, con sus voces, dando tres golpes rituales con la palma de la mano en la mesa.

El cielo se enfureció la mañana siguiente y salí de Westport bajo un cortinón de lluvia, rumbo al norte, hacia la isla de Achill. Había leído mucho sobre el lugar, uno de los más agrestes y aislados de Irlanda, y, por supuesto, conocía bien el *Diario irlandés* de Heinrich Böll, que pasó varios veranos en la pequeña localidad de Doogort. A la isla la llaman a menudo la Isla de los Santos, ignoro por qué, y lo de Achill le viene de la gran cantidad de águilas marinas que anidaban antiguamente en sus costas rocosas, ya que el término tiene su origen, al parecer, en el gaélico «Acaill», derivado de la palabra latina «Aquila». Pero hace ya más de un siglo que no vuela ninguna águila sobre sus escarpadas costas y anchos playazos.

Achill es una isla, pero bien podría ser denominada península, pues la separa del resto de Irlanda una lengua de agua que no llega a los cien metros, sobre la que se construyó un puente a finales del siglo XIX. No obstante, al cruzar ese puente, uno tiene la impresión, o al menos yo la tuve, de que entra en un universo diferente al que acaba de dejar atrás: largos campos pardos, altas montañas al fondo, árboles vencidos por el viento, olor a turba y algas marinas, gordas gaviotas y desgarbados cuervos jugando en el aire con la lluvia y el viento, piedra, mar infernal… Achill es una geografía de otras edades, un resto de civilizaciones de bronce y hierro, la violencia neolítica sobreviviendo en pleno siglo XXI.

Y el furioso clima, la torva grisura del cielo, las tormentas inclementes, los vientos enloquecidos… Escribe Böll: «Aquí la lluvia es absoluta, grandiosa y terrible. Llamar mal tiempo a esta lluvia es tan impropio como llamar buen tiempo a un sol abrasador».

Circulaba por una estrecha carretera cercada por el temporal, entre praderas yermas teñidas de un verdor sombrío, ocasionales casas alejadas las unas de las otras, campos de turba y rocas siderales. Las sombras de las dos grandes montañas del oeste de la isla, Slievemore (671 metros) y Croaghaun (667 metros), apenas dejaban ver sus lomos entre la cortina de la niebla y el agua. Tenía la sensación de encontrarme solo, en un mundo vacío de seres humanos.

El mar batía salvaje cuando me detuve en la ancha bahía de la entrada del poblado de Keel. No bajé del coche, pero durante un rato contemplé la curva de la playa y el océano cabreado. De allí, hasta hace no muchos años, los hombres de Achill salían por las mañanas con sus frágiles *curraghs* a arponear tiburones. Después de izarlos a bordo, uno por uno, les extraían el hígado a cuchillo y devolvían el cadáver al agua. Según cuenta Böll en su *Diario*, cuando la marea se retiraba, toda la extensión de la bahía aparecía cubierta de tiburones muertos y medio enterrados en el fango.

El hígado de tiburón se ha utilizado siempre, y se sigue utilizando, por sus propiedades terapéuticas, alimenticias y cosméticas. Entre otras cosas, es una buena fuente de energía, tiene propiedades inmunológicas y resulta benéfico para la piel. Pero la industria declinó en Achill y, con ella, desapareció la peligrosa y despiadada pesca.

Seguí la carretera hasta Dooagh y luego traté de continuar por la que se elevaba en dirección a las alturas de Achill Head, a cuyas faldas ruge el océano y «ya sólo hay agua hasta Nueva York», como escribe Böll. Pero lo cierto es que sentí miedo de circular por una vía tan estrecha, abierta al precipicio por su lado izquierdo, con un viento atroz sacu-

diendo los costados de mi coche. Y me di la vuelta, regresé
a Keel y tomé la dirección de Doogort, una aldeílla del lado
norte de Achill en donde Böll pasó varios veranos con su
familia.

Doogort era una desangelada localidad de casas blancas
con tejados grises. Desde la altura veía el mar abalanzarse
contra las rocas de la costa, como si quisiera destrozarlas a
bocados. No había ningún hotel abierto en el que pasar la
noche y el único pub de la pequeña localidad también estaba cerrado. Parecía un pueblo abandonado, o al menos el
más desolado lugar del planeta habitado por humanos invi-
sibles, y no había nadie cerca que pudiera indicarme cómo
dar con el *cottage* en donde vivió el escritor. Me pregunté
cómo podía gustarle a Böll aquel sitio. No obstante, sabien-
do que había vivido en Alemania bajo el nazismo y servido
como soldado del ejército alemán en el frente ruso durante
la Segunda Guerra Mundial, cualquier otro lugar de la Tierra debía de parecerle Jauja.

Llovía a mares, así que regresé a Keel en busca de alojamiento y allí pude dar con un Bed and Breakfast que ofrecía
habitaciones y tenía pub propio. Había unos pocos parroquianos cuando entré a tomarme una pinta de cerveza y pedir algo de comer. Se cruzaban miradas teñidas de cierto
asombro, como si se preguntaran cómo era posible que
aconteciera lo que sucedía allá fuera. Desde la ventana se
veía flamear una bandera irlandesa, deshilachada por las
dentelladas del viento.

Un cliente con pinta de garrulo se levantó al poco de
llegar yo, se enfundó en un impermeable, sacó un cigarrillo
y abrió el paraguas para salir afuera a fumar. Otro parroquiano se volvió sonriente hacia él:

Jonathan Swift, el gran escritor satírico irlandés, creador de Gulliver.

El magnífico poeta Oscar Wilde, encerrado en la cárcel de Reading por homosexual.

William Butler Yeats, el más grande poeta irlandés y Premio Nobel en 1923.

Maud Gonne, la musa de William Butler Yeats.

John Millington Synge, autor de *Las islas de Aran* y dramaturgo. Amigo de Yeats.

La condesa de Markievicz, la aristócrata irlandesa que participó con mando militar en el levantamiento de Pascua.

James Connolly, uno de los dirigentes del Levantamiento de Pascua, fusilado en 1916.

Roger Casement, fusilado por los británicos en 1916 por «alta traición».

Pádraig Pearse, poeta y líder principal del Levantamiento de Pascua. Murió fusilado en 1916.

George Bernard Shaw, dramaturgo y Premio Nobel en 1925.

James Joyce, autor del *Ulises*.

Oliver St. John Gogarty, el «Buck» Mulligan del *Ulises* de Joyce.

Samuel Beckett, dramaturgo y novelista, amigo de James Joyce. Murió en París, donde residió la mayor parte de su vida. Premio Nobel de 1969.

El alemán Heinrich Böll, autor de *Diario irlandés* y Premio Nobel en 1972.

Patrick Kavanagh, poeta y dramaturgo irlandés. Autor de letras de baladas.

El autor en la plaza de Innisfree de la película *El hombre tranquilo*; en la realidad el pueblo de Cong en el condado de Mayo.

John Wayne y Maureen O'Hara en una escena de *El hombre tranquilo* de John Ford.

El puente de «Blanca Mañana» de la película *El hombre tranquilo*.

Brendan Behan, dramaturgo y novelista. «No soy un escritor con problemas de alcohol —solía decir— , soy un alcohólico con problemas de escritura.»

Michael Collins, líder de la facción del IRA a favor del acuerdo con Gran Bretaña tras la Guerra de Independencia (1919-1921). Fue asesinado en el mes de agosto de 1923 por la facción del IRA antiacuerdos.

Domingo Sangriento de Derry, 1972.

Seamus Heaney, poeta católico norirlandés que ganó el Premio Nobel de 1995.

—*Smoking in the rain?*[9] —preguntó parafraseando el título de la famosa canción.

Le reímos la gracia boba. Todos teníamos ganas de sentirnos alegres.

El día amaneció sin lluvia, pero con un cielo turbio y un ventarrón pavoroso que casi te arrancaba las buenas ideas del cerebro y los sentimientos nobles del corazón, porque el viento empuja a la violencia, a la brutalidad y al rencor. El mar seguía rugiendo, alborotado y oscuro. Tomé de nuevo la dirección de Doogort, por la carretera que trepa entre los cerros, pedregosa y desprovista de vegetación salvo en humildes espacios de hierba agazapada. Ovejas de cara negra, con los lomos pintados de rayas azules o rojas como signos de la identidad de sus rebaños, se refugiaban entre las rocas tratando de protegerse del aire.

Di con un paisano al entrar en el pueblo y me señaló un recodo del camino en el que parecía esconderse una casa blanca. Me bajé del coche y me acerqué. Una placa recordaba el paso de Heinrich Böll por el lugar. Un cartelito señalaba que la casa era ahora residencia de escritores y pedía: RESPETE LA TRANQUILIDAD DE LOS ARTISTAS.

¿Y a quién demonios, en aquel lugar vacío, silencioso y melancólico, se le ocurriría quitarle la tranquilidad a otro? ¡Qué espanto! No parecía habitado por nadie en ese momento. Pensé que nunca en mi vida me alojaría en un sitio semejante para escribir. Y me volví a preguntar qué podría gustarle a Böll de Doogort.

9. Alusión a *Cantando bajo la lluvia* (*Singing in the Rain*), el tema más conocido del famoso filme del mismo nombre, interpretado por Gene Kelly y Debbie Reynolds y codirigido por el primero y Stanley Donen.

Pero lo justifiqué de nuevo al acordarme del nazismo y del frente de Stalingrado... ¡Pobre Böll! Debió de sentir la lluvia de Irlanda como una cura para su juventud maltratada por la intolerancia y el terror.

Y me dije: «¡Benditos sean Böll y la lluvia de Achill!».

Me iba de la isla. Al cruzar el puente sobre el Achill Sound que lleva a la península de Carrau, me sentí como el superviviente de un terrible naufragio. Los barcos pesqueros se refugiaban en la bocana del pequeño puerto mientras fuera, en mar abierto, olas que parecían surgir del infierno disuadían a cualquier buque de echarse a navegar. Recordé una canción: *The Mermaid*, la Sirena.

> *Era un viernes por la mañana cuando comenzamos a navegar*
> *y no estábamos lejos de tierra firme*
> *cuando nuestro capitán vio a una sirena*
> *con un peine y un vaso en la mano.*
> *Y las olas del océano rodaron y los vientos tormentosos soplaron*
> *y los pobres marineros brincamos en lo alto del barco,*
> *mientras los marineros de agua dulce permanecían tendidos abajo...*
> *Entonces habló el capitán de nuestro valiente barco,*
> *un viejo y magnífico hombre:*
> *«La sirena me ha avisado sobre nuestra condena.*
> *Nos hundiremos en el fondo del mar».*
> *Y las olas del océano rodaron y la tormenta y los vientos soplaron...*
> *Tres veces giró nuestro valiente barco*
> *hasta hundirse en el fondo del mar.*[10]

10. Una balada de mediados del XVIII. Recoge una vieja superstición

[*It was Friday morn' when we set sail*
And we were not far from the land,
When our captain he spied a mermaid so fair
With a comb and a glass in her hand.
And the ocean waves do roll and the stormy winds do blow,
And we poor sailors are skipping at the top
With the landlubbers liyin' down below...
Then up spoke the captain of our gallant ship
And a fine old man was he:
«This fishy mermaid has warned me of our doom.
We will sink to the bottom of the sea».
And the ocean waves do roll, and the stormy winds do blow...
Then three times around spun our gallant ship
And she sank to the bottom of the sea.]

marinera según la cual, si se avista una sirena, es premonición de naufragio seguro.

8

El país de William Yeats

... Vosotros los que me juzgaréis, no juzguéis solamente
este libro o aquél: venid a este lugar sagrado
donde los retratos de mis amigos cuelgan y os contemplan;
la historia de Irlanda está trazada en sus rasgos;
pensad en dónde comienza y termina la gloria del hombre
y proclamad que mi gloria fue tener amigos tales.[1]

[... You that would judge me, do not judge alone
This book or that, come to this hallowed place
Where my friend's portraits hang and look thereon;
Ireland's history in their lineaments trace;
Think where man's glory most begins and ends,
And say my glory was I had such friends.]

Yo soy de los que piensan que el creador es un ser que se encuentra en un grado superior de la conciencia humana y del sentido de la existencia. Y estoy seguro de que, en el ámbito del arte, el compositor de música y el poeta ocupan

1. William Butler Yeats, del poema «Nueva visita al Museo Municipal de Pintura», en el libro *Últimos poemas* (1939).

los lugares privilegiados, los palcos preferentes del deslumbrante escenario del mundo.

Pero creo también que, en un sitio aún más elevado, hay otros dos seres que casi alcanzan con su mano a tocar el territorio de lo divino: el gran músico y el gran poeta. Hay pocos de tal especie, y parecen tocados por el dedo de los dioses. ¿O acaso no son ellos los dioses?

En Irlanda se ama a los músicos y a los poetas. Y músicos y poetas hay muchos en el país. Pero grandes músicos, ninguno; y grandes poetas, sólo uno: el mayor de todos, un gigante llamado William Butler Yeats.

Enigmático, místico, apasionado, hondamente religioso, aficionado al esoterismo y patriota hasta la médula, Yeats nació en las afueras de Dublín, en el barrio residencial de Sandymount, cerca de la playa en la que Leopold Bloom, el protagonista del *Ulises* de Joyce, se masturbó viendo las bragas a la cojita Gerty MacDowell; no obstante, el poeta vivió una buena parte de su vida en el condado de Sligo. Y las guías turísticas y literarias de Irlanda llaman a esa región Yeats Country, el País de Yeats. Un hermoso destino para un poeta: bautizar un pedazo de la Tierra.

Los dos gigantes de la literatura irlandesa —Joyce y Yeats— se parecen muy poco: el primero era tan lírico como obsceno, tan erudito como provocador, tan aristócrata de la lengua como soez; y el segundo era pura delicadeza, un poeta incapaz de escribir una palabra procaz. Joyce fue un putero y un borracho toda su vida, mientras que Yeats apenas tuvo unos cuantos amoríos y raramente pisó un bar. En Irlanda existe un prestigioso premio que se otorga a los mejores pubs y lleva el nombre de James Joyce's Pub Award. Y Yeats no se emborrachó ni una vez en toda su vida.

Stanislaus Joyce, el hermano sobrio de James y su más ferviente admirador, definía Dublín como «esa capital embrutecida por la bebida».

Resulta curioso que James Joyce, el más irlandés de los escritores irlandeses en relación con los gustos nacionales (el alcohol, sobre todo), pasó casi toda su vida fuera de Irlanda: Zurich, Roma, Trieste, París... Y el menos irlandés de todos, William Yeats —que era casi abstemio y, por lo tanto, poco amigo de los gustos nacionales— no vivió nunca en períodos demasiado largos de tiempo lejos de su patria. Es cierto que murió en Francia, pero fue durante un corto viaje y a causa de una súbita enfermedad.

En las viejas mitologías, las montañas tienen siempre algo de sagrado. Y el monte Ben Bulben, que domina el condado de Sligo, lo ha poseído sin duda en el imaginario céltico. Allí combatieron dos gigantes rivales: Diarmuid y Finn McCool, hasta que murió el primero, y también allí se dice que se libró una terrible batalla, en el año 561, entre dos ejércitos partidarios de sendos santos, san Columbano y san Finian, que se disputaban la autoría de un salmo religioso. Murieron tres mil hombres peleando por el *copyright* de un verso, algo que encaja muy bien con el carácter irlandés.

Visto desde lejos, cuando uno entra en el condado por la carretera que se arrima a la costa, el Ben Bulben puede parecer un altar, o sencillamente una mesa para que almuercen los gigantes. O muchas otras cosas: León Lasa, autor de un excelente libro de viajes titulado *Por el Oeste de Irlanda*, lo compara «al contorno de un barco encallado tierra adentro, a la estructura de un enorme petrolero invertido, con la quilla hacia arriba y la cubierta hundida en el suelo»; y

Eduardo Jordá, otro estupendo escritor enamorado de Irlanda, lo ve como «una montaña que tiene forma de túmulo funerario». El monte se alza bruscamente sobre la llanura hasta una altura que supera los quinientos metros y, por qué no, también puede asemejarse a un lagarto tendido con la cabeza ligeramente levantada o a un submarino de proa recogida sobre sí misma.

> *Bajo la desnuda cima del Ben Bulben*
> *en el cementerio de Drumcliff...* [2]

> [*Under bare Ben Bulben's head*
> *In Drumcliff churchyard...*]

La ciudad de Sligo es fea a rabiar y la estatua de Yeats, obra de un tal Rowar Gillespie, que se yergue desde 1999 en una calle del centro, parece la de un mariposón. El poeta tiene aire de insecto, con una capa que se abre como dos alas, piernas largas, ropa surcada de versos y se le va la mano en un gesto lleno de afectación. Un horror. Pero la ciudad debe de sentirse orgullosa de tal engendro porque, que yo sepa, nadie ha emprendido la justa tarea de recoger firmas para arrancarla de la peana y echarla al río.

Una pareja de glamurosos cisnes se deslizaban ese día por las limpias y rojizas aguas del río Garavogue, pero su elegancia no bastaba para compensar la tristeza de la desangelada localidad. La verdad es que a Yeats y a los suyos tampoco debía de gustarles mucho, porque el lugar en donde su familia eligió vivir largas temporadas es un pueblo marinero

---

2. Comienzo del poema «Bajo el Ben Bulben» de Yeats.

alejado de la capital que se llama Rosses Point, arrimado a la costa bravía del condado.

De modo que me fui para allá. Y allí, claro, todo llevaba el nombre de Yeats: hoteles, restaurantes e, incluso, un centro deportivo: el Yeats United Football Club.

Si en Madrid, mi ciudad, existiesen dos equipos de fútbol que se llamasen Atlético Quevedo o Racing Club Cervantes, me haría socio de ambos sin dudarlo.

El viento soplaba sobre la ensenada. En lo alto de una colina, frente al mar, una bella estatua de mujer, con los brazos tendidos en actitud de súplica hacia el Atlántico, mostraba la imagen desesperada de quien despide al hijo que parte a América. Era mucho mejor que la de Yeats.

Y sobre las aguas de la ensenada y entre las ondas domeñadas por la hondura del estuario, se mecía una boya, sobre la que se alzaba la escultura de casi cuatro metros, modelada en hierro fundido, que representaba a un marinero, pintado en azul y blanco, al que en Rosses Point se conoce como The Metal Man. Delante de la efigie, que señala hacia el agua con el dedo, hay un faro que indica a los barcos la proximidad de las rocas de la ensenada.

Yeats escribió sobre la escultura del Metal Man: «Es el único hombre de Rosses Point que nunca mintió».

Está claro que todos los hombres que no mienten son de mentira.

Pero también mienten seres que no existen, como Pinocho. Y tal vez Dios.

Busqué alojamiento y me fui a comer a un pub. La chica que atendía las mesas lucía un vientre imponente, un estado bastante avanzado de gestación. Me acordé de la tabernera de Clifden y le pregunté si esperaba chico o chica. Se tocó la barriga:

—No sé. Prefiero la sorpresa.

Arrancó a llover antes de que terminara mi almuerzo. Y la lluvia se hizo más fuerte cuando regresé al hotel, lo que me condenaba a no salir. A través de la ventana veía el mar oscurecido y esa cenital luz del norte que, en los días de verano, parece no querer retirarse jamás del espacio, como si el día se empeñara en no morir. En el universo atlántico del estío siempre se sostiene una leve claridad en el perfil del aire; aquí no se contemplan nunca las noches oscuras del sur, hondas noches que parece que quisieran devorarte.

Dediqué la tarde a leer la espléndida biografía de Richard Ellmann sobre Yeats, el poeta que, al decir de su amiga la poetisa Katharine Tynan, «vivió, respiró, comió, bebió y durmió en poesía».

> *Nosotros irlandeses, nacidos en la secta antigua*
> *pero arrojados a esta sucia marea moderna*
> *y naufragados en su infecciosa e informe furia...*[3]

> [*We Irish, born into that ancient sect*
> *But thrown upon this filthy modern tide*
> *And by its formless spawning fury wrecked...*]

William Butler Yeats nació en Sandymount, como he dicho, a las afueras de Dublín, en el año 1865 y era el mayor de los seis vástagos que tuvieron Susan Pollexfen, hija de un rico

---

3. Del poema «Las estatuas», en el libro de Yeats *Últimos poemas*.

naviero de Sligo, y John Butler Yeats, un brillante abogado dublinés a quien todo el mundo presagiaba una fulgurante carrera en los tribunales por su gran capacidad oratoria. Pero a los veintiocho años, John decidió que dejaría para siempre la abogacía y que se haría pintor. En cierto sentido, fue la ruina de la familia, porque el recién nacido artista nunca fue reconocido del todo y llevó una vida vagabunda entre Inglaterra e Irlanda, para acabar trasladándose a Nueva York con sesenta y nueve años, ciudad en donde murió. No obstante, a John Yeats se le tiene hoy por el más grande retratista irlandés. Tres de sus hijos, las chicas Lily y Lollie, y Jack, el menor de todos, siguieron los pasos de su padre en la senda de la pintura. A Jack le consideran muchos estudiosos el mejor pintor irlandés de la historia tras Francis Bacon.

Durante su infancia, William pasó largas temporadas en la residencia de sus abuelos de Rosses Point, en Sligo, y en ocasiones en otra casa que alquilaban a la familia Middleton, emparentada con los Yeats. El poeta siempre dijo que este último era el lugar que más había influido en su vida y marcado su existencia entera. La casa de los Middleton, conocida con el nombre de Elsinor, de la que ahora sólo quedan las ruinas, se alzaba en el altozano que domina Rosses Point y los habitantes de la zona decían que estaba encantada. Allí, el niño William escuchó las primeras historias tradicionales irlandesas en boca de los sirvientes y, según contaba, creyó ver a un hada en su dormitorio cuando tenía ocho años. Su afición al esoterismo muy probablemente se originó en Elsinor.

El joven aprendió algo de pintura, pero su gran afición desde muy pronto fue la poesía. No era buen estudiante y fracasó en su intento de ingresar en el Trinity College. Mien-

tras su padre iba de Irlanda a Inglaterra y de Inglaterra a Irlanda, sin lograr triunfar como pintor, y su madre echaba
hijos al mundo, Yeats leía con voracidad poesía y se enfras-
caba en el conocimiento de las viejas leyendas irlandesas.
Allí en Rosses Point nació su encendido amor hacia Cúchulainn, el principal héroe de la mitología celta a quien también veneraba Pádraig Pearse, líder del alzamiento de Pascua de 1916. Cúchulainn aparecería en numerosas de las
obras y poemas de Yeats.

En 1889, cuando tenía veinticuatro años, Yeats conoció a
Maud Gonne, una mujer un año más joven que él, y se enamoró de ella al instante. Le pidió que se casara con él y Maud
le rechazó. «Nunca pensé ver una mujer viviente de tan gran
belleza», escribió el poeta. Su historia con Maud es una de
las más insistentes y fracasadas historias de amor de las que
tengo noticia, una especie de culebrón interminable.

Maud Gonne, hija de un oficial inglés y de una mujer
de Cork, llegaba de Francia, en donde se había educado y
crecido tras quedar, muy joven, huérfana de madre. En París se había enamorado de un activista político de la derecha, Lucien Millevoye. Y al poco de rechazar a Yeats, regresó a Francia para vivir con él. Tuvieron dos hijos naturales,
George, que murió al poco de nacer, y una niña, Iseult. Al
romper con su amante, en 1899, regresó a Irlanda y se unió
activamente a la causa de la independencia irlandesa. Yeats
le propuso de nuevo matrimonio y Maud volvió a recha-
zarle.

No obstante sus negativas, la relación con Yeats era estrecha. Cuando el poeta fundó, con John Synge y lady Gregory,[4] la Compañía Nacional de Teatro Irlandés, que repre-

---

4. De John Synge ya he hablado en el capítulo sobre las islas Aran. En

sentaba sus obras en el Abbey Theatre, Maud interpretó el papel protagonista en un drama de su tenaz pretendiente, *Cathleen Ni Houlihan*.

Entre 1899 y 1901, Yeats le pidió otras dos veces que se casara con él, y fue rechazado con gentileza en ambas. Y en 1903, Maud regresó a París y se casó con el mayor John Mc-Bride, que había organizado una brigada irlandesa de caballería en Sudáfrica para combatir a los ingleses en la segunda guerra de los Bóers y regresado a Irlanda, al concluir el conflicto, con el aura de un héroe nacionalista. El año siguiente tuvieron un hijo, Sean McBride, que alcanzaría a ser premio Nobel de la Paz en 1974.

El matrimonio duró poco. Al fogoso marido le gustaba en demasía el *whiskey* y, al parecer, Maud fue víctima de malos tratos. Además de eso, en una ocasión trató de abusar sexualmente de su hijastra Iseult, cuando ésta tenía once años. De modo que Maud le denunció, y pidió el divorcio y la custodia de su hijo Sean. Yeats la ayudó en todo lo que pudo, aconsejándola con amigos abogados sobre cómo llevar el proceso.

En el juicio, sin embargo, solamente se pudo probar que el esposo se había emborrachado en una ocasión mientras estuvieron casados. Y el juez no concedió el divorcio. John McBride y Maud Gonne se separaron de todas formas y él ganó el derecho a visitar a Sean dos veces por semana. Pron-

---

cuanto a lady Gregory, era una intelectual, hija de una rica familia protestante de Galway que vivió en Londres y en la India antes de instalarse en Dublín de forma definitiva. Nacionalista radical, dedicó mucho tiempo a recolectar materiales del folclore y las leyendas irlandesas. Escribió varias obras para el Abbey Theatre, algunas conjuntamente con Yeats, del que fue gran amiga. Murió en 1932. James Joyce, que la detestaba, dijo de ella que era «una de esas mujeres excesivamente inteligentes que, en la madurez, se vuelven excesivamente aburridas».

to se cansó, sin embargo, y al cabo de unos meses volvió a Irlanda, mientras ella se quedaba en París con sus dos hijos. McBride no volvió a ver nunca más a Sean.

Pero el culebrón continuó.

En 1916, McBride se unió a los sublevados de Pascua. Hecho prisionero, fue ejecutado el 5 de mayo en el patio de la prisión de Kilmainham, dos días antes de cumplir los cuarenta y ocho años. Ante el pelotón de fusilamiento, se negó a que le pusieran la capucha, y dijo: «He visto tantas bocas de fusiles en la guerra de África como para no tener miedo de ellas. Así que, por favor, cumplan la sentencia».

Poco después, Yeats compuso uno de sus más famosos poemas, del que ya he hablado en este libro: «Pascua 1916». Y aprovechó para desahogar sus celos y vengarse de su rival:

A este otro hombre yo lo había imaginado
como un borracho, un vanaglorioso y vulgar tipo,
que había hecho el daño más amargo
a seres muy cercanos a mi corazón.
Pero aun así lo incluyo en mi canción;
él también ha pagado su parte
en esta comedia intrascendente;
él también ha cambiado a su vez,
totalmente transformado:
una terrible belleza ha nacido.

[*This other man I had dreamed*
A drunken, vainaiglorius lout,
He had done most bitter wrong
To some who are near my heart,
Yet I number him in the song;
He, too, was resigned his part
In the casual comedy;

He, too, has been changed in his turn,
Transformed utterly:
A terrible beauty is born.]

Yeats envió el poema a Maud antes de publicarlo. Y le propuso de nuevo matrimonio. Y ella, como siempre, le devolvió un no. Pero esta vez añadió un enorme reproche en su carta de rechazo: «No me gusta tu poema, no es digno de ti ni es digno del tema. Mi marido ha entrado en la eternidad por la gran puerta del sacrificio...».

En toda edad y circunstancia, hay gente a la que le va la marcha.

El poeta debió de enloquecer ese día. Ya no podía hacer más para conseguir a su amada. Y no se le ocurrió otra cosa que proponerle matrimonio a la hija de Maud, la joven Iseult. Eso sí: con permiso de su madre. Iseult tenía veintitrés años y él cincuenta y dos. Como podía preverse, el vate recibió las oportunas calabazas. Pero Ellmann afirma que la chica, en todo caso, dudó antes de rechazarlo.

William Butler Yeats, que se casó finalmente con Georgie Hyde-Lees, con quien tuvo dos hijos, recibió el Premio Nobel de Literatura en 1923 y falleció en Francia en 1939. Maud Gonne murió en 1953 en Irlanda. Iseult tuvo amores con Ezra Pound, el gran poeta americano acusado de fascista que, durante un tiempo, fue secretario de William Yeats. Más tarde se casó con un novelista australiano de origen irlandés, dieciocho años mayor que ella. La literatura da muchas vueltas.

Toda la obra del gran poeta irlandés que fue Yeats está llena de referencias a Maud Gonne, el amor que llenó casi toda su vida. Escribía, por ejemplo, en 1899:

He extendido mis sueños bajo tus pies;
pisa suavemente porque pisas sobre mis sueños.[5]

[*I have spread my dreams under your feet;*
Tread softly because you tread on my dreams.]

O también, aquellos versos que llamó «No second Troy»
(Ninguna otra Troya) en donde la sombra de Helena se pro-
yecta sobre Maud:

¿Por qué he de culparla de que haya colmado mis días
con dolor, o de que últimamente enseñara
a hombres ignorantes caminos de violencia [...]?
¿Con una belleza como un arco tenso, una clase
(de belleza) que no es natural en estos tiempos,
tan altiva, solitaria y austera?
¿Pero qué podría haber hecho ella siendo como es?
¿Habrá quizá otra Troya para que ella la incendie?[6]

[*Why should I blame her that she filled my days*
With misery, or that she would of late
Have taught to ignorant men most violent ways (...)?
With beauty like a tightened bow, a kind
That is not natural in an age like this,
Being high and solitary and most stern?
Why, what could she have done, being what she is?
Was there another Troy for her to burn?]

5. Del poema «Aedh Wishes for the Cloths of Heaven», incluido en el
libro *El viento entre los juncos*.
6. Del libro *El yelmo verde*.

Por la mañana, la lluvia había remitido y salí temprano del hotel. Me acerqué a Elsinor, la casa de la familia Middleton, un edificio abandonado, casi destruido, con los techos dañados, sin ventanas ni puertas, y con la maleza devorando parte del tejado. Antes que un hogar de hadas parecía la gruta de un ogro. Cerca se alzaba el antiguo Pilot's Watch House, una especie de faro de observación, también dejado de la mano de Dios y del Diablo. Desde la altura veía bambolearse la boya que sostenía al Metal Man: en lo alto de la plataforma movible, el marinero parecía un muchacho revoltoso que disfrutase jugando con las ondas marinas.

Seguí viaje hacia la iglesia de Drumcliff y la mansión de Lissadell, al norte de Sligo, dos de los escenarios principales de la ruta que sigue los rastros de William Butler Yeats en el condado. Un sol asustadizo trataba de asomar entre los jirones de las nubes y el vigoroso viento provocaba un sonoro alboroto en las hojas de los árboles.

Llegué a Drumcliff. Allí, en las afueras del pueblo, se alzaba una iglesia protestante, un edificio desprovisto de gracia que se construyó en el siglo XIX sobre las ruinas del monasterio fundado por san Columbano en el año 575. Más allá de su torre de aire normando, vigilaba el mundo desde las alturas la soberbia mole del Ben Bulben. Traía un libro de bolsillo con poemas de Yeats. Lo abrí por la página del último largo poema en el que trabajaba cuando murió:

> *Bajo la desnuda cima del Ben Bulben*
> *en el cementerio de Drumcliff reposa Yeats.*
> *Un antepasado suyo fue rector aquí*
> *hace muchos años; cerca hay una iglesia…*

> *[Under bare Ben Bulben's head*
> *In Drumcliff churchyard Yeats is laid.*
> *An ancestor was rector there*
> *Long years ago, a church stands near...]*

Al lado de la carretera había una cruz de piedra del siglo X, en donde aparecían grabadas las figuras de Adán y Eva y la de Caín matando a su hermano Abel. ¡Qué tiempos!

> *Junto a la carretera, una antigua Cruz...*

> *[By the road and ancient cross...]*

Y a la vera de la iglesia se tendía el pequeño cementerio en donde reposan los restos de Yeats junto a los de su esposa Georgie Hyde-Lees, con quien, como he contado, se casó después de ser rechazado la última vez por Maud Gonne y, a renglón seguido, por su hija Iseult.

Los miembros de un pequeño bando de cuervos grandullones graznaban en los altos árboles que daban sombra al camposanto. La sepultura de Yeats era sobria en extremo, como él pidió que fuera:

> *No mármol, ni una frase convencional,*
> *en piedra caliza extraída cerca del lugar,*
> *por orden suya se grabaron estas palabras: ...*

> *[No marble, no conventional phrase,*
> *On limestone quarried near the spot*
> *By his command these words are cut: ...]*

Y bajo su nombre y el de su mujer aparecía grabado en la lápida el epitafio que figura en su poema interrumpido cuando le sorprendió la muerte, en Roquebrune-Cap Martin, Francia, el 28 de enero de 1939. Es uno de los epitafios más famosos de la historia de la poesía irlandesa:

Echa una fría ojeada
sobre la vida, sobre la muerte.
¡Pasa de largo, jinete!

[*Cast and cold eye*
On life, on death.
Horseman, pass by!]

La Segunda Guerra Mundial hizo imposible el traslado de los restos del poeta a Drumcliff. Sólo al término del conflicto, en 1948, pudo cumplirse su deseo de yacer para siempre a la sombra del Ben Bulben.

Perderse en las carreteras de Irlanda es muy fácil. Son estrechas, corren entre profusas arboledas y campos cercados con muros de piedra suelta, se enroscan de pronto y se desenroscan súbitamente, apenas hay indicaciones y más te vale rezar para que no aparezca un tractor y te obligue a marchar detrás de él durante Dios sabe cuánto tiempo a veinte kilómetros por hora. Pero a mí me gusta esa sensación de pérdida de tiempo tan irlandesa: después de todo, perderse es de hombres, mientras que acertar a todas horas sólo lo logran los estúpidos.

Buscaba Lissadell House, la residencia de la familia Gore-Booth, en donde Yeats pasó temporadas y que recuerda en uno de sus poemas más hermosos, «En memoria de Eva Gore-Booth y la condesa de Markievicz». Pero no había manera de dar con el camino.

Los Gore-Booth fueron una familia muy singular en la historia irlandesa, en especial las dos muchachas a las que Yeats dedicó el poema. Miembros de la élite protestante del país —la Ascendencia, se llama esa clase en Irlanda—, eran sin embargo rabiosamente nacionalistas. El padre de las chicas, sir Henry Gore-Booth, quinto barón de Artman, tenía además una profunda conciencia social y, en una súbita hambruna que asoló Sligo en los años 1879 y 1880, estableció un servicio de comidas para la gente pobre que salvó cientos de vidas en el condado. Su hijo Josslyn, el heredero del título y de su finca, no quiso ser menos: vendió por cantidades irrisorias las tierras que rodeaban Lissadell a los pobres arrendatarios que las trabajaban, quedándose tan sólo con una de las doce hectáreas originales de la propiedad.

Las dos chicas no fueron menos radicales en sus ideas de progreso y justicia que el padre y el hermano. Ambas se movieron en círculos nacionalistas, feministas, sufragistas, izquierdistas y artísticos. En un tiempo fuertemente dominado por el moralismo, Eva Gore, poetisa y dramaturga, vivió en pareja y sin ocultarse con otra mujer, una inglesa también sufragista llamada Esther Roper.

Constance, la mayor, se educó en Francia, en donde conoció, se enamoró y se convirtió en amante del conde polaco Casimir Markievicz. Cuando éste enviudó, se casaron y Constance recibió el título de condesa. Amiga de Maud Gonne, la musa de Yeats, Constance conoció a James Connolly, por cuya influencia abrazó enseguida los ideales socialistas. Y cuando estalló el alzamiento de Pascua, se unió como segundo comandante a la fuerza militar que, bajo el mando de Michael Mallin, ocupó Saint Stephen's Green durante seis días. Una foto tomada poco antes la muestra vestida con uniforme militar, pistola en mano y en actitud fiera y belicosa.

Condenada a muerte, la pena le fue conmutada por el hecho de ser mujer. Cuando salió de la cárcel amnistiada, un año después, Dublín la recibió como a una heroína. Fue la primera mujer que entró en el Parlamento de Westminster, en 1918, aunque renunció a su escaño, como sus otros compañeros de partido, el Sinn Féin. Más tarde fue nombrada ministro del Trabajo por Éamon de Valera en su primer gobierno.

Yeats, amigo de ambas hermanas, se alojaba a menudo en Lissadell. Eva, en particular, era su confidente en amoríos y el poeta lloraba sobre su hombro los desdenes de Maud Gonne, amiga de las Gore-Booth.

Da la impresión de que, en la Irlanda de la época, todo el mundo se conocía. El propio Yeats, que no era nada proclive a las aventuras amorosas, anduvo una temporada liado con la actriz Florence Farr, que había sido amante de George Bernard Shaw, el dramaturgo irlandés premio Nobel del año 1925, dos años después que Yeats. Shaw dijo de Florence, una mujer al parecer bellísima: «No pone límites a la relación con los hombres que le gustan».

En una curva me detuve a estudiar el mapa de caminos y carreteras de Sligo para ver si lograba dar con la esquiva Lissadell. Y un coche se detuvo al poco a mi lado. Era de la Guarda irlandesa, la policía de carreteras. Pensé que me iban a multar. Pero muy al contrario: los dos ocupantes se bajaron del coche con intención de ayudarme.

Y la escena se convirtió casi en un *gag* digno de John Ford. Mientras un agente me indicaba una dirección, el otro apuntaba hacia la contraria. Y de pronto parecieron olvidar que yo existía y se enzarzaron en una pequeña discusión sobre cuál era el camino apropiado. Yo me acordaba de Sean Thornton-

John Wayne, cuando en una de las primeras escenas de *El hombre tranquilo* preguntaba, en la estación de tren de Castletown, la dirección que había que tomar para ir a Innisfree.

Todo se resolvió cuando uno de ellos, supongo que el superior en rango, ordenó al otro subirse al coche y a mí que le siguiera con el mío. Desde atrás, mientras nos internábamos entre la carretera acotada por grandes arboledas, les veía agitar los brazos sin cesar de discutir.

Y así llegué a Lissadell. El aire fuerte zarandeaba el bosque y por el ancho cielo atlántico transitaba un bando de grullas. Pequeñas olas rizadas tejían la superficie de la bahía cercana, las aguas brillaban en leve color púrpura y olía a hierba cortada.

Lissadell no es sólo una mansión sobria y elegante, construida en una recia y bella piedra gris, sino que su entorno le presta una majestuosidad singular. Rodeada de bosque y pradales, de fuentes y jardines, se alza casi en la orilla misma del océano, en la playa que se tiende junto a la bahía de Drumcliff. Es una casa solitaria, no hay otra en la vecindad, y es un lugar ideal para criar hijos y caballos.

Aquí nacieron y crecieron las hermanas Gore-Booth, en un ambiente liberal, de refinamiento cultural, patriotismo e ideas sociales muy avanzadas para su tiempo y, sobre todo, para su clase. Los Gore-Booth, como muchos otros miembros de la élite de la Ascendencia, jugaron paradójicamente un papel decisivo en la independencia irlandesa y en el renacimiento de la cultura gaélica. De esa casta fueron William Yeats, lady Gregory, John Synge, Jonathan Swift, Oscar Wilde, Sean O'Casey y Samuel Beckett, entre muchos otros.

Los Gore-Booth perdieron la propiedad de Lissadell tras la Segunda Guerra Mundial y en los años siguientes la mansión y la finca pasaron a ser administradas por el Estado. Pero su descuido fue de tal calibre que dos hermanas Gore-Booth de más reciente generación, nietas de Constance Markievicz, organizaron una vehemente protesta que las llevó a ser detenidas por la policía. La reacción airada de la prensa logró que fueran puestas en libertad, los cargos contra ellas retirados y que se iniciaran las obras de rehabilitación de Lissadell.

Este verano de 2012, mientras escribo en Westport, no muy lejos de Sligo, recuerdo la placidez del paisaje de Lissadell. Y releo uno de los más famosos versos de Yeats en el que recuerda el lugar y a las dos jóvenes muchachas a quienes visitaba con frecuencia:

> *Luz del atardecer, Lissadell,*
> *grandes ventanas, abiertas al sur,*
> *dos muchachas con quimonos de seda,*
> *ambas bellas, una es una gacela...*
> *[...]*
> *Queridas sombras, ahora todo lo sabéis...*
> *[...]*
> *La inocencia y la belleza*
> *no tienen más enemigo que el tiempo;*
> *levantaos y ordenadme encender una cerilla,*
> *y otra más, hasta que el tiempo arda...*[7]

---

7. Del libro *La escalera de caracol y otros poemas*.

[*The light of evening, Lissadell,*
Great windows, open to the south,
Two girls in silk kimonos, both
Beautiful, one a gazelle...
(...)
Dear shadows, now you know it all...
(...)
The innocent and the beautiful
Have no enemy but time;
Arise and bid me strike a match
And strike another till time catch.]

Completé el rito y seguí la ruta del Yeats Country, yendo a Innisfree, una geografía que no existe y que sí existe al mismo tiempo. Se trata de un pequeño islote del lago Gill, al este de la ciudad de Sligo, que los vecinos de la zona conocen desde antiguo como islote del Gato. En sus paseos por el condado, Yeats descubrió el lugar y le gustaba acudir a él de cuando en cuando para contemplarlo desde la orilla del lago, en soledad. La isla tiene una forma cónica y está cubierta por entero de vegetación, lo que le da además un aire enigmático: el de un espacio en donde restalla la naturaleza y, al tiempo, no existe vida animal ni humana.

Un día, el poeta, henchido de bucolismo y ardor místico, decidió escribir un poema que expresase con vigor su idea y sus sentimientos sobre el alma irlandesa. Y escogió un lugar físico para situar el idílico e irreal espíritu de su país. Lo llamó Innisfree, Isla de la Libertad...

Ahora me levantaré y partiré; siempre, de día y de noche,
oigo el agua del lago que llega con murmullos desde la orilla;

y mientras me encuentro en las carreteras, o en los grises pavi-
      mentos,
oigo llegar su coro desde las honduras del corazón.[8]

[*I will arise and go now, for always night and day*
I hear lake water lapping with slow sounds by the shore;
While I stand on the roadway, or on the pavements grey,
I hear it in the deep heart's core.]

Desde que Yeats logró el Premio Nobel y la isla imagina-
da de Innisfree se convirtió en un destino en cierto modo
turístico, decenas de visitantes llegan cada año en autocares
al lugar. Incluso, en el verano se organizan cruceros que par-
ten desde Parke's Castle, en la orilla contraria, en los que se
ofrece un recorrido por el lago Gill, con *snacks* a bordo: al
llegar frente al islote del Gato, varios actores recitan versos
del laureado poeta, sin que falte nunca el de Innisfree, naturalmente.

Y en los mapas, la isla figura ya con el nombre que le
otorgó William Butler Yeats. ¡Qué hermoso es poder bautizar una isla, una montaña, un bosque! Uno logra entender a
veces por qué a los artistas se les llama creadores: Yeats creó
Innisfree.

Como cabía esperar, me perdí en las estrechas y sinuo-
sas carreteras que bordeaban el lago. Al final, gracias a las
indicaciones de una pareja de senderistas, pude orientarme
y sentarme un rato frente a la isla de Innisfree. Lucía un sol
vigoroso en esa primera hora de la tarde y, por fortuna, no
había ese día cruceros para europeos ni tampoco autocares
con turistas japoneses.

8. Del poemario *The Rose* (La rosa).

Estaba solo y me leí a mí mismo el poema en alta voz.
Luego corté una hoja de un acebo de la orilla y la guardé
entre las páginas del libro. Ahí sigue en mi despacho: recia
y hermosa, tocada de un intenso verdor acerado.

Regresé a Rosses Point para pasar la noche y largarme al
día siguiente rumbo al norte, rumbo al Ulster, la cara amarga de Irlanda.

Esta noche de domingo de 2012, aquí en Westport, después de
escribir mis recuerdos de aquel viaje de 2004 al Yeats Country,
me he ido a escuchar música a la taberna The Porter House.
Actúan The Molloy Brothers, esa extraña familia de hombres
que parecen jabalíes recién bajados de las montañas, o los
miembros de una tribu de celtas insumisos ante los que la civilización ha pasado de largo. Imagino que a Yeats le asustarían,
mientras que a Joyce le encantaría emborracharse con ellos.

El jefe del clan es el padre. Un hombre fornido, bajo de
estatura, de media barba oscura, ojos saltones, reidor y nervioso. Va de un lado a otro, ordena a los demás qué hacer,
escoge las canciones del repertorio, grita bromas al público
y aporrea la guitarra como si quisiera romperla. Su hijo pequeño, tímido y con acné, toca el pandero y el banjo y se
une a los coros con gesto temeroso, mientras que el mayor,
un chico apuesto y de aire bromista, de cuando en cuando
le quita el protagonismo al padre y toca la guitarra y canta
con mayor gusto y mejor voz. El padre le mira con una mezcla de orgullo y asombro, pero al rato le interrumpe y vuelve a tomar el mando de la tropa. El hermano del cafre, tío
de los chicos, humilde y resignado, acompaña los temas con
un acordeón y, ocasionalmente, con un laúd: es un buen músico, el mejor del grupo. En fin, el abuelo, encogido en el

rincón, toca una batería de tres pequeños tambores y platillos y, de tanto en tanto, da con uno de sus dos baquetas un
golpe sordo en la pared, mientras dibuja en el rostro redon-
do una sonrisa traviesa. Tiene su sitio ganado en el mundo
y el resto de la tropa le importa un bledo.

Avanza la velada y sospecho que esta noche ha bajado,
en compañía del grupo de músicos salvajes, una nutrida
tropa de miembros de la tribu, primos y hermanos, que no
cesan de beber, de corear las canciones y de sacar a bailar
a todas las mujeres que encuentran en el interior del pub, a
veces casi a la fuerza y empujando a un lado a sus maridos
si es necesario. El jaleo es monumental y corren por la barra
las pintas de cervezas como galgos desbocados. Huele a
bronca presentida. Pero a la postre, nada grave sucede. Alguien dice que hay un español en el local —soy yo, por supuesto— y los salvajes brindan por la «Spanish Armada» (la
Invencible) y hay uno, incluso, que lo hace por Felipe II.
Quizá sea un historiador borracho.

Y en el fin de fiesta, los parroquianos corean alzando
sus copas de negra cerveza:

> *El 4 de julio de 1806*
> *zarpamos de la dulce bahía de Cork*
> *y navegamos con un cargamento de ladrillos*
> *hacia el gran municipio de Nueva York.*
> *Era un maravilloso navío, equipado de proa a popa,*
> *pero, ay, cómo le empujaba el viento,*
> *que le provocó algunos daños. Tenía veintisiete mástiles*
> *y le llamábamos el Vagabundo Irlandés.*[9]

9. Una canción que trata de un buque fantasma o al menos imaginario, el *Irish Rover*, que termina en un naufragio: un buque parecido al de la

[*On the fourth of July eighteen hundred and six*
We set sail from the sweet cove of Cork
We were sailing away with a cargo of bricks
For the grand city hall of New York.
T'was a wonderful craft, she was rigged fore-and-aft
And oh, how the wild winds drove her.
She'd got several blasts, she'd twenty-seven masts
And we called her the Irish Rover.]

---

leyenda de El Holandés Errante o al buque de Samuel Coleridge de La balada
del viejo marinero. Muy popular en los pubs en las veladas de borrachería.

9

Llora Irlanda

En descanso eterno. Incluso la muerte
miente. El vacío engaña.
Nosotros no caemos como las hojas otoñales
para dormir en paz...[1]

[*In rest eternal. Even death*
Lies. The void deceives.
We do not fall like autumn leaves
To sleep in peace...]

Aquella noche de verano de 2004, el viento golpeó con rabia contra la ventana de mi habitación del hotel de Rosses Point. Y por la mañana, ¡cómo no!, llovía sin tregua ni piedad. Me levanté temprano para desayunar y continuar viaje rumbo al Ulster. En la mesa de al lado, un hombretón procedía a dar cuenta de un inmenso plato de salchichas, morcillas, tocino y huevos, lo que en Irlanda llaman, con orgullo y pomposamente, «*a good Irish breakfast*», un almuerzo

---

1. Del libro *Norte*, de Seamus Heaney, premio Nobel de Literatura del año 1995.

que podría provocar la muerte por empacho a un tigre siberiano. Al tipo se le veía feliz, satisfecho de sí mismo. Y tenía ganas de hablar, algo que nunca he podido entender que se haga cuando todavía no se ha desayunado.

—Soy australiano. ¿Y usted? —preguntó.

—De Eslovaquia.

—Lo siento, pero no sé dónde queda su país.

—Lejos de Australia.

Rió:

—Todo está lejos de Australia en cualquier caso…

Me levanté a servirme algo más de agua. Y volví a sentarme sin mirarle. Pero era de los que no se rinden, el peor enemigo con el que encontrarse en un campo de batalla.

—Mal día para jugar al golf, ¿no cree? —dijo.

—Supongo; pero no juego al golf.

—Tampoco es un buen día para ir a pescar, ¿no cree?

—No pesco.

—Entonces, ¿qué hace en Irlanda?

—Trato de desayunar.

No volvió a dirigirme la palabra.

Seguí la carretera de la costa hasta llegar a Bundoran, un pueblo grandote y oscuro, ya en el condado de Donegal. Después, arrimado a la larga desembocadura del río Erne, alcancé Ballyshannon, una villa de aspecto alegre repleta de pubs y hoteles. Encontraba numerosos tractores en la carretera y eso, unido a la lluvia pertinaz, provocaba una exasperante lentitud en el tráfico.

Me detuve en la ciudad de Donegal para repostar carburante y me pareció una localidad menuda y humilde. Quizá era una impresión que surgía de la tristeza del día, porque Donegal es una ciudad orgullosa, ya que fue uno de los principales bastiones de la resistencia irlandesa a las invasiones inglesas, cuando la gobernaron los O'Donnell durante los siglos xv y xvi. Uno de ellos, Turlough O'Donnell, tuvo dieciocho hijos de diez mujeres diferentes y cincuenta y nueve nietos, entre los cuales destacó «Red» Hugh O'Donnell, quien venció a los ingleses en las importantes batallas de Clontibret, Yellow Ford y Curlew Pass. Derrotado en la batalla de Kinsale, consiguió huir a España, donde fue acogido como un héroe. Murió en Valladolid, no quedó claro si fue a causa de una infección o envenenado por un espía inglés, mientras preparaba un nuevo ejército para intentar liberar Irlanda. Uno de los descendientes de la rama española de su familia fue Leopoldo O'Donnell, destacado militar y Grande de España, que alcanzó a ser presidente del Consejo de Ministros en tres ocasiones, entre los años 1856 y 1867.

Red Hugh es uno de los grandes héroes del país e Irlanda le canta agradecida:

Orgullosamente suena el toque de corneta,
con voces muy altas los gritos de guerra se escuchan en la tem-
*   pestad.*
Avanza con rapidez el corcel por el lago Swilly
para unirse a los grandes escuadrones
en el verde valle de Saimier...
[...]
«¡Adelante, por Éire,
con O'Donnell a la victoria!»[2]

2. Balada compuesta a mediados del siglo xix por Michael McCann que se refiere al triunfo de Red Hugh en la batalla de Ballyshannon de 1597 (Saimer era el antiguo nombre de la región de Ballyshannon).

> [*Proudly the note of trumpet is sounding,*
> *Loudly the war cries arise on the gale.*
> *Fleetly the steed by Lough Swilly is bounding*
> *To join the great squadrons on Saimier's green vale...*
> (...)
> *«Onward for Erin, O'Donnell Abu!»*][3]

No obstante, la aparente humildad de Donegal contrastaba con el vigoroso río de aguas oscuras, el Eske, un musculoso brazo que hendía el mar como un brioso alfanje. En algún folleto he leído que Donegal es una ciudad turística llena de vida. Ese día no lo aparentaba en absoluto.

De modo que no me detuve ni siquiera a echar una ojeada a su castillo, el más famoso edificio de la urbe. Y continué por la costa hacia el oeste, con la intención de asomarme al pueblo de Killybegs, el puerto pesquero más grande del país. Llovía a océanos sobre la costa atlántica y el oleaje sacudía las orillas rocosas y las playas.

Y cierto que resultaba imponente la visión de aquella ensenada en donde atracaban decenas de barcos de arrastre. Reparé también en que todos los galpones que se arracimaban en los muelles pertenecían a empresas dedicadas a la industria pesquera. Y me dije: ¿qué mejor sitio para comer un buen pescado y olvidarme de la carne?

Comencé a buscar. Un tipo vendía merluza congelada en un rincón del muelle y, al preguntarle sobre un restaurante de productos marinos, se encogió de hombros. Encontré, al fin, un local, el Harbour Bar, en donde un gran cartel anunciaba *fish* bajo el dibujo de un gran salmón sonriente.

---

3. «Abu» es una abreviatura de «Go Bual», el grito de guerra gaélico.

Entré y miré el menú: el plato del día era jamón asado con patatas. Y en la carta tan sólo ofrecían gambas fritas. Así que me senté y pedí una ración con una jarra de cerveza: estaban guisadas con un rebozo de harina de maíz y tenían un sabor rancio y seco.

Cuando viajo fuera de España, nunca renuncio a buscar restaurantes de buen pescado en los bordes del mar. Pero comienzo a sospechar que, para lograr mi empeño, tengo que alejarme un poco de Europa y acercarme más a Japón.

Seguí camino, internándome de nuevo tierra adentro, hacia Irlanda del Norte. En Lifford, capital del condado de Donegal, crucé el puente sobre el río Foyle y entré en el pueblo de Strabane: la República de Irlanda quedaba a mis espaldas. En las paredes de las casas había algunas pintadas contra el IRA y el Sinn Féin y en algún poste de luz ondeaban banderitas inglesas con los bordes deshilachados por la vehemencia del aire.

Crucé el pueblo. El viento despeinaba a los árboles, los arbustos, las macetas, las crines de los caballos y los cabellos de la gente. Irlanda es un país despeinado.

Llegué a Derry cuando moría la tarde. Y mi juventud regresó de pronto a mi lado. Más adelante lo explicaré.

El Ulster no es una región ni un condado y ni siquiera una patria. Es una de las cuatro llamadas «provincias históricas» —la provincia del norte— en que tradicionalmente se dividió siempre Irlanda. Las otras tres son Leinster, en el este, cuya principal ciudad es Dublín; Munster, en el sur, que alberga a Cork, y Connacht, en el oeste, con Galway como el más importante centro urbano. Hoy en día todas ellas carecen de entidad administrativa y son sólo parte de la memoria

histórica irlandesa, cuando las cuatro eran reinos medievales
que ocasionalmente guerreaban entre sí o se aliaban para luchar contra los invasores vikingos, normandos o anglosajo-
nes. Su recuerdo remite a los llamados «tiempos heroicos»
de los que se nutren los mitos celtas. Ahora, el país se divide
en condados, treinta y dos en total: veintiséis de ellos con-
forman la República de Irlanda y los otros seis, Irlanda del
Norte. La principal ciudad del Ulster es Belfast. La segunda
es Derry, a la que los protestantes rebautizaron como Lon-
donderry, un nombre que repugna a todos los ciudadanos de
la República de Irlanda y a los católicos del norte de la isla.

La provincia actual cuenta con seis condados: Fermanagh, Tyrone, Derry, Antrim, Down y Armagh. Pero todo irlandés sabe que hay otros tres condados que históricamente pertenecen a la provincia y que, desde 1921, cuando Irlanda ganó
la independencia y el país se partió en dos, pasaron a integrarse a la república del sur: los de Donegal, Cavan y Monaghan.

En el Ulster «malconviven» una comunidad mayorita-
riamente protestante, aliada histórica de Inglaterra, y una
minoría católica históricamente maltratada por Londres y
por los protestantes norirlandeses. Las dos poblaciones han
vivido durante centurias desunidas y, en particular, desataron un largo período de violencia, casi una guerra civil
—los llamados «Troubles»—, en las últimas décadas del siglo XX. Hoy coexisten en una frágil paz permanentemente
alterada por los desacuerdos políticos.

En Derry empezó la revuelta católica, en agosto de
1969, en lo que la historia norirlandesa conoce como «la
batalla del Bogside». En esos días, los desfiles de la Nor-
thern Ireland Civil Rights Association (NICRA) convocaron
a miles de personas que exigían igualdad de derechos para
la oprimida minoría católica. De aquella batalla, los Troubles

pasaron a Belfast y se extendieron por toda la provincia. Las primeras muertes, de las más de tres mil quinientas que costó el conflicto en tres décadas, se produjeron aquellos días en los barrios católicos de Belfast.

Desde enero de 1972, Derry es considerada la capital mártir del Ulster, a causa de la matanza del «Bloody Sunday».

Yo tenía veintitantos años y era corresponsal de un periódico en Londres cuando una tarde de domingo, en concreto el 30 de enero de 1972, los paracaidistas británicos dispararon contra una manifestación pacífica de católicos en Derry. Los manifestantes eran unos quince mil y reclamaban igualdad con los protestantes en los derechos civiles, así como la liberación de centenares de presos políticos encarcelados sin juicio previo bajo la acusación de pertenecer al IRA. La marcha discurría pacíficamente por el llamado «Free Derry», en Rossville Street, del barrio católico del Bogside, cuando algunos de los manifestantes comenzaron a lanzar piedras y botellas contra las barricadas desde donde vigilaban los paracaidistas. Entonces, los soldados dispararon a matar. De las trece víctimas de aquella tarde, seis eran menores de edad, y la mayoría murieron de balazos en la espalda mientras trataban de huir. Incluso uno de ellos, un chico de veintidós años, fue rematado cuando yacía herido en el suelo. Un hombre de cincuenta y nueve años que pasaba por el lugar y que no formaba parte de la marcha resultó herido en una pierna y murió cuatro meses después. La luctuosa jornada quedó bautizada como el Bloody Sunday (Domingo Sangriento).

A la mañana siguiente, junto con otro colega periodista español, Pepe Meléndez, yo tomaba un avión en Londres, aterrizaba una hora después en Belfast, alquilaba un coche con mi compañero y esa noche dormía en Derry. El día después iban a celebrarse los funerales de las víctimas en la catedral católica de la ciudad.

Recuerdo la neblinosa mañana, el sirimiri ocasional y el frío. Y un olor a ceniza y carbón. Y el enorme despliegue policial y militar británico que rodeaba el área católica de la ciudad. El Bogside y el vecino barrio de Creggan, también católico, eran conocidos como el Free Derry y desde 1969, al comienzo de los Troubles, la policía norirlandesa, el RUC,[4] y el ejército británico se abstenían de entrar, por temor al IRA. En la pared trasera de una casa del Bogside, en la esquina de Fahan y Lecky Street, lucía en grandes letras un anuncio rebelde: YOU ARE NOW ENTERING FREE DERRY (Está usted entrando en Derry Libre). En la casa de al lado un grafito representaba a un militante enmascarado del IRA.

Pepe y yo llegamos en coche al área acordonada por el ejército a primera hora de la mañana. Los paracaidistas, armados con fusiles de asalto, protegidos con pesados chalecos antibalas, las caras tiznadas y tocados con boinas, formaban una nutrida tropa de fiero aspecto. Pensé que, tal vez, algunos de los que tenía cerca podían haber disparado el domingo anterior contra los jóvenes desarmados que huían.

Un oficial nos pidió las acreditaciones de periodistas. Le dijimos que queríamos entrar y asistir a los funerales de la catedral. Se encogió de hombros:

—Vayan a donde quieran; pero ahí dentro sólo están los bastardos del IRA.

---

4. Royal Ulster Constabulary es el nombre de la fuerza policial de Irlanda del Norte, controlada por los protestantes y tradicionalmente odiada por los católicos.

Y añadió irónico:

—Y no sé si les gustan o no los periodistas.

Nos abrieron la barrera y cruzamos. Pepe conducía. Recuerdo que yo llevaba mi ventanilla bajada y, al pasar junto al último puesto de vigilancia, un soldado me apuntó con su fusil. Tenía un rostro infantil y me miró asustado, creo que tembloroso. Nunca en una guerra, en Derry o en África, he sentido que hubiera algo o alguien más peligroso que un niño armado.

Descendimos por una calle desierta. Y al llegar a la plaza en donde se alzaba la catedral, súbitamente, a nuestro alrededor todo se pobló de gente. Mientras Pepe aparcaba, me subí a un banco público para hacer unas fotos y, al instante, un grupo de hombres me rodeó. Llevaban pañuelos cubriéndoles el rostro entre la barbilla y la nariz e iban armados con pistolas. Eran militantes del IRA, sin duda, y muy jóvenes.

Uno de ellos, que se cubría con un pañuelo de colores vivos, se abrigaba con una chaqueta liviana y tenía el pelo muy rojo, parecía más asustado que yo. Me conminó a que bajara del banco, apuntando levemente hacia mí. Descendí y le mostré mi acreditación de prensa.

—*Spanish Press* —dije.

El muchacho cesó de apuntarme con la pistola.

—*Ah, Spanish, Spanish…, catholic?*

Mentí:

—*Yes.*

Me dio un golpe afectuoso en el hombro, con la mano libre, y me dijo que podía hacer cuantas fotos quisiera, siempre que no sacara rostros descubiertos de hombres armados. Hoy me pregunto si aquel chico se convertiría en los años siguientes en un asesino o si quizá lo mataron en los meses o años siguientes los radicales protestantes o los soldados británicos. A mí me perdonó la vida.

Pepe y yo fuimos los dos únicos reporteros que entraron aquel martes de enero de 1972 en el Free Derry. Y aquélla fue una de las escasas exclusivas de toda mi carrera periodística. Yo era joven entonces y no tenía miedo a casi nada.

Treinta y dos años después, en 2004, me costaba reconocer el escenario de Rossville Street. En 1972 era una zona pobre y sucia. Ahora, la mañana siguiente de mi llegada a la ciudad, encontraba un lugar limpio y digno: con un monumento en recuerdo del Bloody Sunday rodeado de flores, grafitos que recordaban la lucha de los católicos, banderitas de la República de Irlanda en las ventanas y en las farolas y el orgulloso anuncio de entonces, todavía escrito en la pared de la esquina de Fahan y Lecky Street: YOU ARE NOW ENTERING FREE DERRY. Un grupo de niños jugaban cerca del monumento.

Estaba haciendo unas fotos cuando un hombre de mediana edad se me acercó. Le notaba algo nervioso. Me dijo que procedía de Kilkenny, un condado del sur de Irlanda, y que era la primera vez que visitaba el Ulster.

—Ya sabe lo que significa para los irlandeses este territorio. Nuestro orgullo está herido.

Dos vehículos blindados del RUC cruzaban la calle. El hombre dio un respingo. Los niños dejaron de jugar y silbaron a los coches.

Cerca del mediodía comenzó a llover y me refugié en un pub. Era un local católico. La reproducción de un antiguo retrato de Red Hugh O'Donnell adornaba una pared: tenía el aire de un príncipe de cuento de hadas. También había ban-

deras de equipos de fútbol y de rugby y una muy grande de
la República de Irlanda.

—Aquí no asoman los protestantes —me dijo el dueño—. Ahora hay paz en el Ulster, pero no hay amistad entre ellos y nosotros: todavía tenemos muy cercanos a los
muertos.

Escampó, asomó el sol y salí del pub camino del cementerio
católico, un gran camposanto situado en una colina sobre el
Bogside. Cuando pregunté a un grupo de sepultureros por
las tumbas de los muertos del Bloody Sunday, se mostraron
encantados de llevarme hasta el lugar. Uno de ellos, el más
viejo, mientras me iba señalando los sepulcros, muy próximos los unos de los otros, me explicó:

—Las familias eligieron sus tumbas. Y ya ve, los padres
de algunos ya están enterrados al lado de los que cayeron
aquel día. El tiempo pasa y todo se lo lleva…

Resultaba patético pensar en ello: varios chicos muertos
con diecisiete años y enterrados por sus padres. Me pregunté qué puede sentirse si un hijo tuyo muere antes que tú. No
hay nada tan contrario a la naturaleza, ninguna otra cosa
debe de ser tan abrumadora e insoportable.

> No puedo creer las noticias de hoy.
> No puedo cerrar los ojos y hacer que desaparezcan.
> ¿Cuánto tiempo,
> cuánto tiempo tendremos que cantar esta canción?
> ¿Cuánto tiempo? Esta noche todos podemos ser uno.
> Botellas rotas bajo los pies de los niños,
> cuerpos esparcidos en una calle sin salida…
> […]

Domingo, Domingo Sangriento.
Domingo, Domingo Sangriento.[5]

[*I can't believe the news today.*
I can't close my eyes and make it go away.
How long,
How long must we sing this song?
How long? Tonight we can be as one.
Broken bottles under children feet,
Bodies strewn across a dead end street…
(…)
Sunday, Bloody Sunday.
Sunday, Bloody Sunday].

Canta Irlanda, llora Irlanda.

El conflicto del Ulster no es más que el último coletazo de una pugna político-religiosa que comenzó en 1169, cuando los anglo-normandos invadieron Irlanda y rindieron a los pequeños reinos gaélicos. Enrique VIII, rey de Inglaterra y señor de Irlanda desde 1509 hasta su muerte en 1547, estableció la religión protestante como credo oficial, relegando a un segundo plano a la mayoritaria población católica de la isla. A comienzos del siglo XVII, una serie de leyes promulgadas por Londres supusieron la confiscación de tierras a los nativos, al tiempo que se repoblaba Irlanda con colonos llegados de Escocia y de Gales, de religión protestante. El Ulster fue en particular uno de los territorios en donde se asentaron los colonos en número más grande y en donde los

5. Canción del grupo irlandés U2.

católicos perdieron la mayor parte de sus propiedades. Oliver Cromwell remató la faena en 1649, cuando desembarcó con un poderoso ejército inglés en Irlanda y arrasó con cualquier tipo de resistencia católico-irlandesa. Nuevas leyes endurecieron las anteriores. Por ejemplo: a los católicos les fue prohibido comprar tierras y cualquiera que no obedeciera a la Iglesia de Irlanda (protestante) perdía todo tipo de derechos.

Las rebeliones nacionalistas irlandesas se sucedieron y todas fracasaron: al principio eran tan sólo revueltas de católicos, pero pronto comenzaron a unirse a ellas protestantes nacionalistas opuestos a Inglaterra. En 1795 se fundó en el Ulster la Orden de Orange, una organización de defensa, contraria a todo tipo de autogobierno irlandés. Y en 1912 nació en Belfast una fuerza paramilitar, la Ulster Volunteer Force (UVF), con el propósito de impedir por la fuerza que, caso de alcanzar Irlanda el autogobierno, el Ulster quedase bajo su jurisdicción.

Tras el alzamiento de Pascua de 1916 y la guerra contra Inglaterra de 1919-1921, Irlanda ganó la independencia, pero seis condados de Irlanda del Norte, de la provincia del Ulster, se escindieron del nuevo país y continuaron integrados en Inglaterra, aunque con un gobierno y un parlamento propios. El año de la escisión, los católicos de Irlanda del Norte eran el 35 por ciento de la población frente al 65 por ciento de protestantes.

Los protestantes del Ulster no adoptaron ninguna medida de integración para la población católica, sino que siguieron adelante con su política discriminatoria: entre otras cosas, los católicos tenían muy restringido el derecho de voto y encontraban enormes dificultades a la hora de obtener buenos trabajos y viviendas dignas. Los protestantes eran los ricos y los católicos los pobres, y la división de clases era una copia calcada de la división religiosa.

A mediados de los años 60 del pasado siglo se fundó la NICRA, antes mencionada, que comenzó a organizar marchas pacíficas de protesta, imitando la estrategia de Martin Luther King en Estados Unidos. Pero al mismo tiempo, las fuerzas paramilitares iban armándose y preparándose para la lucha: la UVF y la Ulster Defence Association (UDA) protestantes, y las dos ramas del IRA católico: la Oficial y la Provisional (los famosos «provos»).

Los primeros estallidos de violencia se produjeron en el Bogside de Derry en el verano de 1969, como ya he contado, y pronto se extendieron a Belfast y otros lugares de Irlanda del Norte. Las primeras muertes de civiles católicos acontecieron en los barrios obreros de Belfast y la UVF y el IRA comenzaron a actuar. El gobierno de Irlanda del Norte pidió a Londres que enviara tropas para restablecer el orden. Y el ejército británico desembarcó en el Ulster como una fuerza pacificadora y neutral encargada de establecer la paz entre las dos comunidades.

No sólo no lo logró, sino que mostró su parcialidad a favor de los protestantes. Y el IRA colocó entonces a los británicos en su punto de mira. En el curso de los años siguientes morirían asesinados 502 soldados ingleses.

Londres instauró en 1971 una política de encarcelamientos sin juicio previo de sospechosos de pertenecer a movimientos paramilitares de ambos bandos. Pero en la práctica, cuando esa política terminó en 1975, de los 1.981 detenidos, 1.874 eran católicos y sólo 107 protestantes. En 1973, Londres suspendió las funciones del Parlamento y el gobierno norirlandeses y tomó directamente la administración de la región.

En 1994, las organizaciones paramilitares decretaron el alto el fuego, aunque sufrieron constantes escisiones que continuaron la violencia. Tras los acuerdos del Viernes Santo de 1998 —que ponían fin a la discriminación de la minoría católica y establecían un cierto equilibrio político en la región—, los Troubles se dieron oficialmente por terminados, aunque los ocasionales brotes de violencia no han cesado de producirse. El IRA entregó sus arsenales en 2007, año en que se retiró el ejército británico en forma definitiva. Los paramilitares protestantes, sin embargo, no acaban de proceder al desarme final.

Abandoné Derry y, cerca de uno de los puentes sobre el río Foyle, crucé junto al llamado Monumento de la Reconciliación, que muestra las estatuas en bronce de dos hombres, un católico y un protestante, estrechándose las manos. Sigue siendo todavía una aspiración antes que una realidad.

> *Seca las lágrimas de tus ojos,*
> *límpiate las lágrimas,*
> *seca tus ojos sanguinolentos.*
> *Domingo, Domingo Sangriento.*
> *Domingo, Domingo Sangriento.*[6]

> [*Wipe the tears from your eyes,*
> *Wipe your tears away,*
> *Wipe your bloodshot eyes.*
> *Sunday, Bloody Sunday.*
> *Sunday, Bloody Sunday.*]

6. De la misma canción de U2.

Después del Domingo Sangriento y antes de mi viaje de 2004, yo había estado otras dos veces más en Irlanda del Norte: en junio de 1972, mientras vivía en Londres como corresponsal de prensa, para informar de nuevo sobre los Troubles, y en mayo de 1998, contratado por una revista como *freelance*, para escribir sobre los acuerdos de Viernes Santo que abrieron el camino de la paz.

Aquellos eran viajes estrictamente periodísticos y me había quedado sin ver algunos lugares que me interesaban, por ejemplo la llamada Giant's Caseway (la Calzada de los Gigantes), una espectacular formación geológica en la costa de Antrim, en el más lejano norte del Ulster. De modo que, en el viaje de 2004, en vez de tomar la carretera más directa a Belfast, me dirigí hacia el mar.

Era un día laborable y, además, el cielo se había tornado turbio y el viento soplaba con hosquedad, por lo que apenas había turistas. El mar batía con ferocidad contra la costa cuando llegué. Y allí delante se extendían las asombrosas rocas de basalto que tanto decepcionaron a William Thackeray en 1842. «¿Y he viajado ciento cincuenta millas para ver esto?», escribió. A mí me sucedió todo lo contrario.

La calzada la forman unas cuarenta mil columnas de piedra negra talladas por la mano de la naturaleza, a la orilla del mar. Casi todas tienen forma octogonal, aunque las haya de cuatro, cinco e, incluso, diez lados, y su anchura es de unos treinta centímetros. Los científicos afirman que surgieron de las entrañas de la Tierra tras una serie de erupciones volcánicas masivas hace sesenta y un millones de años. Pero uno se resiste a creer que no sea una obra humana, tal es la regularidad de las formaciones. O más bien sobrehumana. Una vieja leyenda afirma que la construyó como una especie de puente sobre el agua el gigante irlandés Fionn Mac

Cumhaill para traerse de la isla escocesa de Staffa a una giganta, llamada Oonagh, de la que se había enamorado. Tras ella vino otro gigante, el escocés Benandonner, dispuesto a pelear con Fionn. La lucha finalmente no se produjo gracias a un engaño de Oonagh.

Viendo esa fastuosa obra de ingeniería natural que, formando una suerte de camino submarino, continúa bajo el agua hasta alcanzar las islas escocesas Nuevas Hébridas y asomar en la de Staffa, uno puede llegar a creer en los milagros realizados por los ancianos dioses. La calzada se extiende en acantilados, chimeneas, mesetas, terrazas y explanadas de columnas regulares, unidas entre sí y sin apenas huecos que las separen. De los muchos nombres que, desde antiguo, le han dado los habitantes de la región a este curioso lugar, me quedo con uno en particular: el Arpa del Gigante, un arpa que podría acompañar el canto de toda Irlanda.

Cerca de la Calzada de los Gigantes, en la costa del áspero y recio océano irlandés, se cerró la triste historia de Alonso Martínez de Leyva, segundo jefe de la Felicísima Armada o Invencible, un valiente soldado que no tuvo la suerte de Francisco de Cuéllar, cuya aventura ya conté en un capítulo anterior del libro.

Leyva era un noble riojano, hijo de un antiguo virrey de Nápoles, y sirvió como militar en Italia, en donde ganó el título de capitán general de caballería. El propio Felipe II lo eligió como segundo de la Armada que iba a invadir Inglaterra y Leyva partió hacia el canal de la Mancha al mando de la nave *Rata Encoronada*, en la división de vanguardia de la flota, llevando a bordo casi medio millar de hombres. En el curso de los combates de las Gravelinas, fue herido en una pierna.

Su barco llegó a las costas de Blacksod, en el condado de Mayo, el 11 de septiembre de 1588. Con él viajaban algunos católicos irlandeses huidos de su país tras el fracaso, en 1583, del alzamiento contra los ingleses que había encabezado Gerald Fitzgerald, conde de Desmond, muerto en la guerra. Entre ellos se encontraba un hijo del propio Gerald, Maurice, malherido tras los combates de las Gravelinas, quien el día 14, frente a las costas de Donegal, falleció a bordo de la *Rata Encoronada*. Leyva ordenó que su cadáver fuese arrojado al mar con todos los honores militares y marineros.

El barco llegó en muy mal estado a la bahía de Blacksod y Leyva envió una patrulla con un bote a inspeccionar la costa, al mando de un capitán italiano. Pero fueron hechos prisioneros por un cacique local llamado William Burke, al que apodaban «El Garfio del Diablo», y que en realidad era una suerte de jefe de bandoleros. Burke entregó sus prisioneros a los ingleses, que los ajusticiaron.

Dos días después, los españoles desembarcaron. Era un fuerte contingente armado y, por ello, las tropas del gobernador inglés, sir Richard Bingham, aunque conscientes de la presencia de los españoles, no se atrevieron a presentar batalla.

Y la fuerza de Leyva creció cuando, ayudado por guías locales, logró encontrar no muy lejos otro barco español encallado, la urca *Duquesa Santa Ana*, lo que supuso que el número de sus tropas se acercara ya a los mil hombres. El comandante español ordenó ponerse de inmediato a la tarea de reparar el navío, con la idea de dirigirse a Escocia, donde estarían ya a salvo pues entonces era una región neutral, ajena a la guerra entre España e Inglaterra.

Partieron unos días después y, nuevamente, un temporal arrojó la nave contra la costa y la destrozó. Todos los hombres alcanzaron la tierra, pero el barco estaba perdido definitivamente. Leyva, a quien se le partió una pierna durante el naufragio, ordenó construir en tierra fortificaciones y consiguió desembarcar varios cañones ligeros para defenderlas. Varios caciques locales acudieron en su ayuda, entre otros, los miembros del clan MacSweeney, enemigos declarados de Inglaterra. Los españoles recibieron comida y fueron informados de que, en la bahía de Donegal, había fondeados tres barcos de la Armada.

Después de reponerse, los españoles se dirigieron a Donegal, con Leyva viajando en parihuelas. Pero ya sólo quedaba un barco fondeado en la ensenada, pues los otros dos se habían hundido. Era el *Girona*, una galeaza con cuatrocientos veinte hombres a bordo, de los que trescientos eran remeros forzados. Así que cerca de mil quinientos españoles se encontraban al mando de Leyva, en el norte de Irlanda, en octubre de 1588, tan sólo con una nave, seriamente dañada por la batalla de agosto y por los temporales. Leyva ordenó de inmediato su reparación.

Una vez listo el buque, comprendieron que no había sitio para tanto hombre, de modo que se procedió a un sorteo para dejar a doscientos en tierra. Y el 26 de octubre, la nave zarpó de Donegal rumbo a Escocia. De los que se quedaron, que se sepa, muy pocos sobrevivieron: la mayoría fueron masacrados por orden del gobernador Bingham.

Navegaba el *Girona* con casi mil trescientos hombres a bordo rumbo a Escocia cuando las tormentas se arrojaron de nuevo sobre ellos, cual si una maldición siguiese, pertinaz y tenebrosa, a los restos de la Invencible. Y cerca de la Calzada de los Gigantes, en un lugar llamado Lacada Point, los vientos y las olas abrazaron el barco y lo zarandearon hasta hundirlo. De los mil trescientos hombres que viajaban a bordo de la nave, sólo se salvaron nueve. Leyva no estaba entre ellos. En pérdidas de vidas, fue uno de los naufragios más costosos de la historia de la navegación. Basta recordar que en el desastre del *Titanic* perecieron 1.514 personas.

Descendí hacia el sur, dando un rodeo por una carretera secundaria antes de dirigirme directamente a Belfast. Quería visitar un pequeño pueblo, Bellaghy, el lugar donde nació Seamus Heaney, el cuarto irlandés galardonado, en 1995, con el Premio Nobel de Literatura, tras los concedidos a William Butler Yeats (1923), George Bernard Shaw (1925) y Samuel Beckett (1969).

Seamus Heaney, el más conocido poeta de Irlanda del Norte, es un escritor misterioso, algo opaco, preocupado por los viejos mitos celtas, dominador de una pureza verbal exquisita y poseedor de un gran rigor lírico. Nacido católico (1939) en un pueblo agrícola de mayoría protestante del condado de Kerry, los Troubles le empujaron a emigrar y ejercer la enseñanza de la literatura, primero en Dublín y luego en Harvard (Massachusetts) y en Oxford (Inglaterra). En los últimos años residió en Sandymount, a las afueras de Dublín. En su poesía tan sólo hay un libro que haga referencia a los conflictos irlandeses: *Norte*, publicado en 1975.

> *Los hombres mueren aquí mismo, a mano.*
> *En calles que estallan y en su casa...*[7]

7. Del libro *Norte*, citado al principio del capítulo.

[*Men die at hand.*
In blasted street and home.]

Antes de llegar a Bellaghy me detuve a comer en un pub de Kilrea, un poblachón feo y humilde muy próximo al bello río Bann. En la localidad, durante los Troubles, hubo algunos muertos entre católicos y protestantes. Una leyenda afirma que san Patricio lo visitó poco antes de morir.

En el centro de la urbe, en una intersección de calles, había un monolito dedicado a los soldados locales que lucharon y murieron en las filas del ejército británico durante las dos guerras mundiales: en las batallas del Marne, Somme, Egipto, Palestina, Macedonia, Gallipoli... Sus nombres figuraban grabados en la piedra y eran casi doscientos. Estremecía pensar en la gran cantidad de vidas que había sacrificado este pueblo de mil quinientos habitantes en aras de la gloria de Gran Bretaña. Irlanda está plagada de monumentos a los muertos.

Pero Kilrea tiene también una preciosa canción:

> *Amo a la rosa de Kilrea*
> *y uno de estos días la llevaré a bailar.*
> *Ella me ha robado el corazón*
> *y nunca me separaré de ella:*
> *Kitty, la rosa de Kilrea.*

> [*I love the rose of Kilrea*
> *And one of these days*
> *I'll dance her away.*
> *She's stolen my heart,*
> *And never I'll part*
> *With Kitty, the rose of Kilrea.*]

Incluso en los lugares tristes, Irlanda no interrumpe sus cantos amorosos.

A primera hora de la tarde, bajo un iracundo cielo del color de la ceniza, entré en la larga calle que asciende un poco empinada hacia la salida del pueblo y que constituye casi todo lo que es Bellaghy. No sabía bien dónde encontrar algo que se refiriera a Heaney. Y además, salvo la lectura de un par de poemarios suyos, entonces tenía poca idea sobre la vida del escritor. Ignoraba, sobre todo, si era católico o protestante. Entré en un supermercado y pregunté a la cajera si había un lugar en Bellaghy que recordara a Heaney:

—Ah, sí, una vez vino por aquí y compró unos dulces. Pero no le he vuelto a ver.

—Vaya al castillo —me dijo un cliente que esperaba en la cola—, creo que hay algo por allí.

Y sí, había «algo» dentro de aquella extraña fortaleza construida en los altos del pueblo para que las tropas inglesas pudieran defenderse de los fieros nacionalistas irlandeses cuando se producía una revuelta. Era una suerte de museo dedicado al poeta premio Nobel. El encargado, un tipo pelirrojo y remilgado que dijo llamarse Pat, me recibió con entusiasmo y me pidió que firmara en el libro de visitas: era la primera en seis días. Me preguntó por mi interés en Heaney y le dije que era escritor. Respondió terminante:

—Entonces no le cobro a usted la entrada.

Había muchas ediciones de los libros del poeta en diversos idiomas y un buen número de fotografías en las paredes. Además de eso, una vieja cazadora de piel que perteneció al escritor, su cartera de colegial y el que fuera su pupitre infantil de la escuela, con tintero incluido. Pat me invitó a sentarme para que viera un programa hecho por la BBC sobre Heaney, que incluía una larga entrevista. Después, con reverencia, mimo y como quien muestra reliquias religiosas, abrió un cajón y sacó una serie de manuscritos inéditos. En uno de ellos hablaba de Asturias, por donde el poeta viajó en una ocasión.

Se me ocurrió preguntarle a Pat:

—*Is he a catholic?*

Me miró con asombro.

—*What?*

Repetí:

—*Is he a catholic?*

El rostro de Pat parecía arder:

—*What?*

—Heaney… —dije ahora en español—, ¿«católico»?

Y Pat rompió a reír. Me puso una mano en el hombro:

—*Yes, yes… Catholic, catholic… I thought you said alcoholic…*

Mi pronunciación le había hecho entender que yo preguntaba si Heaney era alcohólico.

Pensé que debería refrescar mi inglés para no quedar como un maleducado en Irlanda.

Luego añadió:

—Es tan católico y tan irlandés que se ha negado a figurar en cualquier antología de poesía en inglés publicada en Inglaterra.

—Pero después de todo —le dije a Pat al despedirme—, ser alcohólico y escritor en Irlanda no es una deshonra, sino casi una redundancia. Recuerde a Joyce o Behan…

Me miró resignado y añadió:

—O Kavanagh o Beckett…

Mientras subía al coche, me reía recordando esa gran nariz encarnada y esas mejillas granates de Seamus Heaney en el documental de la BBC... ¡Ay, Irlanda!

Salí hacia Belfast con el atardecer a mis espaldas: bramaba un sol de sangre sobre un cielo blanquecino, como rojos mofletes incendiando el lívido rostro de un bebedor.

La primera vez que visité Belfast, unos días después del Bloody Sunday de Derry, al mediodía caminaba por Grosvenor Road camino de Donegall Square, en el centro de la ciudad, con Pepe Meléndez, el compañero periodista con el que había viajado para informar sobre la violencia desatada en el Ulster. Y de súbito estalló una bomba unos quinientos metros más adelante de donde nos encontrábamos. Recuerdo la explosión como si hubiera sucedido ahora mismo: sonó como una tremenda campanada en un espacio hueco.

Vimos una columna de humo que se erguía lánguida hacia el cielo nublado. Cayó el silencio y la vida pareció detenerse alrededor durante unos segundos. Después se oyó una sirena en la lejanía y, al poco, el ulular de muchas otras que se iban acercando a Donegall.

Y de pronto, un grupo de niñas de unos doce años cruzaron a nuestro lado cogidas de la mano y cantando: «¡Ha estallado una bomba, ha estallado una bomba!». Otra gente gritaba alrededor y los más ancianos lloraban. Minutos después, las calles se habían llenado de soldados y policías. Pero yo encontraba el mayor patetismo en el canto de los niños que aprendían a divertirse en medio del horror.

En junio de ese mismo año 1972 volví a Belfast por segunda vez, para informar del recrudecimiento de los Troubles

en Irlanda del Norte. Recuerdo un hecho terrible sobre el
que escribí una crónica:

Una joven católica se había enamorado de un soldado
británico. Y una noche, la muchacha fue atacada por una
escuadra de combatientes del IRA: le raparon por completo la cabeza, la ataron a un poste desnuda y le embadurna-
ron la cabeza y el cuerpo con brea. Al día siguiente, el sol la
descubrió así ante todo el vecindario, con los nervios rotos
y un cartel colgando de su cuello en donde se leía: MUÑECA
DE SOLDADO.

¿Eran tan sólo «disturbios» los sucesos del Ulster?

En mayo de 1998 visité por tercera vez la ciudad, para
escribir sobre los acuerdos del Viernes Santo, y un desfile de
la comunidad protestante me sorprendió en la calle. Escribí:

> Con sonido atronador de tambores, flautas, pífanos y
> acordeones, Belfast nos recibe en un domingo de aire frío
> y cielo entreverado de nubes y golpes de sol. Son las organi-
> zaciones protestantes de la Orden de Orange, las logias de
> los unionistas radicales, que ocupan con sus desfiles para-
> militares y un despliegue enorme de banderas británicas, la
> avenida Royal, en el centro de la ciudad. Es un desafío a los
> católicos, un recuerdo permanente de que son ellos quienes
> mandan en el Ulster, quienes disfrutan del derecho de ser
> ciudadanos de pleno derecho del Reino Unido, en tanto que
> los católicos permanecen como ciudadanos de segunda, los
> *bloody fenians*,[8] los malditos nacionalistas que quieren la
> unidad con Irlanda del Sur. Al año vienen a producirse más
> de tres mil marchas como ésta en el Norte de Irlanda. Los
> viejos capos de las logias lucen bombines, medallas, bandas
> naranjas en sus pecheras y airean afiladas espadas de otra

8. «Malditos fenianos» equivale a «malditos patriotas irlandeses».

edad. Los niños imitan embelesados el paso marcial de sus mayores, que les enseñan la historia de su patria marcando el paso, eso es: a pisotones, no con versos ni con textos de historia. Todos, niños, grandes, hombres y mujeres, lanzan vítores a la reina Victoria e improperios al Papa romano. Parece una escena de siglos pasados.

En mi largo viaje de 2004, seis años después de mi anterior visita, entré en una ciudad europea próspera y relajada; pero azotada, eso sí, por un inclemente viento irlandés y empapada por la lluvia.

Busqué el hotel Europa, el único que permanecía abierto en 1972 —el peor año de los Troubles— y en donde nos alojábamos todos los periodistas. Lo recordaba rodeado de alambradas y sacos terreros, protegido por paracaidistas británicos armados hasta las pestañas y las orejas, con cicatrices de metralla en la fachada. Solamente en aquel año le pusieron veinte bombas al Europa.

Esta vez aparecía remozado, reluciente y sin vigilancia alguna. Los empleados vestían trajes negros con corbatas de refulgente color dorado.

Me registré. El recepcionista era el mismo de entonces; pero él no me reconoció, naturalmente. Se lo dije. Sonrió:

—Sí, sí…, vivíamos cercados y, de cuando en cuando, disparaban al hotel o caía una bomba cerca. Nunca supimos si los autores eran extremistas católicos o protestantes o los dos, aunque ésta es una zona protestante. Los periodistas extranjeros y los empleados del hotel vivíamos casi como una familia asediada. Algunos de ellos eran muy famosos en sus países…, en América, Inglaterra, Francia. ¿Usted es famoso en España?

—No mucho.

Enfrente, al otro lado de la calle, seguía abierto el pub más bonito de toda Irlanda del Norte, el Crown, frecuentado por protestantes. Entré a tomarme unas pintas de cerveza y a escuchar música en vivo. Y me sorprendí al comprobar que casi todas las canciones eran originarias del sur y que hablaban, en su mayoría, de Dublín, Connemara, Galway...

Se lo comenté a un camarero.

—Hay asuntos que no tienen que ver con la guerra —me dijo—. Lo primero, la música. Y luego, por ejemplo, el rugby. ¿Sabe una cosa?: cuando se juega el torneo de las Cinco Naciones y compiten, en el sur, los equipos de Irlanda e Inglaterra, salen de aquí del norte bastantes autobuses para ver los partidos... Y animamos a Irlanda, estaríamos buenos. Además, yo odio el odio.

Claro está que no siempre fue así con el deporte. En los años 50, Jimmy Jones, un delantero centro norirlandés y protestante, jugaba en un equipo católico, el Belfast City, integrado en la liga inglesa. En un partido contra el Lenfield, un club protestante que no admitía católicos en sus filas, Jones marcó el gol del triunfo. Cuando el partido terminó, los jugadores del Lenfield le rompieron una pierna a patadas. Y el Belfast City se cambió a la liga escocesa.

> *Sostenía en mis hombros una suerte de hombría*
> *mientras levantaba los ataúdes*
> *de mis parientes muertos...*[9]
>
> [*I shouldered a kind of manhood*
> *Stepping in to lift the coffins*
> *Of dead relations...*]

9. Del libro *Norte*.

La mañana siguiente amaneció hosca, la más fea desde que
llegué a Irlanda: llovizna, cielo del color del granito, niebla
sobre los techos de la ciudad, grisura del mundo... Salí a la
calle. Parecía que estábamos en invierno y no a finales del
verano. Y el estilo victoriano de la arquitectura del centro
de Belfast no atenuaba el antipático panorama: casas de piedra oscurecida y rancia, aire severo y puritano en las fachadas, olor a ceniza y a fatiga histórica... De todos modos,
contrastar el aspecto de la ciudad con mis recuerdos de los
viajes anteriores producía cierto alivio. Siempre la había conocido con las calles principales ocupadas por vehículos
blindados y patrullas de soldados armados con fusiles de
asalto y vistiendo chaquetas antibalas, con las calles latera-
les protegidas con sacos terreros y alambradas, cacheos de
la policía en cada control..., cacheos de los de verdad, como
el Diablo manda, que incluso te dejaban en ocasiones los
testículos doloridos. En concreto, en el año 1972, había
francotiradores por todas partes, las bombas estallaban en
cualquier lugar y en el momento más inesperado, y los soldados y policías tenían más miedo que tú.

Quería pasear por el West Belfast, donde se encontraban
los barrios más turbulentos de la época de los Troubles. En
esa zona se asentó durante el siglo XIX el proletariado indus-
trial de la ciudad, obreros protestantes y católicos mezclados. Pero a partir del año 1969, cuando estalló la violencia
entre las dos comunidades, casi ocho mil familias fueron
obligadas por los grupos paramilitares a reubicarse en dos
áreas distintas, una protestante y otra católica. De modo que
el West Belfast quedó dividido en dos guetos: el protestante,
alrededor de Shankill Road, y el católico, en torno a Falls

Road, dos grandes avenidas que corren una buena parte de la longitud del barrio casi en paralelo.

La violencia fue tal en los años que siguieron a 1969, que el gobierno de Londres decidió levantar un muro entre los guetos. Se construyó con acero en algunas secciones, y con ladrillo en otras. Y la obra se amplió a otras zonas «calientes» de la ciudad, hasta alcanzar los veinte kilómetros. No obstante, al poco de construirlo, Londres se vio obligado a subir su altura y a coronarlo de alambradas, para evitar que de un lado y del otro se lanzaran cócteles molotov. En el muro se abrieron puertas vigiladas por la policía y el ejército durante el día, que se cerraban por la noche.

Otro aspecto de la segregación fue la transformación del transporte. Los autobuses y los taxis que recorrían Shankill Road no viajaban a Falls Road, y viceversa. En concreto, los taxis, en su mayoría colectivos, tenían dos estaciones diferentes.

Ahora mismo, cuando escribo este libro, aunque la violencia ya no reina en Belfast y el ejército británico abandonó el Ulster en el año 2007, el muro sigue en pie y las dos comunidades continúan segregadas.

> ... y el sol permanecía en pie
> como una parrilla que se enfría
> contra el muro
> en cada largo atardecer...[10]

> [... and the sun stood
> Like a griddle cooling
> Against the wall
> Of each log afternoon...]

10. Del libro *Norte*.

En ese feo día del verano de 2004 quería recorrer Falls Road
y Shankill Road. Fui a la estación de los *cabs* protestantes,
en North Street. Todos los coches, como los de la estación
católica cercana a King Street, eran viejos taxis traídos de
Inglaterra, esos grandullones autos negros con plazas para
siete ocupantes, incluido el chófer, y capaces de girar en un
palmo de terreno.

La visión de este lado de Belfast era muy diferente a la
del centro de la ciudad. Barrios de casas humildes, tiendas
modestas, el recuerdo imborrable de la guerra en las decenas de grafitos que adornaban las paredes ciegas de los edificios. Todavía podían verse algunas casas derruidas por las
bombas y los fuegos de los días de los Troubles.

Tomé un taxi colectivo en la estación North Street. Viajábamos cinco pasajeros detrás y uno delante, en el asiento
de al lado del chófer. El costo del viaje era de 70 peniques,
algo más de 1 euro al cambio. El coche iba parando a lo largo de Shankill, según ordenaba cada viajero, y recogía nuevos pasajeros, si quedaba alguna plaza libre, entre la gente
que esperaba taxis en las aceras. Caía ahora con fuerza un
aguacero.

Vi pintadas de hombres enmascarados, que celebraban
la gloria de la UVF, la Fuerza de Voluntarios del Ulster, paramilitares protestantes. Otro grafito recordaba el Jubileo de
Diamantes de la reina Isabel II de Inglaterra, el sesenta aniversario de su ascensión al trono de Gran Bretaña. Otro
exaltaba a la Reina Madre —la madre de Isabel II, gran be-
bedora de ginebra, como Juan de Borbón, conde de Barcelona—, de quien proclamaba que «tenía corazón de soldado».
Otro más afirmaba que Lady Di «sigue en nuestros corazo-

nes». Y la mayoría exhibía lemas de lucha: LISTOS PARA LA PAZ, PREPARADOS PARA LA GUERRA.

Banderas de la Union Jack y de la Orden de Orange pendían como tristes trapos mojados en muchos balcones de Shankill Road. Hay pocas cosas tan patéticas como una bandera empapada de lluvia: nacen para la gloria y un simple chaparrón las humilla y derrota.

Entré en un pub, el Rex Bar, para refugiarme de la tormenta. La puerta era blindada y había barrotes en las ventanas. Era preciso acceder al interior por una pequeña puerta trasera, llamando al timbre mientras te observaba una cámara.

Las manecillas del reloj de pared pasaban unos minutos de las doce de la mañana, la cerveza negra Guinness, fabricada en Dublín, corría con generosidad y algunos de los clientes, de la veintena que más o menos poblaba el local, mostraban ya los síntomas de una temprana borrachera. En el hilo musical sonaba una canción del sur, *The Black Velvet Band*, interpretada por The Dubliners, el grupo de música folk más famoso de Irlanda del Sur. En el mostrador había un gran botellón que recogía monedas para ayudar a los presos políticos protestantes.

Pedí una cerveza *bitter*. Algunos parroquianos me miraban curiosos. El dueño me preguntó de dónde era. No las tenía todas conmigo, pero respondí:

—De España.

Se volvió hacia unos tipos que estaban próximos en la barra.

—¡Eh! —gritó—. ¡Un español!

Dos de ellos se aproximaron. Olían fuerte a cerveza rancia y eran grandes como gorilas.

Uno me colocó el brazo sobre el hombro y dijo:

—¡Torremolinos!

El otro alzó su jarra de cerveza:

—*Spain!…, good, good country… Sun, good wine, beautiful girls.*

—*Spanish, brave men!* —clamó el tabernero—. *I've been in Marbella three times. Marvellous!*

—*Bullfighting!* —gritó el primero.

—¡Torero! —agregó el segundo dibujando en el aire un horrendo pase taurino.

El dueño me invitó a la cerveza, algo tan inusual en Irlanda como en Escocia y en Inglaterra, lugares en donde que te paguen una copa constituye una suerte de milagro.

Había dejado de llover y salí de nuevo a la calle. Uno de los ebrios clientes se empeñó en acompañarme hasta el muro cuando le dije que quería cruzar a Falls Road. Seguimos por Springfield Road y atravesamos algunos desmontes en los que había casas destruidas y restos de muebles y de neumáticos quemados. El hombre me llevó hasta la valla; en esa zona había una alta muralla de acero de color verde. La puerta estaba abierta y un indolente policía uniformado cumplía su turno de guardia. El tipo se despidió:

—Yo no entro. Si me reconocen, me apedrean.

Banderas republicanas también mojadas por la lluvia reciente me recibieron lánguidas, sin aletear, desde las ventanas de Falls Road. Alrededor, las casas mostraban la misma humildad que en la zona protestante. Pensé que el sueño marxista de un proletariado unido contra la opresión del capitalismo había muerto en Irlanda del Norte a causa del peso de la religión. Las iglesias irlandesas pueden estar satisfechas de ello, pero yo me acordé de una frase de James

Joyce: «No hay herejía o filosofía tan aberrante para la Iglesia como el ser humano».

Me senté a comer un *roast beef* con *Yorkshire pudding*, el plato nacional inglés por excelencia, en un pub de nombre Dalys. En la pared había un cartel con un eslogan que rezaba: INGLESES, FUERA DE IRLANDA. No obstante, en el hilo musical sonaba un tema de los Beatles.

—¿De dónde es usted? —me preguntó la camarera.

—De España.

—Católico, ¿no?

—Desde luego.

—Aquí adoramos a Juan Pablo II y detestamos a la reina de Inglaterra. ¿Les sucede lo mismo en España?

—Bueno…, a los españoles los dos nos quedan un poco lejos.

Falls Road abajo, los grafitos de las casas mostraban a luchadores del IRA armados y enmascarados, eslóganes que pedían la disolución del RUC; retratos del Papa y uno enorme de Bobby Sands, el militante del IRA que murió encarcelado en 1981, después de una huelga de hambre en la que los prisioneros republicanos reclamaban la condición de presos políticos frente al trato de presidiarios comunes que padecían. A Bobby le siguieron otros nueve muertos por la misma causa, dos de ellos del pueblo de Bellaghy, en donde nació Seamus Heaney. Más de cien mil personas acudieron al entierro de Sands en el cementerio de Milltown de Belfast. En el grafito de Falls Road su efigie aparecía pintada como un Cristo y, junto al retrato, una leyenda decía: NUESTRA VENGANZA SERÁ LA SONRISA DE NUESTROS HIJOS.

Crucé frente a la catedral católica de San Pedro y me detuve a ver los horarios de las misas: había tres diarias y cinco los domingos. Frente al templo, al otro lado de la calle, todavía se alzaban los muros quemados de una iglesia protestante, ya sin techos y sin cristales en las ventanas.

Tomaba fotos y un hombre se me acercó:

—Por si le interesa, le diré que no la destruimos nosotros los católicos. La quemaron los protestantes que vivían aquí, antes de mudarse a Shankill Road. Eso fue en el 69. Y ya ve, parece El Álamo. A mí no me extrañaría ver asomar ahí arriba, en cualquier momento, a John Wayne vestido de Davy Crockett.

Llovía otra vez en cantidad, paré un taxi colectivo y bajé hasta la estación católica.

Había visto el anuncio de un *sightseeing* por la ciudad y no quería perdérmelo antes de irme de Belfast. Ya saben en qué consiste el asunto: un recorrido panorámico en autobús por una ciudad en esos vehículos de dos pisos desprovistos del techo superior, donde los turistas viajan pelándose de frío en invierno o torrándose bajo el sol inclemente del verano. El viaje de Belfast costaba 8 libras, unos 14 euros de entonces. Y se anunciaba, entre otras visitas, un recorrido por los principales escenarios de los Troubles.

Por fortuna, aquella mañana no llovía y viajábamos en lo alto unos cuarenta pasajeros: japoneses, canadienses, norteamericanos de origen irlandés y un pequeño grupo de españoles. Un tipo con micrófono iba haciendo las funciones de guía. Primero recorrimos el centro monumental y luego los astilleros en donde fue construido el *Titanic*. Desde allí, enfilamos hacia West Belfast.

El guía nos iba explicando el significado de los grafitos y pintadas de Shankill y Falls: qué eran los grupos paramilitares, los del IRA y los de la UVF, sus asesinatos, quién fue Bobby Sands, por qué la reina de Inglaterra y Lady Di eran tan queridas en la ciudad protestante... No supe a qué comunidad pertenecía el tipo, pues se mostraba escrupulosamente neutral.

Pero en Falls Road, poco después de dejar atrás el grafito en honor de Bobby Sands y unos cuantos que proclamaban la lucha armada, pasamos bajo un cartel desde donde nos sonreía el barbado y jovial anciano de la propaganda de Kentucky Fried Chicken. Y el guía, señalando hacia el anuncio, dijo lacónico:

—Ése no está a favor de las huelgas de hambre. Y lo único que mata son pollos.

Pensé que aliviaba ver la evolución experimentada por aquellos barrios: los escenarios de tanto dolor, violencia y muerte se habían convertido, al paso de los años, en una suerte de parque temático.

A la noche, en el Crown, la multitud atestaba el local mientras trasegaba cerveza y cantaba sin cesar. Una chica enorme me sacó a bailar el *Wild Rover* y un borracho le tocó el culo y ella le lanzó un guantazo sin alcanzarle. El pub era un jolgorio sin tregua.

Y cuando el grupo musical que actuaba esa noche entonó *I'll tell me Ma*, toda la clientela coreó al unísono:

> *Se lo diré a mi madre cuando vuelva a casa:*
> *los chicos no dejan tranquilas a las chicas.*
> *Me tiran del pelo, me roban el peine.*

Y vale, está bien, hasta que regreso a casa.
Ella es muy bella, es bonita,
es la reina de la ciudad de Belfast.
Tiene novio, un, dos, tres.
Por favor, ¿no me dices quién es?[11]

[I'll tell me Ma, when I go home,
The boys won't leave the girls alone.
They pull my hair, they stole my comb
And that's all right till I go home.
She is a handsome, she is a pretty,
She is the belle of Belfast city,
She is courtin', one, two, three,
Please, won't you tell me who is she?]

11. Se trata de una canción infantil tradicional que ha pasado a convertirse en un tema muy popular en los pubs irlandeses del norte y el sur.

10

La costa de las lágrimas

En el asedio de Ross cayó mi padre
y todos mis queridos hermanos en Gorey.
Soy el único que queda de mi nombre y mi estirpe;
iré a Wexford a tomar su lugar.
[...]
En los Barracones de Ginebra el joven murió
y en el lugar reposa su cuerpo.
Las buenas gentes que viven ahora en paz y armonía
susurran una oración por el croppy boy.[1]

[At the siege of Ross did my father fall,
And at Gorey my loving brothers all.
I alone am left of my name and race;
I will go to Wexford to take their place.
(...)
At Geneva Barracks that young man died

---

1. La canción *The Croppy Boy* se refiere a la rebelión patriótica de 1789, que fue reprimida con crueldad por los ingleses en localidades como New Ross, Gorey y Wexford. Los rebeldes de 1789 fueron llamados «croppies» a causa del corte de pelo, muy rapado —*cropped*— que imitaba a los revolucionarios franceses. Los Barracones de Ginebra era un centro de detención de prisioneros cerca de Wexford.

And at Passage they have his body laid.
Good people who live in peace and joy,
Breathe a pray'r and a tear for the Croppy Boy.]

Salí de Belfast temprano, hacia el sur, rumbo a la frontera
con la República de Irlanda. Quería detenerme en el pueblo
de Newry, en donde estuve en 1972, justo una semana después del Bloody Sunday. Los nacionalistas católicos habían
convocado aquel domingo una marcha pacífica de protesta
por las muertes de Derry. La manifestación iba a atravesar el
centro de la pequeña ciudad y las autoridades la prohibie-
ron. Y esa mañana, el ejército británico había desplegado un
enorme contingente de fuerzas y alzado una gran barricada
en mitad de la avenida para impedir la marcha.

Recuerdo que era un día de aire y de sol frío. Tras la barricada nos apostábamos casi dos centenares de corresponsales de todo el mundo, muchos de ellos veteranos y ma-
chotes informadores de varios conflictos bélicos. Españoles
estábamos tan sólo Pepe Meléndez y yo, pero se encontraba
también allí una excelente fotógrafa de guerra a quien yo
conocía de Madrid: Christine Spengler, una *freelance* francesa que realizaba trabajos para periódicos de España.

Se temía una matanza tras los hechos de Derry. Había
nervios entre los periodistas, algunos de ellos vestidos con
esos chalecos repletos de bolsillos que recuerdan a los de los
pescadores e, incluso, un par de ellos con cascos militares.
Sin embargo, el comandante de la fuerza británica, uniformado de camuflaje, nos miraba irónico, y con aire de burla.

—¿Creen que va a haber una masacre? Pues guárdense
los bolígrafos, los cuadernos de notas y las cámaras de fotos. No va a pasar nada: ya lo verán, ni un solo herido.

A la hora anunciada, creo recordar que las once, delante de la barricada discurría una avenida desierta, sin coches ni peatones, ni siquiera perros o gatos callejeros... Y al poco, llegando desde un par de kilómetros más allá, oímos crecer un ruido, un clamor de voces y de cantos mezclados con broncos golpes de tambores y dulces sonidos de gaitas. Y vimos a la multitud, una turbia marea de gente que empezaba a moverse hacia nosotros: sobre las cabezas flameaban las banderas verdes, blancas y naranjas de la República de Irlanda.

Avanzaban, los cantos y los gritos crecían, los tambores y las gaitas resonaban más cerca, sentíamos los pasos de los hombres y mujeres enfebrecidos, un ruido parecido al trote de un escuadrón de caballería que se dispone a cargar. Los soldados británicos alistaban sus armas. Había una gran tensión entre nosotros. Miré al comandante inglés; sonreía.

Y de pronto, cuando ya distinguíamos los rostros de las gentes de las primeras filas, a menos de cien metros de la barricada, la cabecera de la marcha giró a su izquierda y tomó una ancha calle lateral. La muchedumbre le siguió obediente. Los tambores y las gaitas se alejaron y el ruido fue disolviéndose en el aire. Detrás de los manifestantes corría una tropa de niños armando un buen jaleo, alegres como pájaros escapados de una jaula.

El comandante se volvió hacia nosotros:

—¿Qué les dije?

Luego supimos que, una hora antes de comenzar el desfile de protesta, los organizadores habían llegado a un acuerdo con el mando militar británico para evitar un enfrentamiento.

Y los más avezados corresponsales de guerra del mundo

se quedaron por una vez sin la sangre y sin el drama sobre los que elaborar un trágico texto digno del Pulitzer. A veces pasa: la guerra es un asunto imprevisible. Y hay pocas cosas tan ridículas como un periodista de guerra vestido con un chaleco antibalas, tenso y con el rostro duro de quien aprende a contener el miedo, esperando una masacre que no se produce.

Ese día de 2004 en que volví a Newry era también soleado y, extrañamente, sin gota de viento. Pero no podía reconocer la ciudad. Busqué sin éxito el sitio donde pudo alzarse aquella barricada de 1972. En mis notas de antaño no figuraba. Me hallaba en un hermoso lugar del mundo bajo las montañas de Mourne, un bonito pueblo de casas bajas pintadas con primor, con un limpio río, el Clanyre, que discurría sereno hacia el cercano mar del este de Irlanda.

Seguí camino en busca de Kingsmill, otro espacio irlandés santificado por el odio. Y me encontré perdido en un laberinto de pequeñas carreteras. Al fin, junto a un caserío, detuve el coche cerca de un hombre de unos setenta años que paseaba a un niño, casi un bebé, en un carrito. Bajé:

—*Kingsmill?*

—*What?*

Alcé la voz:

—*Kingsmill!*

—*What?*

Saqué mi cuaderno y escribí el nombre en letras mayúsculas.

—*Ah! Kingsmill!* —exclamó.

Me pareció que lo había pronunciado exactamente igual que yo.

Le dije que buscaba el sitio en donde diez trabajadores protestantes habían sido asesinados el 5 de enero de 1976 por el IRA. Movió la cabeza hacia los lados:

—Sí, sí..., fue terrible. Dos de ellos eran primos míos, buenos hombres.

Y me indicó el camino.

Unos días antes de los asesinatos de Kingsmill, patrullas paramilitares protestantes habían matado a cinco católicos en Lugan y Whitecross, crímenes que a su vez respondían a otros anteriores de los católicos, los cuales tenían su origen en otros previos de los protestantes..., en esa cadena ininterrumpida de matanzas que se sucedieron, entre la década de los 60 y los 80, en lo que llegó a conocerse como «el triángulo de la muerte», una amplia región situada entre los condados de Armagh y Tyrone. Pero los asesinatos de Kingsmill siguen en la memoria de los norirlandeses como uno de los sucesos más feroces en la historia de los Troubles.

El escritor Colm Tóibín lo relata en su libro *Mala sangre*, traducido al español, y de su libro tomo los datos. Fue el 5 de enero de 1976, cuando a las seis de la tarde, ya de noche, once trabajadores de una empresa textil regresaban a sus casas de Bessbrook, un pequeño pueblo situado a unas seis millas de distancia de la factoría, a bordo de una furgoneta conducida por un chófer de la empresa. En el cruce de caminos de Kingsmill, una docena de hombres armados y enmascarados obligaron al vehículo a detenerse e hicieron bajar a los pasajeros y al conductor. Ordenaron alejarse al único trabajador de religión católica que iba en el coche, alinearon a los otros once —los diez trabajadores y el conductor— en el borde de la carretera y los ametrallaron. Murieron diez y el único que sobrevivió, Alan Black, llevaba en su cuerpo dieciocho balazos, algunos de ellos alojados en los pulmones. La policía encontró en el lugar de la matanza más de cien casquillos de bala. Un hombre que acudió a identificar los cadáveres de dos de sus sobrinos, declaró: «Estaban tirados como perros y todo era sangre alrededor de los cuerpos».

No había monumento alguno en el lugar. Sólo unos pequeños recuerdos: a un lado de la estrecha carretera, un largo palo con pequeñas crucecitas de madera lacada con un lema, «Remembrance», y una cruz más alta con flores blancas; al otro lado de la vía, una corona de amapolas rojas fabricadas con tela.

El día era limpio, cálido, bucólico... ¡Cielo de vibrante azul sobre los campos líricos de Irlanda! Daban ganas de recitar en voz alta los versos de fray Luis de León: «¡Qué descansada vida la del que huye del mundanal ruido...». Pero la memoria proponía dolor. ¡Ay, memoria!, ¡ese trasto del cerebro humano que a veces rezuma muerte y sangre!

Frontera de dolor la de Armagh y Tyrone.

Fue una monótona víspera de Año Nuevo cuando cayó la noche,
un camión de voluntarios se aproximaba a un pueblo de frontera,
había hombres de Dublín y de Cork, Fermanagh y Tyrone.
Y el líder era un hombre de Limerick, Sean South de Garryowen... [2]

2. Entre 1956 y 1963, el IRA llevó una campaña de atentados en las fronteras con Irlanda del Norte. Esta balada hace referencia a un asalto fallido del IRA contra una estación fronteriza de la policía del Ulster, en el condado de Fermanagh, en el que murió el líder de la partida, Sean South, originario del barrio Garryowen, de Limerick. Los hechos acontecieron en la

[*It was on a dreary New Year's Eve as shades of night came
down,*
A lorry load of volunteers approached a border town,
*There were men from Dublin and from Cork, Fermanagh and
Tyrone.*
*And the leader was a Limerick man, Sean South from Garr-
yowen.*]

Tiré hacia el sur por las estrechas carreteras, entre pequeñas granjas que parecían deshabitadas, rodeado por el olor
de la hierba cortada. Cruzaban el cielo bandos de cuervos
y ocasionales urracas solitarias, siniestras aves que recuerdan a la muerte. En la dulce Irlanda de los campos verdes
y las colinas amables abundan los pájaros de tétrica apariencia.

Tenía hambre, pero en Cullyhanna, un poblachón, sólo
había un pub y estaba cerrado. En la calle principal, un cartel recordaba a Bobby Sands y a sus compañeros muertos en
la huelga de hambre del 81.

Así que me detuve en el pueblo siguiente, Crossmaglen,
a un paso ya de la frontera entre las dos Irlandas. En la gran
plaza rectangular del centro de la localidad se alzaba un monumento a la Irish Freedom y a los que murieron por ella.
No quedaba claro a quiénes estaba dedicado, aunque imagino que a los protestantes. Pero muy cerca se alzaba la iglesia
católica y en las fachadas de muchas casas ondeaban las
banderas de la república del Sur.

Había unos cuantos pubs en la zona y entré a curiosear

---

víspera de Año Nuevo de 1957. Al entierro de South, cuatro días después,
en Limerick, acudió una representación del gobierno de la República de Irlanda.

en uno, el que me pareció más antiguo. Y me quedé al ver que todas las paredes del local estaban cubiertas de retratos de grandes escritores irlandeses.

En Irlanda, literatura y patria significan lo mismo para gran parte de la población. ¡Qué envidia!, pensé; en la mayoría de las naciones la patria se identifica con las armas.

El dueño se enrolló conmigo enseguida, al momento de decirle que era español, contestando a su primera pregunta. Se llamaba Jim y era abierto y simpático.

—Pues aquí casi todos somos católicos, como los españoles. Ustedes y nosotros nos parecemos mucho, ¿no cree? En cambio, con los ingleses no tenemos nada que ver. Por Crossmaglen nunca asoma un inglés y muy raramente un protestante irlandés, porque aquí hubo muchas muertes... Pero en fin... ¿No sabe la gran noticia? Verá..., verá...

Se apartó y me trajo un periódico del día. En la primera plana, a grandes letras, el titular anunciaba: «Somos dos islas». Y los sumarios añadían: «Un estudio geológico demuestra que Inglaterra e Irlanda nunca estuvieron juntas: cuando se ensanchó el mar que hay entre ellas, ya eran dos territorios separados».

—¿Lo ve, lo ve? Todas las televisiones y las radios no cesan de repetirlo: está científicamente comprobado que no tenemos ninguna relación con los ingleses.

—¿Y la lengua? —dije.

Se rascó la cabeza antes de añadir:

—Bien..., ellos nos dieron la lengua, pero nosotros la hemos mejorado muchísimo. ¿Acaso no sabe que los mejores poetas y escritores en lengua inglesa son irlandeses? Mírelos —concluyó señalando los cuadros de las paredes.

Comí un *Shepherd's pie* regado con cerveza Kilkenny y crucé la frontera rumbo a Inniskeen, el pueblo en donde nació Patrick Kavanagh, uno de los mejores poetas irlandeses en lengua inglesa.

Da gusto viajar por Irlanda siguiendo el rastro de sus hombres de letras. Hay veneración por ellos. Inniskeen, la patria de Patrick Kavanagh, es un pueblo de la provincia del Ulster —en el condado de Monaghan, que forma parte de Irlanda del Sur— rendido a su gloria, como el condado de Sligo lo está a la de William Butler Yeats y Dublín, en cierto modo, a la de James Joyce.

Si uno piensa en España… A Cervantes tardaron al menos cuatro siglos en edificarle unos cuantos monumentos en La Mancha y lo hicieron más para atraer el turismo que por otra razón. Quevedo, en Madrid, da nombre a una glorieta en la que se levanta su estatua, y hay también en la ciudad esculturas de Valle-Inclán y Baroja. Además, una calle a Lope de Vega. Y poco más. Las avenidas y grandes plazas de Madrid están llenas de efigies de reyes, de políticos y de militares y, ocasionalmente, de algún que otro pintor. La verdad es que yo preferiría tener en mi ciudad natal la figura en bronce de un futbolista como Alfredo Di Stéfano antes que la del general Espartero, el del caballo de testículos como melones que gobierna sobre la ancha vía de Alcalá. Cuando paso por allí, casi siempre hay turistas haciendo fotos a la entrepierna del equino.

Pero así somos en España.

Los irlandeses, en cambio, adoran a sus escritores.

Por ello, cualquier escritor del mundo debe amar a los irlandeses.

Otro asunto es la relación que los irlandeses tienen con sus mártires. Pero eso es cosa suya y yo siempre he sido partidario de respetar los sentimientos íntimos de los demás, incluido el masoquismo.

Inniskeen vive para Patrick Kavanagh como Patrick Kavanagh vivió casi por entero, al menos espiritualmente, para Inniskeen. El poeta del condado de Monaghan es la antítesis de William Yeats. Mientras el gran vate de Sligo, criado en un mundo protestante de nacionalismo teñido de refinamiento intelectual, proponía una poesía simbolista, elegante, nacida para exaltar las esencias de un mundo mítico e idílico arraigado en las tradiciones gaélicas, el poeta de Monaghan, criado en una granja e hijo de un zapatero remendón, reivindicaba la dura poesía de lo cotidiano, campesina, humilde, directa, levemente mística y muy crítica con la religión católica, la suya. Si el aspecto de Yeats era el de un caballero fatigado, el de Kavanagh era opuesto a toda exquisitez «con su perfil de cormorán cegato, el sombrero desbaratado y el cuerpo torcido como una alcayata», según lo describe Eduardo Jordá en su libro *Canciones gitanas*.

Yeats era un monstruo de la poesía y había fagocitado, con su verbo, a casi todos los poetas irlandeses anteriores a él, como Thomas Moore y Thomas Davis, entre otros. Y tras su muerte, dejó a sus espaldas, sin quererlo, casi un escenario de tierra desolada.

Kavanagh, por su parte, entró en la poesía con discreción, por la puerta de atrás. Apenas pudo estudiar y a los trece años se convirtió en aprendiz de zapatero. Pero arreglar zapatos se le daba mal, así que se dedicó a trabajar la granja de su padre, un terreno de alrededor de siete hectáreas. No obstante, a menudo acudía a la biblioteca municipal de Inniskeen y tomaba libros prestados. Allí descubrió al anglo-americano T. S. Eliot y al inglés W. H. Auden, que le parecieron mucho más interesantes que Yeats. Y decidió ser escritor.

Se fue a Dublín y luego a Belfast, en donde trabajó como camarero. Intentó ganarse la vida ejerciendo el periodismo, mientras los círculos literarios le cerraban la puerta por «paleto». Pero en lugar de intentar refinarse, optó por afirmar sus orígenes. Y creó una poesía plena de fidelidad a la vida campesina irlandesa, despegada de los mitos, llena de experiencia vital. Al tiempo, como muchos de los escritores irlandeses, fue autor de un par de novelas, algunos dramas y letras de canciones de aire popular. A los poetas de Irlanda, desde Thomas Moore, les encanta que sus versos se canten en las tabernas.

Seamus Heaney, su vecino de otro condado del Ulster y también campesino, fue su descubridor. Y su seguidor. En cierta medida, Heaney le debe a Kavanagh el Premio Nobel, pues lo consideraba su maestro. «Vivió la vida de la Irlanda rural como yo la viví —dijo Heaney en una conferencia que trataba sobre la obra de Kavanagh—, que consistía en ferias, partidos de fútbol y bailes populares.»

Kavanagh residió cerca del gran canal de Dublín los últimos años de su vida. Casi nunca salía de la zona porque, entre otras cosas, en la vecina Lower Baggot Street tenía suficientes pubs para calmar su sed, entre ellos su favorito, el Toner's. Se dice que su sed sólo era equiparable a la de Joyce y a la de Behan.

Allí, junto al Gran Canal, tiene su estatua en bronce, en la que aparece, en tamaño natural, sentado en un banco público. Es un lugar solitario, un paseo sombreado de álamos que corre al lado del canal: te puedes sentar a su lado y charlar con él un rato.

Frondosas orillas de amor y las verdes aguas del canal
echando sobre mí torrentes de redención, para que obedezca
la voluntad de Dios, me revuelque en lo habitual, en lo banal
y crezca en la naturaleza de nuevo como antes crecía...

[Leafy-with-love and the green waters of canal
Pouring redemption for me, that I do
The will of God, wallow in the habitual, the banal
Grow with nature again as before I grew...]

Kavanagh murió a la edad de sesenta y tres años. Fue él quien, con un grupo de amigos escritores, ideó el Bloomsday, el homenaje anual al *Ulises* de Joyce, fiesta que comenzaron a celebrar en 1954, cuando se cumplía el cincuenta aniversario del día en que transcurre la legendaria novela, un 16 de junio de 1904. Todos se emborracharon como cubas en la torre Martello de Sandycove. Curiosamente, Kavanagh había nacido el mismo año en que Leopold Bloom recorre las calles de Dublín.

A su vez, en la actualidad, los escritores dublineses le rinden también un pequeño homenaje, una especie de Kavanaghsday, modesta imitación del Bloomsday. Todos los 17 de marzo, día de San Patricio, santo patrón de Irlanda y también de Kavanagh, se aproximan hasta la estatua del Canal, recitan algunos de sus versos y cantan a coro *On Raglan Road*, una canción interpretada, entre otros, por Van Morrison, acompañado por los Chieftain's, cuya letra compuso el poeta de Inniskeen; ahí es nada:

En Raglan Road en un día de otoño
la vi por vez primera y supe
que su pelo oscuro me tendería una trampa
que un día podría lamentar...

[...]
En una calle tranquila en donde se reúnen los viejos fantasmas
la veo caminar ahora
lejos de mí tan rápidamente...

[*On Raglan Road of an autumn day*
I saw her first and knew
That her dark hair would weave a snare
That might one day rue...
(...)
On a quiet street where old ghosts meet
I see her walking now
Away from me so hurriedly...]

El río Fane atraviesa Inniskeen y hay una preciosa arboleda
que sombrea un paseo, junto a la mansa corriente. Era uno
de los sitios favoritos de Kavanagh y, en su homenaje, hay
unos versos suyos grabados en una piedra:

> *Habrá campanillas brotando*
> *bajo los grandes árboles*
> *y tú estarás allí*
> *y yo estaré allí*
> *en mayo.*

> [*There will be*
> *Bluebells growing*
> *Under the big trees*
> *And you will be there*
> *And I will be there*
> *In May.*]

En el pequeño cementerio, su tumba era la más modesta. En lugar de una losa, anchas y lisas hojas de piedra gris formaban una especie de calle. Sobre la cabecera del sepulcro, en una sencilla cruz de madera, aparecía su nombre, imitando su firma, y las fechas de nacimiento y muerte, 1904-1967. Aunque Kavanagh murió en Dublín, pidió ser enterrado en Inniskeen. Las piedras fueron traídas de diversos lugares que él citaba en sus versos recordando su niñez. En una se había grabado esta suerte de epitafio, recogido de uno de sus poemas sobre Inniskeen:

> *Parte de mi vida transcurrió allí,*
> *la más feliz.*

> [*Part of my life was there,*
> *The happiest.*]

Kavanagh no fue nunca partidario de las grandes palabras y de los grandes mitos, al contrario que Yeats y los simbolistas del Irish Revival. A él le interesaba la experiencia de lo real y apreciaba el lenguaje coloquial. Sus mitos estaban en la tierra y en la piedra, y en su hermoso poema «Épica» recoge ese espíritu mejor que en ningún otro:

He vivido en lugares importantes,
tiempos en que se decidían grandes acontecimientos:
a quién pertenecía ese pedazo de piedra rocosa,
una tierra de nadie rodeada de nuestras horquillas, reclamándola.
He oído a los Duffys gritando: «¡Maldita sea tu alma!»,
y visto al viejo McCabe desnudo hasta la cintura,
pisando su sitio en la forja, desafiando el azul del acero fundido:
«Aquí se camina a lo largo de esas piedras de hierro».

[...]
... *Me incliné a perder la fe en Ballyrush y Gortin*[3]
hasta que el fantasma de Homero vino a murmurar en mi mente.
Dijo: «Hice la Ilíada a partir de una pelea local parecida.
Los dioses construyen su propia importancia».

[*I have lived in important places, times*
When great events where decided: who owned
That half a rood of rock a no-man's land
Surrounded by our pitchfork-armed claims.
I heard the Duffys shouting: «Damn your soul!»
And old McCabe stripped to the waist, seen
Step the plot defying blue cast-steel:
«Here is the march along these iron stones».
(...)
... *I inclined*
To lose my faith in Ballyrush and Gortin
Till Homer's ghost came whispering to my mind
He said: «I made the Iliad from such
A local row. Gods make their own importance».]

La región del este de Irlanda es un gran escenario de buena parte de la historia del país. Y, sobre todo, de sus desdichas: una sucesión de románticos alzamientos en rebelión contra la ocupación inglesa, siempre derrotados hasta bien entrado el siglo XX, que han dado pie a un arraigado sentimiento patriótico, fatalista, en cierto modo teñido de masoquismo y en el que la realidad de la historia se mezcla a menudo con la fantasía de la leyenda.

3. Ballyrush y Gortin son dos pequeñas parroquias cercanas a Inniskeen, en el condado de Monaghan.

Dejé Inniskeen atrás y tomé la carretera que lleva a Carrickmacross y, desde allí, hacia Drogheda, una de las ciudades mártires, por decirlo así, del Éire. Había un atasco de mil demonios provocado por un par de tractores que circulaban a su aire cargados de heno. Sin embargo, nadie parecía alterarse por el asunto. En cualquier otro país de Europa aquello se habría convertido en una batahola de berridos de bocinas. Pero Irlanda es un país campesino y supongo que el tractor es, para los irlandeses, un invento digno de todos los respetos, debido al trabajo que ahorra.

Drogheda es una ciudad muy poco interesante, a pesar de que se encuentra en la desembocadura de un río mítico, el Boyne, considerado un curso de agua sagrado por los antiguos druidas celtas. Pero Drogheda marca un hito en la historia de Irlanda: la gran matanza perpetrada por el caudillo inglés Oliver Cromwell.

La historia de la ocupación inglesa de la isla comenzó en 1169 cuando un ejército anglo-normando desembarcó en Wexford, se dirigió al norte y ocupó Dublín, ciudad fundada por los vikingos más de trescientos años antes. No obstante, la presencia inglesa y el acatamiento al rey de Londres, durante los tres siglos que siguieron, se redujeron a una pequeña parte de la costa oriental, al norte y al sur de Dublín, cercada por la «Empalizada», un vallado de espinos que protegía a los colonos ingleses de los ataques de los irlandeses. El resto de Irlanda lo dominaba una suerte de reinos de taifas que a menudo peleaban entre sí y, en períodos de paz, elegían una especie de rey supremo, un rey de reyes conocido como High King.

Pero con la llegada al trono inglés de la dinastía Tudor,

Londres comenzó a interesarse más por la penetración en el resto de la isla vecina y su primer monarca, Enrique VII, decretó que ningún parlamento irlandés podría formarse en adelante sin el permiso expreso del rey de Inglaterra. A pesar de ello, su política apaciguadora logró que Irlanda acatase su jerarquía sin apenas oposición. Y una suerte de parlamento irlandés, dominado por señores y reyes locales que acataban al soberano inglés, comenzó a funcionar.

El siguiente monarca Tudor, Enrique VIII, decidió intervenir más a fondo en Irlanda. Y puso en marcha unas leyes, llamadas de «Rendición y Reotorgamiento», por las que concedía tierras y títulos a aquellos señores que se sometiesen a su autoridad. El rey se constituyó en «Cabeza Suprema única en la Tierra de toda la Iglesia en Irlanda», la Iglesia anglicana, y el Parlamento irlandés le proclamó en 1541 Rey de Irlanda, en lugar del tradicional Señor de Irlanda que ostentaron los anteriores monarcas ingleses. El Parlamento irlandés, que le era leal, aprobó una serie de normas de apoyo al «orden, las costumbres y la lengua inglesa». Se prohibió el uso del gaélico y también la forma de vestir tradicional y de componerse de los hombres: sus ropas de color azafrán, los grandes bigotes y pelo muy largo con mechones. Algunos instrumentos tradicionales, como el arpa, fueron también declarados ilegales, así como el matrimonio entre nativos irlandeses y nativos ingleses. Y las misas católicas quedaron suspendidas en 1549. El sucesor de Enrique, Eduardo VI, siguió una política semejante, extendiendo además su presencia militar más allá de la Empalizada, con la construcción de algunos fuertes.

Cuando María I, ferviente católica, accedió al trono en 1553, la represión contra la Iglesia de Roma cesó, pero no la represión contra la cultura y los derechos irlandeses. El propio arzobispo católico de Armagh, un irlandés, escribió a la reina que la solución del problema de Irlanda pasaba por expulsar a todos los nativos o matarlos y repoblar la isla con colonos ingleses, las llamadas «plantaciones protestantes». Los colonos comenzaron a llegar durante el reinado de María I desde Gales, Inglaterra y Escocia.

En 1558, la última de los Tudor, Isabel I, acérrima protestante, sucedió a María. Más inteligente que su predecesora, no se enfrentó al catolicismo abiertamente en Irlanda, pero sí que siguió ampliando las plantaciones y, sobre todo, llevó a cabo una implacable política de terror.

Entre 1566 y 1583, los Fitzgerald, condes de Desmond y señores de Munster, la provincia histórica más meridional de Irlanda, desataron una guerra de guerrillas contra las guarniciones inglesas. Y pidieron ayuda a España y al Papa romano.

El 10 de septiembre de 1580, el papa Gregorio XIII envió un contingente militar de seiscientos hombres, soldados españoles e italianos en su mayoría, para ayudar a los Fitzgerald. La tropa desembarcó en Smerwick, en la península de Dingle, en el condado de Kerry. Y casi de inmediato fueron atacados por un ejército inglés muy superior en número. Los invasores se refugiaron en un viejo fuerte gaélico llamado Ard na Caithne, al pie de la montaña de Brandon. Y los ingleses procedieron a organizar el cerco de la fortificación mientras esperaban la llegada de algunas piezas de artillería.

El 7 noviembre comenzaron los bombardeos, y el día 10, el comandante italiano, Sebastiano di San Giuseppe, se rindió con la promesa del comandante inglés, el conde Grey, de que las vidas de los sitiados serían respetadas. No obstante, cuando los ingleses entraron en la plaza, pasaron a cuchillo a todos los soldados defensores. A los oficiales les reserva-

ron otra suerte: uno por uno, fueron rompiéndoles a marti-
llazos las piernas y los brazos; luego les dejaron un día y
medio agonizando, desnudos en el patio de la fortaleza,
para finalmente ahorcarles. Los cadáveres de los seiscientos
hombres fueron arrojados al mar. Uno de los oficiales que
participó activamente en la masacre fue el entonces joven
capitán Walter Raleigh, a quien la reina nombraría caballero
años más tarde.

La rebelión de los Fitzgerald concluyó en 1583, cuando
fue apresado y ahorcado el último conde, el que hacía el
número XV de la dinastía. Sus tierras, más de doscientas mil
hectáreas, se requisaron y entregaron a nuevos propietarios
ingleses. A Walter Raleigh, por sus méritos de guerra, le cayeron dieciséis mil. Centenares de hombres que habían servido a los Fitzgerald fueron expulsados de las tierras que
trabajaban y durante meses vagaron por los bosques y las
montañas de Munster, muriendo de hambre, a menudo con
sus familias, o asesinados por las patrullas de soldados ingleses.

El odio a Inglaterra se cocía en Irlanda en una gran caldera mientras Isabel I trataba de extender a todo el país el
dominio de la Corona Tudor.

Y así se sentaron las bases de la primera gran rebelión
irlandesa, el alzamiento de los O'Donnell y los O'Neill en el
Ulster, al que he hecho referencia en el capítulo anterior.
O'Neill había ayudado a los náufragos españoles de la fraca-
sada Armada Invencible en 1588 y tenía estrechas relaciones
con España. Los rebeldes vencieron en tres batallas a las tropas inglesas y pidieron, como hicieran antes los Fitzgerald,
ayuda a Felipe II y al Papa. En septiembre de 1601, una tropa de tres mil quinientos españoles desembarcó en Kinsale,
en el condado de Cork, donde fueron atacados por los ingle-

ses. O'Neill y O'Donnell marcharon en su ayuda, pero fueron derrotados. Y la rebelión concluyó: el Ulster cayó en manos de Isabel I, que así logró conquistar toda Irlanda.

Los O'Donnell y los O'Neill se exiliaron y sus tierras fueron confiscadas, ya bajo el reinado de Jacobo I, el primer monarca de la dinastía de los Estuardo. Siguiendo adelante con la política de las plantaciones, el rey inglés expulsó a los campesinos católicos y repobló el Ulster con colonos protestantes llegados en su mayoría de Escocia, hasta que su número, en pocos años, superó al de los católicos. A los irlandeses nativos se les confinaba en zonas determinadas, mientras que los colonos recibían tierras gratuitamente, por las cuales pagaban una renta anual a la Corona inglesa. Matar a un irlandés con cualquier pretexto no era casi nunca un delito. Un historiador protestante del siglo XIX, William Lecky, escribía: «La matanza de irlandeses, en esa época, era literalmente considerada como una matanza de bestias salvajes». Seguía existiendo un parlamento irlandés, de todas formas, aunque controlado por los llamados «ingleses viejos» protestantes, los descendientes de los primeros colonos, y con poderes muy limitados.

Como es natural, el odio a Inglaterra creció más todavía y se crearon las condiciones para una nueva revuelta, en la que cobraría un especial protagonismo la figura de Oliver Cromwell, uno de los personajes de la historia más odiados en Irlanda.

En 1641, Inglaterra estaba empeñada en un conflicto político que acabaría en guerra civil entre los «realistas», partidarios del rey Carlos I, y los «parlamentaristas», nobles que rechazaban el absolutismo y los excesivos privilegios de la

Corona. En Irlanda, los rebeldes aprovecharon la debilidad de Inglaterra y el rencor creado en la revuelta de los O'Neill y los O'Donnell de 1598-1601, para recuperar sus derechos perdidos. En ese año de 1641, unos doce mil colonos protestantes, ingleses y escoceses, murieron en la provincia del Ulster, muchos asesinados por las tropas de nativos irlandeses rebeldes y otros a causa del hambre. Y en 1642, al estallar la guerra civil en Inglaterra, los nativos irlandeses, junto con el clero católico y los «ingleses viejos» descontentos con la política aplicada por Londres en la isla, formaron la Confederación de Kilkenny e iniciaron las llamadas «guerras confederadas».

Para conseguir más fuerza, negociaron con Carlos I aceptar su soberanía sobre Irlanda a cambio de una nueva política de devolución de tierras y derechos. Y el monarca inglés, necesitado de apoyos, aceptó las condiciones de los confederados. Al cabo de seis años, prácticamente toda Irlanda estaba en sus manos y sólo quedaban en poder de los ingleses partidarios de los parlamentaristas las ciudades de Dublín, con una guarnición inglesa, y Derry, esta última defendida por colonos protestantes.

En 1648, los parlamentaristas, liderados por Oliver Cromwell, vencieron a los realistas en Inglaterra y el rey Carlos I fue decapitado a finales de enero del año siguiente. Cromwell, convertido ya en el hombre más poderoso de su país, decidió que una de las prioridades de su política era la reconquista de Irlanda. El 15 de agosto de 1649, al mando de un poderoso ejército de doce mil hombres al que llamaba «New Model Army», desembarcó en el puerto de Dublín e inició su campaña para la recuperación de Irlanda.

Los confederados decidieron resistir en las ciudades amuralladas que tenían en su poder a lo largo de la costa oriental de la isla. Pero Cromwell tenía prisa por asegurarse el control de los puertos al sur y al norte de Dublín, lo que le garantizaría la llegada de refuerzos y provisiones. Y dirigió de inmediato su ejército hacia Drogheda, al norte. A los doce mil hombres de Cromwell, entre caballería e infantería, los acompañaban 48 piezas de la mejor artillería del momento.

Los parlamentaristas llegaron ante la ciudad amurallada el día 3 de septiembre. Dentro había una guarnición que no alcanzaba los tres mil soldados, sus defensas eran frágiles y apenas contaban con artillería. Al mando de la tropa cercada estaba sir Arthur Aston, un viejo militar inglés, de religión católica y firmemente realista. Aston había perdido una pierna años antes, tras caerse de un caballo y, en su lugar, tenía una pata de palo.

La madrugada del 11, después de que los sitiados se negaran a rendirse, Cromwell dio la orden de atacar. Y tras varias horas de combates, sus tropas tomaron Drogheda. Según las leyes de la guerra de aquellos días, si una guarnición cercada se negaba a rendirse, los atacantes tenían derecho a matar a los defensores. Y Cromwell procedió a cumplir escrupulosamente con su deber. En las horas que siguieron, casi tres mil confederados murieron degollados y unos setecientos civiles fueron asesinados. Cromwell no dejó ni un solo sacerdote católico con vida. A sir Arthur Aston, tomado prisionero, los soldados ingleses lo mataron golpeándole con su propia pierna de madera.

Pero más que cumplir con normas crueles de guerra, lo que Cromwell pretendía era crear un estado de terror permanente entre sus enemigos. Y lo logró con creces cuando, un mes más tarde, asaltó la ciudad de Wexford, un importante puerto al sur de Dublín. Unos dos mil defensores fueron masacrados y, con ellos, mil quinientos civiles, entre ellos muchas mujeres y niños, en las horas de saqueo y pillaje que siguieron a la toma de la ciudad. Wexford fue incendiada casi por completo y su puerto destruido, lo que obligó a Cromwell a destinar durante los días siguientes a una nutrida tropa a tareas de reparación de los muelles, para poder utilizarlos en caso necesario.

En los meses siguientes a aquel octubre de 1649, la mayoría de las ciudades en poder confederado fueron cayendo una detrás de otra, aunque los horrores de Drogheda y Wexford no volvieron a repetirse. En 1650, Cromwell hubo de marchar a toda prisa a Escocia, en donde había desembarcado Carlos II, hijo de Carlos I, proclamándose rey de Inglaterra, Escocia e Irlanda. Pero una buena parte de su ejército se quedó en la isla para terminar la guerra, pues todavía había una fuerte resistencia confederada en el Ulster y en los condados del oeste y numerosas partidas guerrilleras por todo el país. La guerra duró hasta 1653, cuando cayó la ciudad de Galway en manos parlamentaristas y el último contingente armado de las fuerzas rebeldes se rindió en el condado de Cavan.

Se calcula que el número de muertos, entre civiles y soldados, superó la cifra de seiscientos mil. Unos doce mil prisioneros fueron enviados como esclavos a Barbados y a sus descendientes todavía se les conoce en la isla antillana como «piernas rojas». Y unos cincuenta y cuatro mil soldados rebeldes también huyeron de Irlanda para enrolarse en los ejércitos de Francia y España. El país perdió a un 20 por ciento de sus habitantes.

Cromwell aplicó una política durísima a partir de la victoria. Suspendió el Parlamento irlandés, permitiendo que en el Parlamento de Westminster, de cuatrocientos setenta escaños, hubiera tan sólo treinta representantes irlandeses protestantes. Envió a la horca a todos los que estuvieron implicados en la rebelión y confiscó 4,5 millones de hectáreas de tierra a sus propietarios irlandeses, que fueron entregadas a sus soldados y a nuevos colonos ingleses. Se prohibió la religión católica y los sacerdotes católicos que eran capturados de inmediato iban al patíbulo.

A los propietarios católicos que no habían tomado parte en la rebelión les fueron confiscadas sus posesiones para ser entregadas a protestantes, sobre todo en el Ulster. Para compensarles, se les ofrecieron terrenos en Connaught, la provincia histórica que ocupa parte del oeste de Irlanda, tierras consideradas en su mayoría muy poco fértiles. En aquellos días se hizo común una expresión, atribuida a Cromwell, que todavía conocen muchos irlandeses de hoy: «Al Infierno o a Connaught». Los cálculos de los historiadores afirman que unas cuarenta y cinco mil personas emigraron hacia el oeste. No obstante, en los años siguientes, muerto ya el caudillo inglés, y ante la necesidad de una mano de obra barata, muchos católicos regresaron hacia el este. Y algunos comenzaron a recuperar sus tierras comprándoselas a colonos de Cromwell que no deseaban quedarse en la isla.

En 1672, la superficie cultivable de territorio irlandés eran 4,85 millones de hectáreas. De ellas, los pobladores cromwellianos poseían 1,8 millones, 1,4 los católicos y el resto estaba en manos de colonos llegados antes que Cromwell, la mayoría en el Ulster.

Maldito seas, Oliver Cromwell,
tú que violaste a nuestra Madre Patria.
Espero que te pudras en el Infierno
por los horrores que enviaste

a nuestros infortunados antepasados,
a quienes expoliaste sus derechos de nacimiento.
«¡Al Infierno o a Connaught!
Puede que esta noche ardas tú en el Infierno».[4]

[*A curse upon you, Oliver Cromwell,*
You who raped our Motherland.
I hope you're rotting in Hell
For the horrors that you sent
To our unfortunate forefathers,
Whom you robbed of their birthrights.
«To Hell or Connaught!
May you burn in Hell tonight».]

Pasé de largo por el centro de Drogheda, en donde aún permanecen en pie un par de torres de la antigua muralla, y me pareció un pueblo feo y paleto. De modo que seguí hasta las orillas del estuario del Boyne, el paisaje de una de las grandes batallas de las guerras irlandesas. Y como casi siempre, el escenario de una más de las grandes derrotas de los católicos irlandeses.

Hoy es un espacio acotado, con visitas guiadas en las que se explican la estrategia y las fases de los combates de aquel verano de 1690, visitas de unos treinta y cinco minutos de duración. El lugar es una zona muy boscosa, con be-

---

4. *Ned of the Hill* es el título de esta antigua canción que, como muchas otras baladas irlandesas, tiene varias letras. La original recoge la historia de un noble irlandés —Edmund O'Ryan, «Ned el de la Colina»— al que le confiscan las tierras bajo las ordenanzas de Cromwell y que se convierte en un fuera de la ley con ideas rebeldes, una especie de Robin Hood (a este tipo de fuera de la ley surgido de la derrota en las guerras confederadas se le conocía en Irlanda como «*rapparee*»). Las líneas que aquí se recogen pertenecen a la versión que canta el grupo The Pogues.

llos árboles, altos, apuestos y lozanos, como príncipes de un cómic. Quizá alguno de ellos, tal vez un ciprés con varios cientos de años de vida, presenció la lucha de hace tres siglos. ¿Qué podría contarnos si fuera capaz de hablar?, me dije. No me apeteció subirme al autobús de los turistas y di un paseo por el terreno donde se desarrolló la gran pelea, recordando aquello que dijo Graham Greene: «Con el paso del tiempo, incluso los campos de batalla llegan a ser lugares poéticos».

En las orillas del río, tres pescadores se afanaban sin mucho éxito en atrapar alguna trucha. La Historia no iba con ellos.

En realidad, la batalla del Boyne, todo un hito en la historia de Irlanda, fue en su esencia una prolongación de las pugnas inglesas, de las luchas intestinas entre Parlamento, realeza, católicos, protestantes y aspirantes al trono. Y todas, de una forma o de otra, rebotaban en Irlanda, que solía llevarse la peor parte del desastre; o sea, que si en Inglaterra se perdía en el aire un guantazo, le caía en las narices a Irlanda.

Después del período de gobierno de los Cromwell, padre e hijo, en los que Inglaterra fue una república, en 1660 accedió al trono Carlos II, hijo de Carlos I, que restableció el Parlamento irlandés. No obstante, se negó a revocar las leyes establecidas por Cromwell y siguió apoyando a los protestantes.

A Carlos II le sucedió en 1685 Jacobo II, un rey de nuevo católico, y los irlandeses pensaron que, por fin, la suerte estaba de su parte. Pero los protestantes ingleses movieron ficha enseguida y, en 1688, ofrecieron convertirse en rey a un protestante, Guillermo III de Orange, sobrino y yerno de Jacobo. Y Guillermo aceptó, invadió Inglaterra, venció a Jacobo y ocupó el trono.

No obstante, Jacobo no cedió en sus pretensiones y, en marzo de 1689, desembarcaba en Irlanda con un contingente militar. Los irlandeses realistas y los antiguos confederados supervivientes de las últimas guerras se le unieron en masa, dispuestos a enfrentarse a los ingleses y a los protestantes del Ulster. Jacobo cercó la ciudad de Derry, en donde, bajo el lema «No nos rendiremos», los protestantes se armaron dispuestos a resistir. El lema ha continuado siendo la consigna de lucha de los protestantes del Ulster durante los siglos siguientes.

Jacobo se proclamó soberano de Irlanda y de Inglaterra y creó en Dublín, en mayo, el llamado «Parlamento Patriota», formado casi exclusivamente por católicos. Consciente del peligro que suponía para su trono, Guillermo III decidió presentarle batalla en suelo irlandés y ese mismo año, a finales del mes de junio de 1690, la flota inglesa entraba en el estuario del río Foyle y liberaba del cerco a Derry. El ejército de Guillermo se nutrió de miles de voluntarios protestantes del Ulster.

Los dos reyes se enfrentaron en las orillas del Boyne el 1 de julio. Jacobo mandaba un ejército de veinticinco mil hombres, una buena parte reclutados a última hora y carentes de experiencia militar. Además, iban mal armados, muchos de ellos con lanzas y horcas de aventar el heno. Su única tropa experimentada eran algunos regimientos franceses enviados en su apoyo por el rey Luis XIV y la caballería irlandesa, reclutada por los nobles irlandeses. En cuanto a Guillermo, su ejército lo componían unidades de diversas naciones, entre ellas contingentes de soldados profesionales muy experimentados, venidos sobre todo de Holanda y Dinamarca. Su armamento era también mucho más moderno y el número de sus hombres alcanzaba la cifra de treinta y seis mil.

Venció Guillermo, quien dos días más tarde ocupó Dublín. Jacobo escapó a Francia y nunca más volvió a pisar las islas. Sus partidarios siguieron la guerra hasta rendirse en 1691, en la ciudad de Limerick. En el Boyne murieron mil quinientos jacobitas y setecientos cincuenta guillermistas.

Aunque la batalla fue el día 1 de julio, al ajustarse el Ulster al calendario gregoriano, un siglo más tarde, la fecha cambió al 12 de julio. Y todos los años, en ese día, la Orden de Orange, llamada así en recuerdo de Guillermo de Orange, convoca en el Ulster grandes marchas de celebración, en las que desfilan sus miembros con el pecho cruzado por la banda de color naranja que distingue a la organización. Así canta el Norte de Irlanda:

Seguro, yo soy un orangista del Ulster, de la isla de Irlanda
vengo
a encontrarme con mis hermanos británicos con honor y fama,
para hablarles de mis antepasados, que lucharon en los tiempos
antiguos,
por los que tengo el derecho a vestir ¡la banda que mi padre
llevó!

Es vieja pero bonita, y sus colores son bellos,
la llevaron en Derry, Aughrim, Enniskillen y el Boyne.[5]
Mi padre la llevó cuando era joven en días del pasado
y todos los 12 [de julio] amo vestir la banda que mi padre llevó.[6]

5. Las victorias protestantes en la guerra de 1690-1691.
6. *The Sash* (La banda). Antiquísima balada, quizá compuesta poco después de la batalla del Boyne.

[*Sure I'm an Ulster Orangeman, from Erin's isle I came*
To see my British brethren all of honour and of fame
And to tell them of my forefather who fought in days of yore,
That I might have the right to wear, the sash my father wore!

It is old but it is beautiful, and its colours they are fine,
It was worn at Derry, Aughrim, Enniskillen and the Boyne.
My father wore it as a youth in bygone days of yore
And the Twelfth I love to wear the sash my father wore.]

Las condiciones de la rendición de los rebeldes fueron generosas por parte de Guillermo. Se ofreció a devolver sus tierras a los nobles vencidos, a cambio de que jurasen lealtad al rey, y permitió exiliarse a los soldados que lo desearan. Y fueron miles los que se fueron de Irlanda para no volver nunca, nutriendo los ejércitos del continente.

Pero a partir de 1695, el Parlamento irlandés, dominado abrumadoramente por los protestantes, puso en marcha las llamadas «Leyes Penales», una legislación anticatólica que no era más que una forma de encubrir una política de expropiación económica. Las Leyes Penales, aplicadas durante todo el siglo XVIII, supusieron la transformación de Irlanda en un pueblo de campesinos pobres, en su inmensa mayoría católicos, controlados por una minoría de terratenientes ricos, protestantes, a los que sostenía Inglaterra: la casta conocida como la «Ascendencia». No obstante, a finales del siglo XVIII y, sobre todo, en el XIX, una buena parte de esta Ascendencia se hizo nacionalista y muchos de sus miembros, como ya he contado, engrosaron las filas del republicanismo irlandés.

Las Leyes Penales prohibían a los católicos ir armados,

bajo penas de «multa, prisión, picota o azote público». Se decretó el exilio para los obispos católicos. Y a todo campesino papista, como se conocía a los creyentes de la fe católica, se le prohibía heredar tierras de los protestantes, arrendarlas por más de treinta años y, por supuesto, comprarlas y disfrutar de hipotecas. Al morir, un propietario católico estaba obligado a repartir sus posesiones entre sus hijos a partes iguales, salvo en un caso: si uno de los vástagos se convertía al protestantismo, heredaría todas. En 1727 se negó el voto a los católicos en las elecciones parlamentarias, a las que tampoco podían concurrir como candidatos. Y otras leyes limitaron enormemente sus posibilidades de acceder a buenos empleos y, en el caso de los niños y los jóvenes, de recibir una buena educación. En 1774, en un país donde cerca del 80 por ciento de la población acataba a la Iglesia romana, sólo el 5 por ciento de la tierra pertenecía a los católicos. Durante todo el siglo XVIII, el hambre cabalgó como el apocalipsis por los campos de Irlanda. Fue en esa época, en concreto, en el año 1729, como ya he contado antes, cuando Jonathan Swift publicó la famosa sátira *Una modesta proposición*, en la que proponía con feroz ironía que los niños de hogares católicos se vendieran para alimento de los ricos protestantes. No está de más hacer notar que Swift era un clérigo protestante de la Iglesia de Irlanda. Pero todos los irlandeses le consideran, antes que nada, un patriota.

Swift no era el único miembro de la Ascendencia que deseaba una mayor justicia para su país. Henry Grattan, por ejemplo, un parlamentario anglicano y jefe del llamado Partido Patriota Irlandés, propuso en el Parlamento de Dublín, en 1796, una ley por la que se concediera a los católicos el derecho a votar. «Los protestantes irlandeses —dijo— nunca podrán ser libres hasta que los católicos irlandeses dejen de ser esclavos.» El sentimiento nacionalista prendía también entre los miembros protestantes de la clase privilegiada, la Ascendencia. Y cada vez eran más los intelectuales que, protestantes o católicos, apoyaban el proyecto de una Irlanda separada de Inglaterra. Además de eso, las ideas de las revoluciones francesa y americana llegaban con vigor a la isla, como un viento arrebatador de libertad.

De modo que el terreno estaba abonado para una nueva rebelión: la insurrección de mayo de 1798, que prendió como una llamarada en todo el país.

Abrazamos nuestro pequeño destino otra vez...[7]

[*We hug our little destiny again...*]

Dejé las orillas sangrientas del Boyne, seguí hacia el sudoeste y me detuve a dormir en Navan, un bonito y animado pueblo lleno pubs con música en vivo a todo trapo.

---

7. Del libro *Norte*, de Seamus Heaney.

11

Druidas, héroes y mártires

La lucha ha terminado, los muchachos han sido derrotados.
Irlanda está sumida en la tristeza y el desaliento.
Fuimos traicionados y tratados vergonzosamente.
Y yo, Robert Emmet, espero la muerte.
Valiente Robert Emmet, el más amado del Éire,
el valiente Robert Emmet morirá con una sonrisa.
Adiós, compañeros leales y audaces.
Daré mi vida por la Isla Esmeralda.[1]

[The struggle is over, the boys are defeated.
Old Ireland surrounded with sadness and gloom.
We were betrayed and shamefully treated.
And I Robert Emmet awaiting my doom.
Bold Robert Emmet, the darling of Erin,
Bold Robert Emmet will die with a smile.
Farewell, companions, both loyal and daring,
I'll down my life for the Emerald Isle].

1. Canción compuesta en recuerdo y en honor de Robert Emmet, héroe de la rebelión de 1803, ejecutado en septiembre de ese año por los británicos. La Isla Esmeralda es uno de los nombres con que se conoce a Irlanda.

Era un sábado de aire templado y lluvia floja, un día muy irlandés de fines de verano. Salí de Navan hacia Newgrange, apenas unos pocos kilómetros al este. Transitaba por una carretera del valle del Boyne pegada al río, rodeado por espléndidos bosques de álamos, con aromas de hierba mojada por los chaparrones de la noche, y entre suaves colinas curvadas como bonitos pechos femeninos cubiertos de livianos sostenes verdosos. Llegué a Newgrange en menos de media hora, a eso de las once y cuarto. En la explanada en donde se alza el gran túmulo prehistórico aparcaba un autobús de turistas.

No estaba solo, pues.

Los turistas suelen molestar a los que se llaman a sí mismos, con cierta pretenciosidad, «viajeros». No es mi caso, porque nunca he pensado que la Tierra sea únicamente de mi propiedad, tal y como pueden pensar algunos de ellos. Varios de los autodenominados «viajeros» que conozco son unos tipos egocéntricos, pagados de sí mismos, a los que sólo les encanta hablar de sus arriesgadas aventuras. Se parecen a esa otra especie que constituyen los «periodistas de guerra», algunos de los cuales han nacido para convencer a los demás de que las guerras se han inventado para que ellos demuestren su valor.

De modo que, cuando veo un autobús de turistas, siento cierta rabia por no encontrarme solo; pero nunca indignación. La vida es muy contradictoria: mucha gente afirma detestar el turismo, incluidos los turistas, mientras que, de una forma o de otra, todos somos turistas, incluidos los que se llaman a sí mismos «viajeros».

En todo caso, la palabra «turista» viene el término francés *tour*, que significa vuelta. Y eso es lo que hacemos casi todos los humanos a lo largo de nuestra vida: dar vueltas.

Newgrange es una de las cámaras funerarias más antiguas de la Tierra y, según las investigaciones realizadas con el carbono-14, puede haber sido levantada entre el año 3.300 y el 2.900 a.C., por lo que es quinientos años más vieja que la pirámide egipcia de Gizé y contemporánea de las primeras construcciones de Stonehenge, en la vecina Gran Bretaña. Pertenece a la cultura precéltica y se usaba como una especie de altar para celebrar rituales y como cementerio de reyes.

Impresiona verlo, desde luego, alzado en lo alto de un montículo solitario y pelado. Se trata de un muro circular labrado en piedra blanca y cubierto por una cúpula cubierta de verde hierba. Así que sólo le falta un toque naranja para componer los colores de la bandera irlandesa. Tiene un diámetro de ochenta metros y una altura de trece. Y un estrecho pasillo recubierto con losas verticales, de diecinueve metros de longitud, que lleva desde la entrada hasta la cámara mortuoria.

El lugar, oculto bajo tierra durante siglos, fue reconstruido entre los años 1962 y 1975 por los arqueólogos de la ciudad de Cork. Las grandes piedras de cuarcita blanca de la fachada, algunas decoradas con motivos megalíticos, fueron traídas desde Wicklow, desde una distancia de setecientos kilómetros, al sur de Dublín, en los tiempos precélticos. Aunque no hay ninguna prueba de ello, se supone que llegaron por mar, primero, y luego río Boyne arriba.

Es una obra de ingeniería asombrosa. La mañana del solsticio de invierno, entre el 19 y el 23 de diciembre, a las ocho y veinte en punto, los rayos del sol entran por la puerta, recorren el pasillo e iluminan la cámara mortuoria, de seis metros de altura, durante diecisiete minutos. Sólo un pe-

queño número de turistas pueden ser testigos del singular
fenómeno y es preciso efectuar un sorteo, cada 1 de octubre,
entre las miles de solicitudes que llegan a lo largo del año a
las oficinas de turismo irlandesas. La leyenda afirma que
aquí nació Cúchulainn, el héroe principal de la mitología
celta. También hay numerosos relatos míticos situados en
Newgrange, como el de los amores de Diarmuid y Gráinne,
que calcó más tarde la popular historia de Lancelote del Lago
y la reina Ginebra, una de las más famosas del ciclo artúrico.

Los turistas debíamos pasar al interior en grupos pequeños, después de pagar 5,50 euros por el tíquet. De modo
que me apunté a uno de ellos y esperé fuera. Cuando llegó
mi turno, la guía nos explicó que asistiríamos a un simula-
cro del solsticio de invierno, con rayos de sol artificiales, y
nos indicó las instrucciones para entrar: andar en silencio
y en fila por el estrecho pasillo, cuidar de no darnos con la
cabeza en los lugares en donde el techo era más bajo y, sobre todo, advirtió a los claustrófobos que lo pensaran antes
de cruzar al interior. Yo soy algo claustrófobo, pero a menudo me aguanto el agobio con tal de hacer o ver algo que me
interesa. Desde luego que entre mis intenciones no está la
de meterme alguna vez en un submarino o en una mina,
aunque sea de oro o de diamantes. No obstante... ¡Newgrange sólo hay uno!, me dije para armarme de valor.

Éramos doce o catorce en el grupo y entré el cuarto de
la fila. Pero ¡la galería era mucho más estrecha de lo que me
imaginaba! Me pregunté: ¿y si detrás de mí se quedaba en-
cajado algún tipo gordo; por ejemplo, un japonés que parecía luchador de sumo? ¡Nadie podría salir de allí!

Tardé un par de minutos en darme la vuelta y buscar la
salida, abriéndome fogosamente camino a duras penas entre
los que venían detrás de mí. Por suerte, con el luchador de

sumo me topé en un ensanchamiento del pasillo y logré ganar el aire y la luz.

Había dejado de llover y me senté jadeante sobre una de las piedras prehistóricas. Me latía el corazón con fuerza. No entiendo por qué ese empeño de tanta gente en entrar en las tumbas, cuando tarde o temprano vamos a terminar todos dentro de una, para pasar toda una eternidad en su interior.

—Con la cantidad de tiempo que tenemos para conocerlas... —me dije en voz baja mirando al cielo.

Subí al coche y me largué a la cercana colina de Tara, el centro sagrado del espíritu celta y del nacionalismo irlandés.

Si Newgrange impresiona desde un punto de vista monumental, la colina de Tara es imponente por su geografía: con casi mil metros de circunferencia, su estructura es de una redondez perfectamente regular, hasta parecer casi artificial, sus laderas son suavemente sensuales y su elevación sobre los valles que la circundan te hace sentir que desde allí arriba se podría ver toda Irlanda. Quizá por ello los druidas celtas, antiguos sacerdotes gaélicos, la eligieron como centro religioso. Y tras ellos, los grandes reyes irlandeses, los High Kings, como centro de poder político, al menos de manera simbólica, ya que Irlanda nunca estuvo unida políticamente bajo los celtas, sino dividida en tribus que compartían tan sólo la lengua, los mitos, la religión y las formas de organización social. Allí se celebraban sacrificios a los dioses —humanos a menudo— y se coronaba al monarca supremo, el rey de reyes. El lugar era también considerado la entrada del Infierno, porque el dios supremo celta era Dis, rey del Hades, padre de los hombres.

¿Qué puede pensarse de un pueblo cuya deidad principal es el Diablo?

No hay mucho que ver en Tara. Sólo es un escenario legendario e histórico al mismo tiempo. Y por los alrededores de la explanada aparecen tiradas, o formando círculos, las piedras alzadas aquí y allá por los antiguos druidas y los viejos reyes. Hay una, la llamada «Piedra en Pie», en donde se dice que eran coronados los monarcas.

En la falda de la colina, durante la rebelión irlandesa de 1789, los alzados establecieron en mayo un campamento. Pero fueron derrotados por un contingente militar inglés y más de cuatrocientos perdieron la vida. Una placa los recuerda. Y en agosto de 1843, Daniel O'Connell, llamado «el Libertador», que se opuso férreamente a la unión de Irlanda con Gran Bretaña, organizó en Tara un gran mitin patriótico, quizá el más famoso de la historia del país, al que asistieron cerca de un millón de irlandeses.

Escenario histórico y legendario; pero escenario sagrado también para el nacionalismo.

No se sabe muy bien la fecha de la llegada de la civilización gaélica a Irlanda, pero se cree que, para el año 500 a.C., la isla estaba completamente dominada por las tribus celtas, llegadas quizá del mar Caspio. Su cultura y su lengua han sobrevivido en los tiempos modernos, e incluso estuvieron muy extendidas en el siglo XIX. El gaélico, además, es la lengua original más antigua de Europa y sólo la Gran Hambruna de mediados del siglo pasado y la política de implantación del inglés en la isla, decretada por las autoridades de Londres, lograron acorralar el idioma irlandés.

Julio César, en su *Historia de la guerra de las Galias*, medio siglo antes de Cristo, fue el primero en escribir extensamente sobre la cultura gaélica. Contaba que los druidas aprendían de memoria, durante veinte años, la poesía que transmitía tradiciones y leyendas de su civilización, puesto que consideraban «impropio» confiar sus estudios a la escritura.

Los galos-celtas eran muy belicosos. El historiador griego Diodoro de Sicilia escribe sobre ellos, en su *Historia del mundo*, un texto que aún sobrecoge, que suena a texto homérico, a guerra troyana:

> Físicamente, tienen un aspecto aterrador, con voces graves y profundas [...]. Gustan de jactarse, amenazan y son dados a la vanagloria [...]. Cuando los ejércitos se sitúan en orden de batalla, algunos de entre ellos suelen adelantarse desde la primera línea y desafiar a los más valientes de sus enemigos a combates individuales, mientras alzan sus armas para aterrorizarles. Y si alguno de los otros acepta el reto, recitan gritando las hazañas de sus antepasados y airean su propio valor, insultando a sus adversarios y tratando, de antemano, de rendir su espíritu de lucha. Cortan la cabeza de sus enemigos caídos en combate y las cuelgan del cuello de sus caballos [...]. Y luego las clavan como adorno en sus hogares.

Pese a ello, los celtas no eran peores que otros pueblos llamados a sí mismos civilizados. ¿No arrastró Aquiles con sus caballos, alrededor de los muros de Troya, el cadáver de Héctor tras su duelo individual? Leo en la *Ilíada*:

> ... y para tratar ignominiosamente al divino Héctor, le horadó [Aquiles] los tendones por detrás de ambos pies desde el tobillo hasta el talón; introdujo correas de piel de buey, y le

ató al carro, de modo que la cabeza fuera arrastrando [...].
Los caballos volaron gozosos. Gran polvareda levantaba el
cadáver mientras era arrastrado; la negra cabellera se espar-
cía por el suelo, y la cabeza, antes tan graciosa, se hundía
por completo en el polvo.

La guerra nunca ha sido un oficio noble.

Entre los celtas, la cantidad de ganado y tierras que poseían
indicaba el grado de riqueza de los hombres y su estatus
social. La comunidad se regía por una estricta división de
clases: la aristocracia, los hombres libres y los esclavos. En
el primer grupo se integraban los reyes de los clanes, los
druidas (sacerdotes), los guerreros, los jueces y, curiosamente, los poetas. Era creencia extendida, o superstición,
que la sátira de un poeta podía traer la desgracia a la familia que era objeto de su burla, por lo que los poetas eran
gente muy temida.

Los celtas creían en la transmigración del alma; esto es,
que viajaba a un nuevo cuerpo cuando el que la albergaba
moría. De modo que no temían a la muerte.

Para ellos, la palabra dada en un contrato era sagrada.
Y quien la violaba era merecedor de desprecio social y de
castigo ante los jueces.

La civilización cristiana, sobre todo a partir del siglo VI,
acabó con el predominio de la civilización gaélica. Pero tan
sólo en lo político y en lo religioso; no en la cultura. Incluso
fueron monjes cristianos quienes recopilaron los relatos
orales gaélicos impregnados de una riquísima tradición de
leyendas, poesía, heroísmo y modo de vida. Y ese legado se
convirtió en un imaginario que dio su sentido a movimien-

tos literarios como el Irish Revival (Renacimiento irlandés) liderado por William Yeats, Lady Gregory y John Synge, y a movimientos políticos que nutrieron de rebeldía a los irlandeses. En personajes legendarios de la civilización gaélica, sobre todo Cúchulainn, están representados los caracteres esenciales del orgullo de Irlanda: el valor, la honradez, la poesía y el sufrimiento. Por ello, la escultura de este héroe está expuesta en la sala principal de la oficina central de correos de Dublín, el escenario de la batalla final del alzamiento de Pascua de 1916 que, para los irlandeses, Cúchulainn simboliza mejor que ningún otro héroe.

Y una cosa importante para entender a la Irlanda de ayer y, en buena medida, a la de hoy: a los viejos guerreros gaélicos, conocidos como «fenianos» por pertenecer a la mítica banda la «Fianna» que acaudillaba el legendario Finn McCool, se les exigía conocer las leyes de la poesía. Así que recitar es más que una afición en la isla; es casi un rito. Recitar y cantar, porque muchos de los grandes poetas irlandeses han escrito letras para canciones. Y uno puede participar del rito en los pubs, cuando suenan las gaitas y las flautas.

Las normas caballerosas imperaban entre aquellos guerreros de antaño con singular sentido. Un feniano tenía que aceptar cinco reglas de comportamiento al ingresar en la partida de guerreros: elegir a su esposa en razón a sus virtudes, no por su riqueza; no ser nunca violento con una mujer; acceder siempre a un petición de ayuda de los desfavorecidos; no buscar jamás venganza en caso de muerte de un familiar o de un miembro del clan, y no emprender nunca la huida, en el campo de batalla, ante menos de diez guerreros enemigos.

Me fui de Tara camino del mar y volví a extraviarme durante más de media hora en las pequeñas carreteras del campo
irlandés. Olía a heno y el tiempo mejoraba conforme me
acercaba a la costa. Al fin, me detuve a comer en el pequeño
pueblo de Skirren, un puerto pesquero del norte de Dublín.
Las nubes viajaban altas, el cielo era azulado y la temperatura
resultaba muy agradable. Una docena de veleros regateaban
más allá de la rada, aprovechando el mar calmo y el viento
suave. Di un paseo por los muelles: al otro lado del espigón
nadaba una familia de focas.

Busqué dónde comer y entré en un pub cuyo nombre
me llamó la atención: *Stoop Your Head* (Agache la cabeza).
No había clientes en las mesas y, acodados en la barra, un
grupo de cuatro hombres trasegaban sin descanso pintas de
cerveza negra. Eran fuertes, grandullones, con caras rojas y
manos enormes. Pese a su aspecto intimidante, me llamó la
atención su hablar pausado y su cortesía: se escuchaban los
unos a los otros y no se quitaban la palabra. ¡Cuán diferente
a un bar español!

En un cartel sobre el mostrador aparecía esta curiosa
sentencia: SI LAS PALABRAS FUERAN CLAVOS, LOS IRLANDESES HA-
BRÍAMOS CONSTRUIDO UNA GRAN NACIÓN.

Acerté de pleno con el sitio, pues comí una excelente
lubina salvaje a la plancha, hecha un poco cruda, como a mí
me gusta. De pronto tenía la impresión de encontrarme en
un puerto de la costa vasca.

—Felicite al cocinero de mi parte —le dije al camarero—. Soy español y sé apreciar el pescado bien hecho.

—Es cocinera. Y española.

Seguí viaje hacia el sur. Pero no entré en Dublín, sino
que tomé la circunvalación, descendí cerca de la costa hasta
llegar a la altura de Bray y seguí por una carretera secunda-

ria hacia el interior. Las montañas crecían con rudeza en el horizonte. Desde el pueblo de Roundwood, el más alto de Irlanda sobre el nivel del mar, a 626 metros exactos, veía a mis espaldas tenderse una musculosa cordillera y, al frente, en lontananza, el mar azul cobalto. Al condado de Wicklow se le conoce como «el jardín de Irlanda» y es, sin duda, una de las regiones más bellas del país, aunque no alcanza la bravía grandeza de la costa salvaje del oeste.

Para mí constituye un placer supremo viajar solo y en coche. Casi nunca pongo la radio y muy pocas veces música. Contemplo el paisaje, pienso en el libro que estoy escribiendo, repito en voz alta los chistes que siempre me hacen reír, recuerdo a mis amigos muertos, dejo que corran mis lágrimas a solas, canto canciones de la niñez, me recito versos que conozco de memoria, abro la ventana y huelo los olores de las cuatro estaciones, me río alegre por la viveza de mis sentidos, del hecho de estar vivo, y siento mi existencia y el mundo alrededor en su desorden y alborozo. Disfruto con hondura de mi soledad y no entiendo cómo existe gente a la que le aburre viajar en un coche sin compañía alguna: pocas cosas hay en la vida tan libres, pura aventura. Creo que es algo parecido a lo que debieron de sentir los hombres de antaño cuando montaban sobre un caballo, picaban espuelas y cabalgaban por bosques o desiertos.

Di a la postre con el lugar que buscaba: Glendalough, un centro monacal del medievo fundado por san Kevin en el siglo XII y restaurado en el siglo pasado por el Estado irlandés. Y más que el interés que pudieran despertarme la catedral y las dependencias de los conventos, lo que me asombró fue el entorno natural.

Glendalough quiere decir en gaélico el Valle de los Dos Lagos; uno de ellos, el llamado Superior, se tiende al norte del centro religioso, y otro, el conocido como Inferior, al sur. Bajé del coche y me acerqué caminando hasta las orillas del Superior: el sol de la tarde caía sobre las aguas de un azul casi añil y no había persona alguna, salvo yo, en las cercanías. En Irlanda es costumbre que la gente destine dinero a que se pongan bancos en parques, bosques y praderas, en los que los donantes graban su nombre en muchas ocasiones y, en otras, lo dedican a un ser querido. En los jardines del Trinity College de Dublín, por ejemplo, hay muchos ofertados por profesores. Aquí en Glendalough, cerca de la orilla del lago, leí en un banco una frase grabada en una pequeña placa de metal: «*Sometimes I sit and think and sometimes I just sit*» (A veces me siento y pienso y otras tan sólo me siento).

Elegí sentarme sin pensar. Y vacié mi cabeza mientras contemplaba el breve oleaje metálico del lago, los bosques tupidos a mi alrededor, los riscos recios y despoblados de árboles de cuyas alturas se despeñaban, corriendo entre la piedra y el verdor de la hierba, los manantiales de la montaña, como hilachos rotos de mercurio.

Tenía razón la leyenda inscrita en el banco: a veces no pensar libera al cerebro de inútiles melancolías y llena el espíritu de hambre de vida y de sensualidad.

Pero, de súbito, mi cerebro comenzó a navegar por latitudes poéticas. Saqué mi cuaderno de notas y escribí estos versos a Irlanda:

> *Recordar a los dioses y titanes de antaño,*
> *a los héroes de las luces sombrías,*
> *a los pájaros negros que no saben cantar,*
> *a la flor asustada por el trueno,*
> *a las tumbas de nombres como atlantes,*

a las nubes que corren persiguiendo
las sombras de los mártires de ayer,
al whiskey de los pubs, el sudor del jinete
y el relincho del caballo victorioso.
Y ante todo, al viento que compone canciones
sobre mujeres muertas.
Y a las olas, las islas y los acantilados.

Canta Irlanda:
la guerra, el mar, la pinta de cerveza, el viento y la balada.

Todo demanda poesía en la tierra irlandesa.

Seguí viaje hacia el mar y me detuve a dormir en un Bed and Breakfast de Arklow a hora algo tardía. No tenía sueño, así que tomé un periódico y me lo llevé a mi cuarto. En un artículo leí esta frase: «En Inglaterra se existe, en Irlanda se vive».

Al día siguiente llegué a Wexford, en donde se combatió con dureza en la rebelión de 1798, sin duda uno de los movimientos más dotados de romántica rebeldía en la historia de Irlanda y cuya sangrienta represión ha servido para alentar, una vez más, entre los irlandeses de ayer y de hoy un encendido odio a Inglaterra.

Piensas que es horrible que la pasión y el odio,
danzando juntos, me llamen la atención en mi vejez;
no me fastidiaban entonces, cuando era joven;
¿y qué otra razón me estimula para cantar?[2]

---

2. William Butler Yeats, de su libro *Últimos poemas.*

[*You think it horrible that lust and rage*
Should dance attention upon my old age;
They were not such a plague when I was young;
What else have I to spur me into song?]

En 1791, curiosamente en la ciudad de Belfast, el feudo más anticatólico de la isla, fue creada una nueva formación de signo nacionalista, la Sociedad de Irlandeses Unidos, integrada por anglicanos progresistas y miembros disidentes de la Ascendencia. Era un movimiento de protestantes que rechazaba frontalmente las leyes anticatólicas. Theobald Wolfe Tone, su líder, proclamó: «Mis objetivos son socavar las bases de la tiranía de nuestro deplorable gobierno, romper la relación con Inglaterra, la eterna causa de nuestros males políticos, y reivindicar la independencia de mi país. El medio no es otro que unir a la gente de toda Irlanda, abolir la memoria de todas las disputas pasadas y poner el nombre común de irlandés en lugar de las denominaciones de protestante, católico o disidente».

Las ideas de Wolfe Tone y los suyos se basaban en los principios de «libertad, igualdad y fraternidad» desplegados por las revoluciones francesa y americana. La sociedad se extendió en pocos meses por toda Irlanda y miles de católicos y protestantes se sumaron a sus principios, entre ellos lord Edward Fitzgerald, protestante, parlamentario, miembro del Partido Patriota Irlandés fundado por Henry Grattan, y un militar de prestigio en el ejército inglés.

En Inglaterra, el gobierno de William Pitt el Joven, temeroso de una guerra con Francia, aprobó en enero de 1793 una ley por la que concedía a los católicos ricos el derecho a acceder a las profesiones liberales y a votar, aunque no a ser miembros del Parlamento. Pero el 1 de febrero, París declaró la guerra a Londres y anunció su propósito de apoyar a cualquier nación que, bajo los principios de la Revolución francesa, pretendiese derrocar a sus gobernantes. Tone salió hacia París en busca de ayuda militar. Y en 1796 regresaba a las costas irlandesas con una flota de cuarenta y tres barcos y quince mil soldados franceses. No pudieron desembarcar a causa de una fuerte tormenta desatada en la bahía de Bantry, en el condado de Cork, y la armada volvió a los puertos franceses. En ese año, según los servicios de espionaje ingleses, había en Irlanda entre dos y tres mil hombres armados adscritos a la Sociedad de Irlandeses Unidos.

Se planeó una revuelta para el 23 de mayo de 1798. Pero los espías ingleses actuaron con premura y muchos de los líderes rebeldes fueron encarcelados o asesinados en los meses anteriores a la fecha prevista para el alzamiento, entre ellos lord Fitzgerald, que murió de dos balazos al enfrentarse a los hombres que iban a detenerle. Pese a ello, Tone dio la orden de alzarse. Y ese día 23, miles de irlandeses, sobre todo en los condados de Wexford, Wicklow y Mayo, armados de picas, guadañas y viejos fusiles, desataron una matanza entre terratenientes y militares británicos. La respuesta británica fue rápida y brutal y cientos de rebeldes cayeron en las siguientes semanas. Sin líderes y apenas sin organización, los alzados fueron derrotados en pueblos y ciudades. Y al mismo tiempo, la anarquía se adueñó de la isla y hubo matanzas de protestantes y católicos en varios condados. Los ingleses ensartaban en picas las cabezas cortadas de los líderes rebeldes.

La revuelta de 1798 quedó ahogada en sangre a finales de septiembre, cuando los últimos contingentes rebeldes fueron vencidos en el condado de Mayo. Tone se escapó de la isla y organizó en Francia un pequeño contingente militar, apoyado por el gobierno de París, pero al poco de poner el pie en Irlanda, en octubre, cerca de Donegal, fue apresado. Juzgado, un consejo de guerra le condenó a la horca. Tone suplicó ser fusilado como un soldado en lugar de ahorcado, lo que el tribunal no aceptó. Y antes de su ejecución, el 19 de noviembre, se suicidó cortándose la yugular con una navaja.

Pese a su carácter contrario al clero y al Papa romano, numerosos sacerdotes católicos y algunos ministros presbiterianos y anglicanos apoyaron la revuelta. La Iglesia católica, no obstante, la condenó de forma oficial, lo mismo que la Iglesia protestante de Irlanda, como es natural.

El alzamiento constituyó una carnicería: más de treinta mil irlandeses perdieron la vida durante las dieciocho semanas que duró, caídos en las batallas, asesinados o ejecutados por el ejército británico y por los llamados «yeomen», una fuerza paramilitar de voluntarios opuestos al nacionalismo, en su mayoría pequeños campesinos protestantes.

Desde la revolución de 1798, todos los movimientos nacionalistas adoptaron el color con el que Wolfe Tone distinguió a los Irlandeses Unidos: el verde. Y el verde sigue siendo el sagrado color de Irlanda.

Pero los rescoldos de la revuelta continuaron vivos. Y provocaron un nuevo incendio después de que el rey Jorge III de Inglaterra firmara la ley de Unión entre Inglaterra e Irlanda, que ponía fin a cinco siglos de Parlamento irlandés y de una relativa autonomía de la Ascendencia. En julio de 1803, medio centenar de hombres, bajo el mando de un autodenominado «general» Robert Emmet, un joven de veinticinco años, brillante orador hijo de una rica familia protestante, atacaron el castillo de Dublín, la sede de la administración de gobierno, y asesinaron al justicia mayor y a su sobrino. Emmet logró esconderse, pero fue capturado unos días después, cuando abandonó su refugio para ir al encuentro de su novia.

Juzgado por alta traición, el tribunal le condenó a muerte en Dublín. Y en Thomas Street, una céntrica calle de la ciudad, fue ahorcado públicamente. Una vez muerto, el verdugo le decapitó y destripó ante la gente, como ordenaba la sentencia de los jueces. Eran tiempos en los que, para los ingleses, al parecer la higiene prevalecía por encima de otros valores, porque ya se sabe que un cadáver sin tripas tarda más en pudrirse y en despedir mal olor. Se ignora el lugar en el que fueron enterrados los restos del rebelde, pues nadie de su familia reclamó el cadáver.

Justo después de oír su sentencia y ante el tribunal que le condenó, Emmet pronunció un breve discurso que figura en todos los libros de historia de Irlanda y que ha dado a su figura un gran halo romántico: «Que nadie escriba mi epitafio; puesto que ningún hombre que conozca mis motivos se atreve ahora a justificarlos, que los prejuicios y la ignorancia no los distorsionen. Que éstos y yo descansemos en la oscuridad y la paz y mi tumba permanezca sin inscripción y mi memoria en el olvido hasta que otras épocas y otros hombres hagan justicia a mi carácter. Cuando mi país tenga su puesto entre las naciones de la Tierra, entonces y no hasta entonces, se escriba mi epitafio».

... ¿Para esto se derramó tanta sangre,
por esto murió Edward Fitzgerald,
y Robert Emmet y Wolfe Tone,

todo ese delirio de valientes?
La romántica Irlanda ha muerto y se ha ido,
reposa en la tumba junto a O'Leary.[3]

[... *For this that all that blood was shed,*
For this Edward Fitzgerald died,
And Robert Emmet and Wolfe Tone,
All that delirium of the brave?
Romantic Ireland's dead and gone,
It's with O'Leary in the grave.]

En mi opinión, es muy de agradecer que los escritores de un país, así como las baladas populares, canten a sus héroes derrotados. Porque cuando se canta a los héroes victoriosos, la Historia se vuelve a menudo terrible.

Dormí esa noche en Wexford y di un breve paseo por la ciudad la mañana siguiente. Tendida sobre el mar, es una población sin gracia. Pero en la historia irlandesa ocupa un lugar de honor, por la resistencia de los alzados de 1798 en la llamada «Colina del Vinagre», el día 21 de junio. Los ingleses han afirmado siempre que la mayoría de los rebeldes estaban borrachos y quizá no sea algo demasiado extraño tratándose de Irlanda. Pero en todo caso, allí terminó el al-

---

3. Poema de William Butler Yeats titulado «Septiembre 1913». John O'Leary fue otro nacionalista que se alzó contra Inglaterra en 1848 y hubo de exiliarse. En septiembre de 1913, la ley que concedía derecho a un autogobierno irlandés, Home Rule, fue derrotada en el Parlamento inglés de Westminster por dos veces, en enero y julio. A ello siguieron una serie de huelgas generales en Irlanda que llevaron a la cárcel a los socialistas James Connolly y James Larkin. Las organizaciones sindicales inglesas, las Trade Unions, enviaron alimentos en ayuda de las familias de obreros irlandeses en huelga, un hecho insólito hasta entonces.

zamiento de Wexford con un buen número de alzados pasados a cuchillo.

> *Somos los muchachos de Wexford,*
> *que luchamos con el corazón y las manos*
> *para partir en dos la mortificante cadena*
> *y liberar a nuestra tierra natal...*[4]

> [*We are the boys of Wexford,*
> *Who fought with heart and hand*
> *To burst in twain the galling chain*
> *And free our native land...*]

Había monumentos por todos lados que recordaban el levantamiento de la ciudad. En New Ross, un pueblo al oeste de Wexport hacia donde seguí camino, los campesinos católicos, oprimidos durante décadas, masacraron a 184 protestantes, entre ellos muchas mujeres y niños, días antes de la batalla de la Colina del Vinagre. La respuesta del ejército inglés fue una matanza, la llamada «batalla de Three Bullet Gate» (La puerta de las tres balas), librada el 5 de junio de 1798, en la que perdieron la vida más de dos mil rebeldes. En el centro del pueblo, la estatua de un hombre joven, un *croppy boy*, alza un brazo al cielo mientras con la otra mano sostiene una bandera. A los rebeldes del condado los llamaban *croppies*, por el corte rapado de su pelo que imitaba al de los revolucionarios franceses, como ya he contado en un capítulo anterior del libro.

Agotado de tanta lucha patria, me quedé a dormir en

---

4. La balada *The Boys of Wexford*, de 1863, celebra la batalla de la Colina del Vinagre, librada el 21 de junio de 1798. Todavía se toca en los desfiles del ejército irlandés.

Waterford y, en el atardecer, con un sol de oro muriendo al oeste del río Suir, paseé junto a las orillas de su ancho y profundo curso tintado de azul añil.

Waterford es la quinta ciudad de Irlanda en número de habitantes y la más antigua del país, ya que fue fundada por los vikingos en el año 914 de nuestra era. Aunque no quedan trazas de aquellos días, la localidad tiene una robustez medieval en sus calles, en su castillo, en la puntiaguda aguja de la iglesia.

La brisa soplaba templada, lozana. El paseo era muy agradable y me detuve un rato, acodado en el pretil de un puente, a ver trepar la luna por la espalda de los tejados. Cerca había una pareja de novios en un banco besándose con pasión, ignorantes de todo y de todos, del presente y de la Historia, de las rebeliones y de la gloria. Bendita juventud.

Esa noche, antes de dormir, dejé de lado los versos de Yeats que hablan de Irlanda, y tomé un pequeño libro que contiene sus poemas de amor. Me llamó la atención uno en particular:

> *Nunca entregues todo el corazón, pues el amor*
> *nunca les parecerá cuestión de pensamiento*
> *a las mujeres apasionadas, si lo ven seguro...*
> *[...]*
> *ellas han dado su corazón al juego...*
> *[...]*
> *Quien esto escribe conoce bien el precio,*
> *pues entregó su corazón y lo perdió...*[5]

---

5. Poema del libro *En los siete bosques.*

[*Never give all the heart, for love,*
Will hardly seem worth thinking of
To passionate women if it seen certain...
(...)
They have given their hearts up to the play...
(...)
He that made this knows all the cost,
For he gave all his heart and lost...]

¡Ay, Maud Gonne, siempre tan amada y siempre tan desdeñosa con el pobre William Yeats!

Pero terminemos con héroes de biografías algo menos tristes. En 1848, siguiendo la estela de las revoluciones que se produjeron en varios países de Europa a partir del alzamiento de París, y en plena Gran Hambruna, nació el Movimiento de la Joven Irlanda alrededor de un periódico, *The Nation*, fundado unos años antes. Sus principales líderes eran John Mitchel, Thomas Davis, Charles Duffy y John Dyllon. En un artículo publicado en el periódico, Davis, que era protestante, proclamó los principios del movimiento en relación con Inglaterra: «No odiamos a los ingleses. Como hombres, agradecemos mucho lo que Inglaterra ha hecho en la literatura, la política y la guerra. No nos vengaríamos siquiera de su opresión. Sin embargo, no podemos ni tratamos de olvidar su larga, maldita y despiadada tiranía en Irlanda. Y no deseamos compartir sus logros, ni su responsabilidad, ni su gloria».

Dicho con otras palabras: ¡al infierno con Inglaterra!

Davis era partidario de acciones políticas antes que armadas, pero murió de fiebres en 1845 y el movimiento quedó en manos de otros líderes más radicales como John Mit-

chel, hijo de un pastor presbiteriano que proponía «una
guerra santa para barrer la nación inglesa y el nombre inglés
fuera de Irlanda». Detenido junto con otros de sus correli-
gionarios en mayo de 1848, fue deportado a un penal de
Tasmania (Australia), de donde consiguió escapar cinco
años después para instalarse en Estados Unidos.

Los líderes que quedaban de la Joven Irlanda, unidos a
un centenar de campesinos católicos hambrientos, se alzaron en rebeldía en julio, en Ballingarry, condado de Tipperary, pero fueron derrotados por una tropa policial en la llamada, burlescamente, «batalla del Huerto de las Coles».
Todos los jefes de la revuelta fueron juzgados y deportados
a Tasmania.

Y así concluyó la revuelta del 48, al menos en esta ocasión sin ahorcados, destripados, decapitados y mártires.

El prematuramente fallecido Thomas Davis dejó un
gran legado. Era poeta y autor de letras de canciones y en
sus versos y baladas trató de utilizar la lengua del «inva-
sor», el inglés, como vehículo de expresión del alma irlandesa. De modo que convirtió en tradición una forma de rebeldía y en su estela se situaron los grandes escritores
irlandeses de los siglos XIX y XX, pese a que Yeats le repro-
chara haber ayudado a borrar el legado gaélico.

Además de eso, una de las canciones de Davis, *A Nation
Once Again* (De nuevo una nación) se transformó con la llegada de la independencia en algo así como en el himno oficioso del país. También, a partir de Davis, el sentimiento
nacionalista y republicano comenzó a expresarse en numerosas baladas:

> *Cuando el fuego de la infancia ardía en mi sangre,*
> *leía sobre antiguos hombres libres,*

que por Grecia y Roma se levantaron tan valerosamente.
[...]
Y entonces rezaba por alcanzar a ver
nuestros grilletes partidos en dos
y para que Irlanda, tanto tiempo provincia,
fuese de nuevo una nación.[6]

[*When boyhood's fire was in my blood,*
I read of ancient freemen,
For Greece and Rome who bravely stood.
(...)
And then I prayed I yet might see
Our fetters rent in twain,
And Ireland, long a province, be
A nation once again.]

Un buen número de los miembros de la Joven Irlanda, entre ellos Mitchel, Stephens y O'Mahony, lograron reunirse unos años después de 1848 en Estados Unidos. Stephens regresó a Irlanda en 1858 y fundó la Irish Republican Brotherhood (IRB), al tiempo que O'Mahony, el mismo día, fundaba en Nueva York la Ferian Brotherhood, tomando el nombre de la legendaria banda la «Fianna» que dirigía el guerrero celta Finn McCool. Los fenianos irlandeses lucharon en la guerra civil americana (1861-1865), casi todos en el bando de la Unión, aunque algunos como Mitchel lo hicieron en el confederado. Y prepararon un nuevo alzamiento en Irlanda para el mes de febrero de 1867.

«Si 1848 fue una tragicomedia —ha escrito el historiador irlandés John O'Beirne—, 1867 fue una farsa.» Antes de

6. La balada fue compuesta en 1842.

que se produjera el alzamiento, descubierta toda la trama por los espías ingleses, casi todos sus líderes fueron apresados. Y la rebelión quedó en agua de borrajas. Unos meses antes, ochocientos fenianos estadounidenses, bajo el mando de John O'Neill, habían protagonizado otra patochada: la invasión de Canadá, por entonces colonia inglesa. En el verano de 1866, cruzaron el río Niágara desde Buffalo (estado de Nueva York) y ocuparon una pequeña ciudad. El ejército británico les dio una soberana paliza y, a su regreso a Estados Unidos, los jefes de la tropa fueron encarcelados por las autoridades americanas.

Los fenianos no lograron casi nada, poco más que el hecho de que, desde entonces, se identificara su nombre con el de patriota. En todo caso, gracias a ellos, el odio a Inglaterra prendió profundamente entre los americanos de origen irlandés, de tal modo que éstos siguieron ayudando a los movimientos republicanos hasta casi el comienzo de este siglo XXI, incluido el terrorismo del IRA.

Otro aspecto curioso de aquellas rebeliones del siglo XIX fue la oposición que encontraron en la Iglesia católica. Tanto los Irlandeses Unidos como los miembros de la Joven Irlanda, imbuidos por el espíritu de la Ilustración —fuesen católicos o protestantes—, siempre plantearon como necesaria e innegociable la separación de un futuro estado libre irlandés de la autoridad de la Iglesia. Y Roma no les perdonó sus propósitos. En 1867, el obispo de Kerry, tras el fracaso de la rebelión, dijo: «Que la maldición más dura de Dios, su maldición más abrasadora y destructiva caiga sobre ellos. Cuando miramos profundamente la infamia de los líderes de la conspiración feniana, debemos reconocer que ni la eternidad es lo suficientemente larga ni el Infierno lo suficientemente abrasador para castigar a tales bellacos».

La Iglesia católica irlandesa casi nunca se ha andado con medias tintas con los débiles, mientras perdonaba todos sus pecados a los poderosos. Y ha condenado casi siempre a quienes se han levantado en armas contra Inglaterra, entre otros a los sublevados de Pascua de 1916, a los que en 1920 lucharon contra Inglaterra durante la guerra de la Independencia y a los que en 1922 se opusieron al tratado de paz con Londres que sellaba la división de la isla en dos Irlandas.

La Iglesia romana se había identificado tradicionalmente con el nacionalismo irlandés, pero el hecho de que jóvenes protestantes crecidos en la Ascendencia se alzasen en armas contra Inglaterra proclamando los ideales de la Revolución francesa, teñidos de un fuerte anticlericalismo, les llevó a condenar la rebelión de 1789. Y en esa línea han seguido hasta la independencia del país. El gobierno británico lo entendió muy bien y comenzó enseguida a abrir la mano con el credo católico: si los jerarcas de la Iglesia de Roma ayudaban a tranquilizar el independentismo, Londres podía hacer concesiones en otros terrenos, sobre todo económicos. De modo que William Pitt el Joven, primer ministro británico, dotó, por ejemplo, al seminario del Saint Patrick Royal College de Maynooth, en el condado de Kildare, con una asignación anual que en 1808 alcanzó la cifra de 9.250 libras, y que en 1845, bajo el gobierno de Robert Peel, subió a 26.360, y en 1871, con William Gladstone en el poder, a 369.000. A cambio, los clérigos y alumnos del *college* católico pronunciaban desde 1808 este solemne juramento: «Yo, pongo por testigo a Dios Todopoderoso y a su único Hijo Jesucristo, mi redentor, de que seré fiel a nuestro más gracioso soberano el rey de Inglaterra e Irlanda y le defenderé con toda mi fuerza contra las conspiraciones e intentos que puedan producirse contra su persona, Corona y dignidad; y pondré todo mi empeño en revelar y hacer saber a Su Majestad de todas las traiciones y conspiraciones que puedan formarse contra él...».

Esto es, no sólo defender a la Corona británica, sino incluso delatar a sus enemigos.

Y este modo de actuar de la Iglesia católica continuó durante los años siguientes. Cuatro bulas papales condenaron a la IRB (Hermandad Republicana Irlandesa, antecedente del IRA) entre los años 1738 y 1825. La misma sociedad fue excomulgada en 1870 por el papa Pío IX. Y en 1920, todos los miembros del IRA que se oponían al pacto con Inglaterra para la partición de la isla fueron a su vez excomulgados.

Un capellán de Cork, el padre Dominic, durante la guerra civil de 1920, proclamó: «Secuestrar, emboscar y matar serían por lo general pecados graves o violaciones de la ley. Y si estos actos se llevaran a cabo tanto por miembros del IRA como por particulares, éstos deberían ser excomulgados. Pero no sucede así con los mismos hechos cuando se producen bajo la autoridad del Estado y la República de Irlanda. El Estado tiene el derecho y el deber de defender las vidas y las propiedades de sus ciudadanos. Y de castigar incluso con la muerte a aquellos que tienen como objeto la destrucción de las vidas y de las propiedades de sus ciudadanos y del propio Estado».

En los países de larga tradición católica suceden cosas así. En España, la Iglesia no dudó un minuto en apoyar la rebelión de Franco contra el gobierno legítimo de la Segunda República en 1936. Y no le tembló el pulso en bendecir con extrema benevolencia la terrible represión del franquismo en los años que siguieron a la Guerra Civil.

Los irlandeses saben de todo esto tanto como los españoles. Pero no por ello la mayoría del pueblo irlandés, como el español, deja de santiguarse.

Y quizá sea ésa la razón por la que la vieja llama del anticlericalismo sigue viva en la pluma de muchos de los intelectuales, artistas y escritores de Irlanda, algunos de los mejores de ellos forzados a exiliarse, por su propia conciencia y por un ambiente de intransigencia irrespirable.

¡Ah, James Joyce, Samuel Beckett, George Bernard Shaw, Oscar Wilde, Francis Bacon...!

Un año antes de la rebelión de la Joven Irlanda, en 1847, había muerto Daniel O'Connell, apodado por sus compatriotas «el Libertador». Al contrario que los movimientos de Wolfe Tone, Robert Emmet, John Mitchel y los fenianos, O'Connell no creía en la violencia como forma de lucha para conseguir justicia para los oprimidos católicos. Y con sus métodos pacíficos, consiguió muchísimo más que todos los otros juntos. Gandhi se inspiró en sus formas de actuar y las aplicó en la lucha por la independencia de la India.

«No hay ningún cambio político del tipo que sea que merezca que se vierta una gota de sangre humana», dijo O'Connell en 1798, tras la gran rebelión de Wolfe Tone y los suyos, a la que no se unió. Y cuando Robert Emmet fue ejecutado tras los sucesos de 1803, opinó: «Un hombre capaz de preparar a sangre fría tal derramamiento de sangre, tantos asesinatos y tantos horrores de toda clase, ha dejado de ser objeto de compasión». En otra ocasión, en un debate frente a John Mitchel, proclamó: «Es, sin duda, algo muy bueno morir por la patria, pero, creedme, un solo patriota vivo vale tanto como un cementerio lleno de patriotas muertos».

O'Connell, hijo de una familia católica de ricos propietarios de Kerry a la que habían confiscado parte de sus tierras, era un brillante abogado y un político notable. En 1811 creó el Comité para la Emancipación Católica. Por esos años, de los cinco millones y medio de habitantes con que contaba la isla, el 85 por ciento eran católicos. Las tierras productivas cubrían entonces seis millones de hectáreas, el 90 por ciento de las cuales pertenecían a unas cinco mil personas, miembros de la Ascendencia. Alrededor de cinco millones de católicos trabajaban para ellos en condición de asalariados, con pagas miserables, o cultivaban los campos como arrendatarios a precios de alquiler muy elevados.

En Londres, conscientes del enorme peso de la injusticia que pendía sobre la mayoría del pueblo irlandés, se aprobaron unas leyes llamadas «del Desagravio Católico», y con ellas se abrió la posibilidad de que los católicos fueran elegidos parlamentarios en la Cámara de los Comunes londinense, con la condición de que no pudieran asistir a las sesiones del Parlamento en Westminster y, por lo tanto, no votar. Daniel O'Connell, que había movilizado miles de personas para su causa, logró pronto un escaño y, en 1829, presionando sobre el gobierno del duque de Wellington, consiguió que el rey Jorge IV firmase la Ley de Emancipación Católica, que devolvía un buen número de derechos a quienes practicaban esta religión. En 1830 entraba en Westminster seguido por treinta parlamentarios irlandeses católicos, a los que se llamó «la escolta de O'Connell». Desde ese momento fue el hombre más popular de Irlanda, calificado como «rey sin corona» de todos los irlandeses.

A partir de ahí dirigió sus esfuerzos a lograr la abolición del Acta de la Unión de 1800, por la que se constituyó el Reino Unido de Inglaterra e Irlanda bajo la monarquía inglesa. Su pretensión fundamental era conseguir un parlamento propio para Irlanda y, para ello, movilizó a cientos de miles de personas en los llamados «Mítines Monstruosos», el mayor de los cuales tuvo lugar en Tara en 1843, con la asistencia de cerca de un millón de irlandeses. Poco después fue encarcelado durante tres meses y, al salir de la cárcel, reconoció que había fracasado en su empeño de lograr la separación de Irlanda del Reino Unido.

En 1847 pronunció su último discurso en los Comunes de Londres, cuando ya la Gran Hambruna asolaba a su país: «Irlanda está en sus manos, en su poder. Si no la salvan, no podrá salvarse por sí misma. Solemnemente les pido que recuerden mi predicción, con la más sincera convicción de que una cuarta parte de la población perecerá a menos que vayan en su auxilio». Murió poco después, a causa de un derrame cerebral, cuando se dirigía en peregrinación a Roma.

> *En mil ochocientos cuarenta y cinco*
> *cuando Daniel O'Connell vivía,*
> *cuando Daniel O'Connell vivía...* [7]

> [*In eighteen hundred and forty-five*
> *When Daniel O'Connell was alive,*
> *When Daniel O'Connell was alive...*]

7. Canción *Poor Paddy*, del grupo The Pogues.

En fin…, en la larga lista de héroes, mártires y rebeldes hay que hacer un hueco a Charles Stewart Parnell, protestante, hijo de un terrateniente anglo-irlandés y, por lo tanto, miembro de la Ascendencia y persona destinada a disfrutar de los privilegios de la clase dominante, más aún teniendo en cuenta que su bisabuela paterna estaba emparentada con la familia real británica. Además de eso, estudió como interno en colegios ingleses durante la niñez y, más tarde, en la Universidad de Cambridge. Pero Parnell le salió rana a su casta.

Nació en 1846 en la finca familiar de Avondale, en el condado de Wicklow, un bellísimo lugar del valle del río Avoca. Y muy pronto decidió dedicarse a la política. Fue elegido parlamentario muy joven y se unió al Partido del Autogobierno, que defendía el derecho de Irlanda a tener un parlamento propio que abriera el proceso hacia la independencia del país. Escribió entonces: «Cuando hayamos acabado con el desgobierno irlandés, habremos pavimentado el camino para que Irlanda ocupe su lugar entre las naciones de la Tierra. Y no dejemos que se nos olvide que ésa es la meta que buscamos todos los irlandeses. Ninguno de nosotros estará satisfecho hasta que hayamos roto el último eslabón que mantiene a Irlanda encadenada a Inglaterra».

Parnell, que comenzó su carrera defendiendo ideas radicales próximas a las de la IRB, fue adoptando posiciones más moderadas, o por decirlo de otro modo: eligió más tarde un camino de diálogo y negociación, en la estela de su predecesor Daniel O'Connell.

Pronto se dio cuenta de que la cuestión agraria era un instrumento clave para combatir a los ingleses y dedicó sus esfuerzos a aunar las voluntades de los peones y arrendatarios irlandeses. De ese modo, tras lograr la presidencia de la

Liga Agraria Nacional Irlandesa, proclamó: «Las tierras de Irlanda pertenecen al pueblo de Irlanda, para ser cultivadas y para alimentar a aquellos que Dios escogió como sus habitantes. La tierra ha sido creada para satisfacer las necesidades de la existencia humana; aquellos que la cultivan con ese fin tienen más derecho a su posesión absoluta que aquellos que hacen de ella artículo de trueque, usado o aprovechado con el objetivo de obtener beneficio o placer».

Parnell, desde esas posiciones, lanzó ingeniosas políticas de acoso a los terratenientes y de apoyo a los arrendatarios que eran desahuciados por no poder pagar su arriendo: «Cuando un hombre se apropia de la granja de otro que ha sido desahuciado, debéis señalarle en el camino cuando os encontréis con él, debéis señalarle en las calles de la ciudad, debéis señalarle en la tienda, debéis señalarle en la feria y el mercado e, incluso, en el templo de oración, dejándole tremendamente solo, poniéndole en una especie de espacio vacío moral, aislándole del resto de los de su clase, como a los leprosos en la antigüedad; debéis mostrarle vuestro desprecio por el crimen que ha cometido».

Elegido líder del Partido Parlamentario Irlandés, Parnell fue encarcelado durante unos meses en 1882, pero logró forzar un acuerdo con el gobierno inglés del liberal Gladstone, sencillamente porque los escaños que controlaba en Westminster, 85 en 1884, eran en esos años la llave para formar gobierno en Inglaterra. Gladstone comenzó a hacer concesiones, sobre todo en los derechos de los desahuciados y de los arrendatarios, hasta tal punto que, merced a ellas, para comienzos del siglo xx todo el sistema de propiedad de la tierra en Irlanda había cambiado, pasando una buena parte de los grandes latifundios a ser propiedad de los pequeños arrendatarios, casi todos católicos. Para entonces, Parnell ya había heredado la antorcha de O'Connell y era conocido como «el nuevo rey sin corona de Irlanda».

Los objetivos de Parnell en ese momento no eran otros que conseguir la aceptación de un parlamento irlandés y del autogobierno, el llamado «Home Rule». Pero encontró una fuerte resistencia entre los protestantes del Ulster, la Orden de Orange, y también hondas divisiones internas de su partido. La Iglesia católica, además, comenzó a retirarle su apoyo cuando se negó a hacerle importantes concesiones en su programa.

Y de súbito, una historia de amor acabó con su carrera política: Parnell mantenía relaciones secretas desde comienzos de los años 80 con Katharine O'Shea, esposa de uno de sus más fervientes partidarios, el capitán William O'Shea. Al parecer, O'Shea era impotente, conocía y aceptaba la relación de su esposa con Parnell y el matrimonio vivía separado desde tiempo atrás, sin divorciarse, en espera de que muriese una tía de Katharine muy rica y muy beata, lo que iba a suponerle una sustanciosa herencia. Cuando la tía murió, en 1889, los O'Shea se divorciaron y, un año y medio después, Parnell y Katharine se casaron. Ese mismo día la Iglesia católica le condenó: «Por su mala conducta pública, no merece ser un líder», dijeron los obispos en un comunicado. Los conservadores británicos repudiaron al «adúltero» y Gladstone pidió a Parnell que dimitiera como presidente de su partido. Él se negó, pero acorralado por sus adversarios, perdió la dirección de su movimiento en una estrecha votación.

No se rindió, a pesar de todo, y trató de recuperar su liderazgo y su destino políticos. Sin embargo, la salud le jugó una mala pasada: el 6 de octubre de 1892 murió de un infarto, a los cuarenta y cinco años de edad.

Doscientas mil personas asistieron a su entierro en el cementerio dublinés de Glasnevin, la misma cifra de los presentes a los funerales de Daniel O'Connell en 1847 y a los de Michael Collins en 1922. El cuarto lugar de este escalafón de entierros multitudinarios lo ocupa el escritor dublinés Brendan Behan, muerto en 1964 de un coma etílico. Cien mil personas asistieron a su inhumación en el cementerio de Glasnevin.

Desde la muerte de Parnell, el 6 de octubre es señalado en el calendario patriótico irlandés como el Ivy Day, el Día de la Hiedra, el día de Parnell, y muchos irlandeses se colocan una hoja de hiedra en el ojal de la chaqueta en esa fecha.

La mayor parte de los historiadores están de acuerdo en que, de haber vivido más años, Parnell hubiera conseguido el autogobierno, el Home Rule, merced a sus grandes cualidades de estratega y negociador político. Pero muerto él y dividido su movimiento, de nuevo quedaba abierto el camino de la violencia, esto es, el camino hacia el alzamiento de Pascua de 1916.

Yeats describió a Parnell como «una elevada columna, ardiendo en la oscuridad».

Y Joyce nunca admiró tanto a un político irlandés como a Parnell. En su juventud escribió un breve ensayo, *La sombra de Parnell*, donde se lee: «En su último y desesperado llamamiento a sus compatriotas, suplicó que arrojaran sus restos a los lobos ingleses que aullaban a su alrededor. Les repitió que, por su honor, no faltaran a su llamamiento. Pero ellos no arrojaron sus restos a los lobos ingleses; lo despedazaron ellos mismos».

Está claro que, desde muy joven, Joyce no tenía una opinión muy elevada de sus paisanos.

En uno de sus cuentos del libro *Dublineses*, el titulado «Ivy Day in the Committee Room» (Yvy Day en la reunión del Comité), una historia que trata de una reunión en donde se discute de asuntos políticos, se lee: «Es el aniversario de Parnell —dice un personaje—, no nos hagamos mala sangre. Todos le respetamos ahora que está muerto, incluso los conservadores». Y otro le contesta: «Era el único que sabía poner orden en esta olla de grillos. "¡Abajo, perros!", ¡así es como los trataba!».

También en su novela *Retrato del artista adolescente* aparece Parnell: «¡Pobre Parnell! —grita un personaje—. ¡Mi rey muerto!».

Y, cómo no, tenemos canción:

> *Hace mucho tiempo, este verde y amado valle*
> *crió a Parnell, su más orgulloso vástago.*
> *Y maldita sea la tierra que traicionó*
> *al águila orgullosa del bello Avondale...*[8]

> [*Long yèars ago that green and lovely vale*
> *Has nursed Parnell, her proudest Gal.*
> *And cursed the land that has betrayed*
> *Fair Avondale's proud Eagle.*]

Salí temprano de Waterford. El cielo, muy nublado, arrojaba ocasionales chubascos sobre la tierra. Viajé hasta Tipperary, una oscura y fea ciudad en donde uno puede preguntarse: ¿y por qué los soldados anglo-irlandeses que combatían durante la Primera Guerra Mundial en Europa adoptaron

8. La balada *Avondale* alude al lugar de nacimiento de Parnell, en el condado de Wicklow.

como himno una canción en la que añoraban un lugar tan inhóspito?

> *Es un largo camino a Tipperary,*
> *un largo camino para llegar allí.*
> *Es un largo camino a Tipperary*
> *¡para ver a la chica más dulce que conozco!*
> *¡Adiós a Piccadilly,*
> *hasta la vista Leicester Square!*
> *Es un largo, largo camino a Tipperary,*
> *pero mi corazón está allí.*[9]

> [*It's a long way to Tipperary,*
> *It's a long way to go.*
> *It's a long way to Tipperary*
> *To the sweetest girl I know!*
> *Good, bye, Piccadilly,*
> *Farewell Leicester Square!*
> *It's a long long way to Tipperary,*
> *But my heart's right there*].

Claro está que, si uno está luchando en las trincheras, cualquier lugar pacífico del mundo, por feo y desolado que sea, nos parecerá siempre hermoso y cálido al compararlo con la guerra.

Busqué alojamiento en Tipperary y, después de dejar

9. Una canción de un music hall de 1913, escrita por Jack Judge, que fue adoptada como su himno de batalla por un regimiento irlandés, los Connaught Rangers, que combatió en la Primera Guerra Mundial. La canción pasó a convertirse enseguida en el principal himno de combate del ejército británico durante la Gran Guerra (1914-1918). El más famoso tenor de Irlanda, John McCormack, la grabó en 1914 en un disco que batió récords de ventas en la época.

mi ropa sucia en la lavandería y mi bolsa en la habitación del hotel, me dirigí unos kilómetros hacia el este, al pueblo de Thurles, famoso en la región por sus carreras de caballos.

12

Los hijos de la canción

En la linda ciudad de Dublín,
donde las chicas son tan bonitas,
puse por vez primera mis ojos en la dulce Molly Malone.
Empujaba una carretilla
a través de las calles anchas y estrechas
gritando: «¡Hay berberechos y mejillones vivos!».[1]

[In Dublin's fair city,
Where the girls are so pretty,
I first set my eyes on sweet Molly Malone,
She wheeled a wheel-barrow
Through streets broad and narrow,
Crying: «Cockles and mussels a-live, a-live, oh!»]

1. *Molly Malone* es, quizá, la balada más cantada en Irlanda, tanto en el norte como en el sur, e incluso en las comunidades de irlandeses de Estados Unidos, Australia, Nueva Zelanda y Sudáfrica. A menudo, en muchos pubs, se cierra la sesión de música en vivo coreándola todo el público. Es considerada como el himno oficioso de Dublín y trata de una bella muchacha que, a finales del siglo XVII, vendía moluscos en una esquina de Grafton Street, una céntrica vía dublinesa, y que murió de fiebres en plena calle. La leyenda afirma que era pescadera de día y prostituta de noche. Hoy tiene una estatua en Grafton. La canción fue compuesta por James Yorkston en 1880.

Como casi siempre sucede en las carreteras de Irlanda, el camino de Tipperary a Thurles discurría a través de una selva de vías estrechas, mal señalizadas, atestadas de tractores, obras sin cuento, baches imprevistos, camiones que asomaban súbitamente como furiosos titanes en la dirección opuesta, matorrales que se echaban encima de ti desde los márgenes de la calzada con aspecto de boas, direcciones confusas, un firme sobresaltador (quiero decir, que se saltaba sobre el asfalto antes que circular) y vacas que contemplaban tu paso desde el otro lado de las alambradas de los pastizales como diciendo: «Y usted, ¿adónde demonios se dirige?».

Llegué a Thurles poco antes de comer. El cielo aparecía cubierto por una niebla antipática y el pueblo resultaba un lugar taciturno, con su vieja triste iglesia y su viejo triste castillo y una plaza central en la que había varios pubs de aspecto mohíno. Di un breve paseo antes de comer. Compré un libro de Seamus Heaney, *Station Island*, en una librería. Y me detuve a contemplar el anuncio de la Asociación de Lucha contra la Pobreza en Irlanda, un gran cartel pegado en la fachada ciega de una casa. Su texto afirmaba que, en ese año 2004, había novecientos mil niños en Irlanda viviendo en condiciones de extrema pobreza. Y recogía la frase de un chico de doce años llamado Jack: «Yo no tengo hambre de éxito, simplemente tengo hambre».

En la barra de un pub tomé una pinta de Guinness con un sándwich. En una repisa, a un lado del mostrador, se alineaban siete huchas de petición de limosna. Tomé nota: Ayuda al Tercer Mundo, Asociación de Samaritanos (ayuda a los desfavorecidos), Asociación de Lucha contra el Cáncer, Centro de Preparación para Trabajos Comunitarios, Asociación de Entrenamiento de Perros Lazarillos para Ciegos, Misioneros de San Antonio y Orden de San Camilo (especializada en la asistencia a enfermos incurables y moribundos). Y salí algo acongojado del bar.

Pero al menos asomó de pronto el sol y, mientras conducía hacia las afueras de la ciudad, el verde irlandés brillaba lozano en los pradales. El hipódromo era un estadio de forma rectangular, con descensos suaves y ascensos poco pronunciados, en un recorrido de unos tres kilómetros. Dos pequeñas tribunas de una veintena de gradas, techadas, formaban el edificio principal y, ante sus puertas de entrada, se abría una explanada en donde se celebraba la presentación de los caballos antes de cada carrera. Rodeándola, al menos medio centenar de casetas acogían a los corredores de apuestas, que voceaban anunciando los montantes de su postura, sentados junto a su ordenador, y aireando los nombres de los animales y jinetes de las sucesivas pruebas. Aquello parecía un establecimiento de bolsa ambulante antes que un hipódromo.

Esa tarde, entre las dos y las cinco y media, y con media hora de margen entre cada una de ellas, se celebraban ocho carreras. Los recorridos cubrían distancias que iban del kilómetro y medio a los tres kilómetros, con premios que oscilaban entre los 10.000 y los 15.000 euros.

Seguí con interés el rito. Antes de cada competición, los mozos de cuadra paseaban a los caballos por el «Parade Ring», tan sólo con las bridas y el cabecero puestos. Tras unos minutos, procedían a ensillarlos y los *jockeys* los montaban para exhibirlos de nuevo ante el público. La gente asistía con un silencio reverente al desfile de los equinos y sus jinetes y escuchaba con atención la información de los altavoces sobre el montante de las apuestas. Había algo de religioso en el ceremonial. Casi todo lo que se celebra en

Irlanda transmite una cierta mística: beber, cantar, recitar, apostar...

Decidí hacer una quiniela múltiple de veinte euros y escogí mis caballos en función de su nombre. Aquí van:

1.ª Carrera: Mermaid Island (Isla de la Sirena), por mi amor a la *Odisea*.

2.ª Piano Man (Pianista), por mi amor a la música.

3.ª Vade Retro (un latinajo), para recordar con orgullo mis muchos pecados, sobre todos los de la carne.

4.ª Dudé entre Forever Wild (Salvaje para Siempre) y Freud Bacon (Freud Tocino), pero me incliné al fin por mi lado salvaje antes que por un pedazo de cerdo curado y psicoanalizado.

5.ª Le Léopard (en francés, leopardo), por mi temor secreto a los felinos.

6.ª Namibia, por mi amor a África.

7.ª Desperado, por mi afición a los westerns.

8.ª La Gitana, ¡y olé!

No ganó ninguno de los míos. Es más, mis caballos de la quinta, séptima y octava carreras se retiraron en la línea de salida. Y para mayor ridículo, en la cuarta se impuso el tocino psicoanalizado.

Unos días después leí en un periódico que ese año 2004 se acabarían celebrando, desde el anterior mes de enero hasta el final de diciembre, 304 jornadas de concursos hípicos, con un total de 2.432 carreras. A una media de 2.000 euros por premio, la cifra de la retribución total alcanzaría casi los cinco millones de euros concluido el año. Las cantidades que se acabarían moviendo en apuestas no estaban, como es lógico, cerradas, pero se calculaban muchísimos millones de euros. Eran todavía tiempos de bonanza económica en Europa y en Irlanda.

En la misma página del periódico aparecía una viñeta con el siguiente diálogo entre dos hombres:

—¿Cuál es el deporte que más les gusta practicar a los irlandeses? —pregunta uno.

—¡Apostar! —responde el otro.

Dormí cerca de Galway, en un bonito hotel de carretera, junto al pueblo de Clarinbridge. Terminaba mi viaje y debía devolver el coche alquilado dos días después, para regresar en tren a Dublín y tomar desde allí mi avión de regreso a España. Me invadía esa reconocible y extraña pena que siempre me abraza al final de cada viaje. Todavía no sé bien qué me causa mayor melancolía: si despedirme de los míos cuando emprendo un largo periplo en solitario o que el viaje termine.

Reflexioné sobre qué lugar elegiría para despedirme del oeste del país, la región que más me gusta, y de Irlanda. Y decidí que la comarca de Connemara.

La mañana siguiente partí hacia la zona y recorrí con lentitud, en el coche, sus tierras solitarias y las grandes montañas de piedra gris y hierba verde en cuyas faldas puntean casas solitarias pintadas de blanco. Casi no había árboles y sí prados de hierba alta y ruda. Cruzaba junto a lagunas de aguas rizadas, teñidas de un recio color azul metálico y escuchaba los silbidos del aire al entrar por la rendija de mi ventanilla. Un tímido sol asomaba de cuando en cuando entre las nubes oscuras y, en ocasiones, de pronto sentía los

sopapos del viento contra los lados del coche y las azotainas
de la lluvia contra el parabrisas.

Más tarde, el cielo se limpió y las nubes se alejaron. La
asombrosa luz del sol inundó la tierra y alegró la vida alrededor. Vi un bando de cuervos y los oí graznar al abrir la
ventana. Grandes pedazos rectangulares de turba recién
cortada, extendidos sobre la tierra empapada a los lados de
la carretera, olían a *whiskey* de malta y a fuego de chimenea
gaélica.

Regresé esa noche a dormir en Clifden y, antes de cenar,
tomé una pinta de cerveza en la taberna The Central. Como
sucede casi siempre a media tarde en los pubs del oeste del
Éire, había en las mesas varios matrimonios jóvenes con be-
bés. Y como siempre, en un extremo del mostrador cercano
a la chimenea, se acomodaba un hombre que comenzaba su
jornada de bebedor y que ya andaba algo ebrio. El de este
día se parecía a Walter Matthau y, como casi siempre, se levantó de su taburete y me abordó:

—¿Sabe cuántos suicidios ha habido en Irlanda el año
pasado? —dijo apuntándome con el dedo a la nariz.

—No tengo idea.

—Cuatrocientos cuarenta y cuatro… Capicúa, curioso.

—Muchos son.

—Pues no crea: siete menos que el año anterior.

—Muchos, en todo caso.

—No lo vea así: de los veinticinco países que forman la
Unión Europea, somos el diecisiete en número de suicidios.
No está mal, ¿no le parece?

—¿Y qué sabemos de España? Es mi país.

—No tengo datos. Pero seguramente no muchos: porque los católicos nos suicidamos menos que los protestantes...

—¿Está seguro?

—Desde luego: a nosotros nos espera el Infierno si nos suicidamos y ellos no tienen otro infierno que la vida.

Dio un largo trago a su vaso de cerveza y añadió:

—Le diré una cosa, de todas formas: las cifras de suicidios no son exactas. En Irlanda se suicida mucha gente que realmente no se suicida. Simplemente, se esfuman.

—¿Como los fantasmas?

—No, hombre, no. Piense usted un poco: si tiene una deuda grande con un banco, por asuntos de juego o de lo que sea, y no puede pagarla..., y si se enamora de otra mujer y no sabe cómo decírselo a su esposa..., ¿qué haría?

—No lo sé, nunca ha sido mi caso.

Rió:

—Pues suicidarse, hombre. La cosa es ponerse de acuerdo con un médico y un juez amigos, un empleado de pompas fúnebres y un enterrador. Y entre todos se monta la trama: se hacen los papeles, se buscan testigos, se organiza un entierro metiendo en el ataúd un tronco de árbol y el suicidado desaparece. Después, el suicidado se cambia de aspecto..., engorda, se deja la barba o se la quita..., esas cosas..., y se va a vivir a otro condado. Eso sí, dejando pagadas unas cuantas copas en el pub a los amigos cómplices.

—Bien, bien... ¿Y de dónde se puede sacar tanto cómplice... jueces, médicos, enterradores, testigos, empleados de pompas fúnebres...? Son muchos.

—¿De dónde ha de ser? ¡De los pubs de tu pueblo! Aquí rige una ley no escrita: lo que hoy hago por ti, mañana deberás hacerlo tú por mí. ¿Quién puede decir que no tendrá algún día que suicidarse para eludir una deuda de apuestas de caballos o para poder vivir con la mujer que ama? Para ser sinceros, amigo español, yo creo que Irlanda es el país con menos suicidios del mundo, tal vez no mucho más que una veintena al año. Y si se abrieran las tumbas de los cementerios, nos encontraríamos con montones de troncos de árboles en lugar de cadáveres humanos. Se lo aseguro.

—¿Ha abierto alguna tumba?

—Dios nos ayude, ¡nunca! Me dan miedo los troncos de los árboles cortados: parecen cadáveres humanos mutilados: sin brazos, ni piernas, ni cabeza.

La camarera andaba cerca y se dirigió al borrachín:

—Vamos, Pat, deja en paz al señor con esos tristes asuntos.

—No son tristes, forman parte de la existencia humana —dijo el otro mientras, con cortesía, se alejaba hacia el extremo de la barra—. Vivir, rezar, matarse, apostar a los caballos, suicidarse, amar…, ¿hay cosas más humanas?

La chica me sonrió:

—Discúlpele, señor; Pat es un buen hombre.

—No se apure, es un tipo interesante. Y me ha dado algunas buenas ideas.

Me fui a cenar al Off The Square, el mejor restaurante de pescado y marisco que encontré durante aquel viaje a Irlanda. Y puesto que era mi despedida del oeste, me regalé una docena de ostras y un rodaballo salvaje de Rossaveal cocinado a la plancha. Naturalmente, pedí que lo sirvieran libre de cualquiera de las horrorosas salsas con que los irlandeses, lo mismo que los norteamericanos y los ingleses, suelen regar el pescado para darle eso que llaman «*a good flavour*», buen sabor.

Siempre me he preguntado por qué ese tipo de sabores, sean de frambuesa o de Worcester o de mil cosas más, les producen a las gentes del norte más placer que el gusto natural de los alimentos. Es como si, antes de besar a una mujer, fuera necesario embadurnarle la boca de nata y chocolate o con unas gotas de tabasco.

Temprano, al siguiente día, regresé a Galway, dejé el coche en la oficina de alquiler y tomé el autobús que iba a Dublín.

Fue un viaje de casi cinco horas para unos trescientos kilómetros. El vehículo entraba en numerosos pueblos, dejaba pasajeros y recogía otros nuevos. Un par de veces cambió de chófer. Y en una ocasión se detuvo en una gasolinera para repostar y dar tiempo a los viajeros que quisiesen ir al baño o comprar agua y dulces. En Irlanda las cosas van con calma fuera de Belfast y Dublín. Y eso no es en absoluto un inconveniente si, como era mi caso, no tienes prisa por llegar a parte alguna.

A menudo, el conductor elevaba el volumen de la radio para que escuchásemos noticias importantes: felicitación de aniversarios de bodas, cumpleaños, los muertos de la semana del condado que atravesábamos y las horas de los entierros. Los tonos de voz de los locutores acompañaban los eventos anunciados: joviales para las bodas, apesadumbrados para los funerales.

Y así, después de atravesar Irlanda de oeste a este, cruzando por en medio de su barriga, entramos en la «linda ciudad de Dublín».

> *Ella era una pescadera,*
> *pero no era extraño*
> *porque ya lo habían sido antes su padre y su madre*
> *y los dos habían empujado su carretilla*

por las calles anchas y estrechas,
gritando: «¡Hay berberechos y mejillones vivos!».[2]

[*She was a fishmonger,*
But sure 'twas no wonder,
For so were her father and mother before;
And they both wheeled their barrow
Through the street broad and narrow,
Crying: «Cockles and mussels a-live, a-live, oh!»]

Esa noche, en la zona de Temple Bar, entré a tomar un sándwich en el pub que lleva de nombre Oliver Saint John's Gogarty, el compañero de juergas de Joyce al que luego ridiculizó como Buck Mulligan en su *Ulises*. Era sábado y la taberna estaba llena a reventar. Y claro, un cantante, acompañado de un grupo de músicos con teclado, dos violines y una guitarra, disparaba sin tregua las más conocidas baladas irlandesas, que a menudo eran coreadas por el público.

Temple es un área muy turística de la ciudad, peatonal en su mayor parte y llena de pubs y restaurantes. En el Gogarty había muchos turistas japoneses, alemanes, australianos y, también, una docena de jóvenes ingleses que vestían camisetas de un equipo de fútbol, el Liverpool. Todos coreaban con entusiasmo las baladas tradicionales.

Los ingleses impusieron su lengua a los irlandeses, y éstos les devolvieron canciones.

Era domingo y el día amaneció muy nublado y frío, pero las calles estaban llenas de gente, en su mayoría hombres,

2. Segunda estrofa de la canción *Molly Malone*.

ya que esa tarde se jugaba la final del Campeonato Irlandés de Fútbol Gaélico, un deporte muy masculino que, junto con el *hurling*, es una competición muy popular en Irlanda.

Quería ir a Kilmainham Jail, el presidio dublinés en donde fueron fusilados los dirigentes del alzamiento de Pascua de 1916, y uno de los lugares de más triste y humillante memoria para los irlandeses. Construida en 1796 por las autoridades inglesas para presos encarcelados por todo tipo de delitos y concebida para albergar a doscientos reclusos, en una ocasión llegó a tener en su interior a cerca de seis mil. A menudo, incluso niños de hasta ocho años de edad eran encerrados durante unos días por el mero hecho de haber robado un caramelo o tirado una bola de nieve a un policía o a un soldado. Las condiciones de vida en el penal eran muy duras; entre otras cosas, los internos pasaban veintitrés horas de cada día en sus celdas y solamente se les concedía una hora diaria para pasear en el patio. A partir de 1914 se convirtió en una cárcel exclusiva para presos políticos. En 1924 fue clausurado como prisión y convertido en museo en honor de los fusilados de 1916.

Tomé junto a mi hotel, en Abbey Street Lower, un tranvía que en Dublín llaman Luas, una especie de tren ligero, y me bajé en Saint Jame's Street; y seguí, desde allí, caminando una media hora, hasta Kilmainham. Era un sólido e imponente edificio de piedra gris con aire de castillo medieval. Su visión resultaba patética y abrumadora, tal vez porque conocemos su historia, pero está claro que los arquitectos que lo diseñaron no trataron de idear algo que concediese un simple centímetro de fachada a la belleza. Kilmainham proclama ya en sus muros que ha sido alzado para castigar, nunca para perdonar.

Las visitas eran colectivas y guiadas, así que me uní a un grupo de unas veinte personas. El guía era un joven bien informado que, además, sabía contar. Nos habló de Charles Parnell y Robert Emmet, dos de los ilustres presos del lugar, y de las rebeliones que concluían con los huesos de los patriotas en la cárcel.

Pero Kilmainham, sobre todo, recuerda a los catorce fusilados de la rebelión de Pascua, entre el 3 y el 12 de mayo de 1916. Así que pudimos asomarnos a las celdas que ocuparon Pearse, Plunkett y todos los otros ejecutados, y también a las de los dos más ilustres indultados: Éamon de Valera y la condesa de Markievicz. Todas eran pequeños cubículos insalubres y escasos de luz, apenas ventilados, que se alineaban en una galería estrecha y oscura. Quizá fue, en cierto modo, un alivio para aquellos presos condenados a muerte el que los fusilaran menos de un mes después del fracaso de la revuelta.

El patio resultaba aún más tétrico. Es un espacio ancho rodeado por altos muros alzados con piedras grises de forma irregular y el suelo lo cubre una alfombra de guijarros. En un extremo del recinto hay una cruz de madera negra, que marca el sitio que ocuparon trece de los fusilados, y en el extremo contrario, otra cruz semejante, que indica el lugar donde fue ejecutado James Connolly, que no podía sostenerse en pie a causa de la gangrena que devoraba su pierna herida en la batalla de Pascua. Detrás de las cruces pueden observarse los impactos de las balas de los pelotones de fusilamiento.

Me fui de Kilmainham con agrio sabor de boca.

«Dios bendiga a Irlanda», dijeron los héroes.
«Dios bendiga a Irlanda», dijeron todos.

«Si morimos en el patíbulo o en el campo de batalla,
¿qué más da? ¡Hemos muerto por nuestra querida Irlanda.»[3]

[*«God save Ireland», said the heroes.*
«God save Ireland», they said all.
«Whether in the scaffold high or the battle field we die,
oh, what matter then, for Erin dear we fall».]

Todo Dublín era un atasco de tráfico esa tarde de domingo, a causa de la riada de vehículos que viajaban por el centro de la ciudad hacia el estadio de Croke Park, como ya he anotado antes. Se celebraba la final del Campeonato Irlandés de Fútbol Gaélico y las banderas de los dos finalistas, el equipo del condado de Kerry y el del condado de Mayo, ondeaban por calles y plazas, surgían de las ventanillas de los coches y de los autobuses, y la mayoría de los hinchas que desfilaban por las calles vestían las camisetas de sus respectivos clubes: verdes y doradas las de Kerry, verdes y rojas las de Mayo.

Dicen que, para conocer bien Irlanda, hay que ir a un partido de fútbol gaélico, al que en el idioma original irlandés se conoce como «balón pesado». Es un deporte de aficionados que mezcla fútbol y rugby, en el que juegan quince contra quince —hay jugadores reservas muy numerosos— sobre un campo de más de ciento treinta metros. Las porterías tienen forma de hache, como las del rugby, y el balón puede utilizarse con el pie y con la mano. Y los placajes es-

---

3. La canción *God Save Ireland* recuerda la muerte de cuatro patriotas irlandeses —fenianos— ejecutados en Manchester, en el año 1867, tras un atentado perpetrado en la ciudad contra un furgón policial en el que murió un sargento de la policía inglesa. La letra de la balada la compuso T. D. Sullivan y la música se debe a George Root. En la historia irlandesa los ejecutados son conocidos como «los mártires de Manchester».

tán permitidos, siempre que no se derribe al contrario. Mientras en el campo se corre, se suda y se pelea duro, con más violencia que en el fútbol, pero con algo menos que en el rugby, las gradas son una fiesta: corre la cerveza a raudales y los cánticos no cesan. Y, extrañamente, no es frecuente que haya peleas.

Lograr entrada en una final es casi imposible. Y no sólo por el precio desorbitado, sino porque incluso se desplazan vuelos chárteres desde América con aficionados irlandeses que no quieren perderse el acontecimiento. Pero alrededor del estadio, todos los pubs retransmiten el partido y se llenan a reventar de aficionados. Los bares más próximos están en Dorset Street Lower, en la parte norte de la ciudad, y el más conocido de todos es The Big Tree.

La gente llenaba las aceras. Iban con sus camisetas, sus banderas, gorros de colores y la inevitable pinta de Guinness en la mano. Me colé en el segundo tiempo en el interior del Big Tree y, a duras penas, entre tipos gigantescos, alcancé a ver un trozo de la pantalla de un gran televisor.

Kerry, el equipo más laureado de la historia del fútbol gaélico, le dio una soberana paliza al pobre Mayo, que jamás ha ganado un solo campeonato desde que, en 1887, nació este deporte. Y al concluir el partido, los aficionados de los dos condados se fundieron entre ellos en abrazos, copas y canciones de borrachos y de patriotas. Los gigantones irlandeses me daban grandes palmadas afectuosas en los hombros cuando, al preguntarme por mi nacionalidad, les decía que era español.

—*Irish and Spanish people!* —clamaba uno—. *We're brothers, brothers!... And catholics!*

Ni se me pasó por la cabeza decirle que yo era ateo practicante.

Me enteré por la prensa, al día siguiente, de qué profesiones predominaban entre los jugadores de Kerry. En su mayoría eran profesores y estudiantes de la universidad del condado; pero también había agentes de ventas, obreros de la construcción, bomberos, funcionarios municipales y un famoso presentador de un programa de radio local.

O sea, eran todo lo contrario a los futbolistas y los entrenadores de fútbol multimillonarios que, en España, siempre andan preocupados por si sus fans los aman o no.

Los del fútbol gaélico son gente que no tiene problemas con que el público los quieran o no los quieran.

Porque los adoran.

A eso de las seis me fui del Big Tree y tomé el tren DART hasta Blackrock, un barrio residencial del sur de Dublín. Me había invitado a cenar un matrimonio amigo: él, Noel McGloin, irlandés, y ella, María Lyons, española.

Con un buen vino de Rioja delante y un estupendo asado del que dar cuenta, charlamos sobre Irlanda y España. Noel me daba detalles sobre dichos, motes, refranes y hábitos de los dublineses, y María sobre aquellos aspectos del país que podían chocar a un español. Luego conversamos sobre el mundo de los escritores irlandeses, a propósito de Joyce y Yeats, en especial.

Y, claro, charlamos sobre esa curiosa y rara ley irlandesa, inédita y única en la Unión Europea, según la cual los derechos de autor del trabajo creativo y artístico están libres de impuestos (no los de interpretación, sólo los de creación).

La ley la promovió el primer ministro Charles Haughey en 1969 y aún sigue en vigor.

—Supongo que será una forma de agradecimiento a los poetas rebeldes de 1916… —dije—, o la expresión del hondo amor de Irlanda a sus escritores.

—Hum, no sé, puede ser. —Noel movió la cabeza—. Pero si has dado una vuelta por la costa de Wicklow, no sé si te habrás fijado en unas residencias fastuosas cercanas a Bray: pertenecen a gente como Bono, Van Morrison… Ellos aman a Irlanda, por supuesto; pero viven en Estados Unidos, en donde está su gran mercado. Y, no obstante, mantienen aquí su residencia fiscal para no pagar un simple euro de impuestos sobre sus creaciones. No sé hasta qué punto eso es justo.

Me quedaban un día y una noche más en Dublín. Dediqué la mañana a comprar algunos libros en una estupenda tienda de Grafton Street y luego me acerqué a Baggot Street, cerca del Gran Canal, para sentarme en el mismo banco donde se sienta Patrick Kavanagh…, quiero decir, en el mismo banco en el que se sienta la estatua en bronce de Patrick Kavanagh.

Decidí cenar en el bar del hotel Shelbourne, frente al hermoso Saint Stephen's Green. Es uno de los espacios más bellos de la ciudad, de un refinado estilo modernista. Las paredes las adornan cuadros con caricaturas al estilo de la antigua revista inglesa *Punch*, y en los extremos del mostrador, dos vestales egipcias de pechos broncíneos sostienen sendas lámparas en sus manos alzadas. El Shelbourne's Bar es un sitio tranquilo y elegante, un ambiente difícil de encontrar en otros espacios dublineses. Es un lugar para intentar seducir a una mujer que ame la elegancia.

Pedí una botella de vino francés, un merlot, media docena de ostras y un *seafood chowder*, una especie de sopa espesa hecha a base de marisco. Las ostras y el vino eran estupendos; sin embargo, el guiso sabía a leche quemada. El cocinero del Shelbourne merecía la horca.

Me resigné. El lugar era magnífico, el sosiego espléndido y mi ánimo se deslizaba en una dulce sensación de melancolía. Había una hermosa mujer rubia en un rincón que comía salmón ahumado. La miré y me ignoró.

El cuerpo me pedía esa noche algo de juerga y menos melancolía y andaba a tono con la ciudad, la capital europea donde, en proporción, se bebe más cantidad de alcohol por habitante. Me acerqué a un pub junto al río Liffey, en el oeste de la ciudad y no muy lejos de la casa donde transcurre el cuento «Los muertos», de Joyce, incluido en su libro *Dublineses*. El pub se llama The Merchant's y es muy conocido en Dublín merced a que varias noches a la semana se interpreta música del condado de Kerry y la gente baila las tradicionales gigas, un tipo de danza que se extendió por toda Europa a partir del siglo XVI e impregnó el folclore de varios países y regiones del continente.

Había un gran ambiente a causa del triunfo del equipo del condado en la final del campeonato de fútbol gaélico. La bandera de Kerry adornaba una de las paredes de la gran sala en donde los músicos interpretaban sus melodías. Me acodé en la barra con mi pinta de cerveza Kilkenny y seguí el ritmo de la música golpeando levemente con la palma de la mano sobre el mostrador, como hacía todo el mundo.

El cantante era muy malo. O más bien, horroroso. Pero cuando los músicos acometían piezas instrumentales, aquello sonaba mucho mejor. Los de Kerry salían a bailar de dos en dos, hombre y mujer, y luego formaban corros e intercambiaban las parejas. La danza giraba alrededor de la pista circular y, en ocasiones, alguna pareja se colocaba en el centro del círculo, rompiendo la monotonía del baile con un breve zapateado. A veces tenía la impresión de estar asistiendo a un espectáculo de sardana y, otras, a un ritual de muñeiras. Pero el taconeo de los bailarines nunca alcanzaba el brío de un «zapateado» de flamenco.

Crucé la calle y entré en el Brazen Head, uno de los pubs más antiguos de Dublín. Estaba lleno a reventar, pero logré abrirme un pequeño hueco en la barra y pedir una pinta de cerveza. En las tabernas dublinesas, como en los autobuses africanos, siempre hay sitio para uno más, por muy llenas que parezcan estar.

Tocaba un grupo de seis músicos y el cantante era magnífico. Y en esos momentos interpretaba una antigua y nostálgica melodía dublinesa.

—¿Cree que hay algo mejor que esta música? —me dijo el tipo que se sentaba a mi lado.

—Hay muchas cosas mejores.

—Ya veo que no es irlandés.

—Pero les conozco y les admiro.

—Ah, ¿sí? ¿Y qué hay de malo en escuchar una vieja canción?

—Enamorarse del pasado es peligroso.

—¿Y qué propone cuando el presente es una mierda?

—Beber.

Alzó su copa de cerveza.

—*Cheers*.

—*Cheers* —respondí.

El cantante acometía la estrofa final de la canción y todos coreábamos:

Murió de fiebres,
y nadie pudo salvarla,
y ése fue el fin de la dulce Molly Malone.
Pero su fantasma sigue empujando su carreta
por las calles anchas y estrechas,
gritando: «¡Hay berberechos y mejillones vivos!».

[*She died for a fever,*
And no one could safe her,
And that was the end of sweet Molly Malone.
But her ghost wheels her barrow
Through the streets broad and narrow,
Crying: «Cockles and mussels a-live, a-live, oh!»]

Epílogo

En el verano de 2012, me iba de Westport tras dejar concluido el esqueleto de este libro que narra mi viaje de 2004. La noche anterior a mi partida me despedí de Brian Duffy y los otros amigos en la taberna Bourke's, al otro lado del río. Y al día siguiente tomé el tren a media mañana rumbo a Dublín. Tenía un viaje de tres horas con una decena de paradas en el recorrido.

Mientras esperaba la salida, di un pequeño paseo por el andén. Por el cielo, con la velocidad de los galgos, corrían nubes que formaban, en el anchuroso espacio, una suerte de escenario constituido por escalinatas: algunas volaban muy altas, a miles de metros quizá, y otras pasaban casi rozando los tejados de las casas. El aire era muy fuerte y traía el olor del salitre y las algas del océano.

El tren no iba muy lleno y los vagones eran cómodos y mucho más modernos que los del año 2004, cuando viajé en tren desde Dublín hasta Galway. Una banda magnética anunciaba en letras amarillas, en la cabecera del vagón, las estaciones que nos esperaban. Y de cuando en cuando, podían también leerse normas de obligado cumplimiento para los pasajeros. Me llamó la atención una que decía: «Un comportamiento antisocial puede obligar a los agentes del tren a utilizar sus porras en el último vagón».

Me pregunté qué entendería la compañía del ferrocarril por un comportamiento antisocial. ¿Eructar, acaso?

E imaginé el último vagón: un compartimento sin asientos ni ventanillas, iluminado por una fría luz mortecina, y lleno de hombres de comportamientos antisociales arrodillados ante varios guardias que, inclementes, les sacudían con sus cachiporras.

En la estación de Castlerea, más o menos a mitad del recorrido, un nutrido grupo de viajeros subió a mi vagón y un tipo se sentó a mi lado. Olía a cerveza, tendría una edad próxima a la mía y era dicharachero, lo que no es nada excepcional en Irlanda. Fuera de Dublín, el país conserva todavía un alma pueblerina y la gente se interesa por los desconocidos. Me preguntó de dónde era y luego añadió:

—¿Mucho tiempo en Irlanda?

—Unas pocas semanas.

—¿Y le gusta mi país?

—El que más me gusta de Europa, junto con Italia y Portugal.

—Si no hiciera tan mal tiempo, Irlanda sería el paraíso del golf. ¿Ha podido jugar mucho?

—No juego al golf.

—Si no juega al golf, habrá ido a pescar: Irlanda es el país más rico del mundo en pesca fluvial.

—Creo que tampoco están mal la Patagonia, Alaska y el oeste de Canadá. En todo caso, yo no pesco en los ríos.

—¿Y a qué ha venido a Irlanda, si se puede saber?

—A beber y a oírles cantar a ustedes.

—Vaya, no son malos motivos, aunque nunca le había oído decir a nadie algo así. ¿Sabe alguna de nuestras canciones?

—Varias, pero tengo mal oído.

—¿Y cuál le gusta más?

—Voy cambiando... *The Wild Colonial Boy*, *The Wild Rover*, *Finnegan's Wake*, *The Fields of Athenry*..., muchas.

Sonrió satisfecho y movió la barbilla de arriba abajo, mientras dejaba escapar un leve y apenas audible tarareo.

Yo giré la cabeza para contemplar los verdes campos que brillaban bajo el sol frío que se abría camino entre las nubes oscuras. El viento revolvía las cabelleras de los árboles cercanos.

Si tuviera una nueva vida, amigo lector, y pudiera elegir una tierra en donde nacer, ¿cuál crees que escogería?

Westport, 2012; Madrid y Valsaín, 2013

Cronología

120 d.C.   Irlanda aparece en un mapa de Ptolomeo con siete ríos y cinco poblaciones.

432   San Patricio llega a Irlanda y asciende al monte Patricio nueve años después. Según los viejos cronistas, muere en alguna fecha entre el 461 y el 493.

795   Primer ataque vikingo a la isla.

841   Los vikingos fundan la ciudad de Dublín en las riberas del Liffey.

980   Malachy, rey del condado de Meath, derrota a los vikingos e inaugura el período de los reyes irlandeses. Un año después se apodera de Dublín. Muere en 1022.

1169   Una flota anglo-normanda atraca en la isla. El hecho es considerado como el inicio de la ocupación inglesa de Irlanda.

1171   El rey inglés Enrique II entra en Dublín y varios reyes irlandeses se rinden. El papa Alejandro III le felicita por su conquista al año siguiente.

1192   Fundada la catedral de San Patricio.

1257   Breve guerra de los O'Neill, irlandeses del Ulster, contra los anglo-normandos. Derrotados muy pronto.

1485   Enrique VII funda la dinastía Tudor en Inglaterra tras derrotar a Ricardo III.

1535	Rebelión de los condes de Fitzgerald. Ahogada dos años después.
1541	Enrique VIII pasa de ser Señor de Irlanda a Rey de Irlanda. Acomete la colonización de la isla y reafirma el poder de la Iglesia de Irlanda, aliada de la anglicana.
1547	Eduardo VI, rey de Inglaterra. Reformas a favor de los católicos.
1553	María Tudor, reina, reinstaura el catolicismo como religión oficial en Inglaterra e Irlanda.
1558	Isabel I, protestante, reina de Inglaterra.
1568-1573	Rebelión de los condes de Desmond, católicos.
1579-1583	Nueva rebelión de los Desmond.
1588	Derrota de la Armada española, la Invencible. Muchos de sus barcos naufragan en las costas del oeste de Irlanda y miles de tripulantes españoles perecen.
1593	Rebelión de los O'Neill y los O'Donnell, católicos, en el Ulster.
1598	La rebelión se extiende por toda Irlanda.
1601	Derrota de los rebeldes a manos inglesas en la decisiva batalla de Kinsale, en la que participan españoles aliados de los católicos. Fin de la guerra en 1603.
1641	Rebelión católica en el Ulster. Masacres de colonos protestantes.
1649	Carlos I es ejecutado en Londres por las fuerzas parlamentarias. Cromwell desembarca en Irlanda para combatir a las tropas de los irlandeses leales a Carlos. Matanzas de católicos en Drogheda y Wexford. Cromwell regresa un año después a Inglaterra. En 1653, la rebelión es derrotada por completo.
1690	Guillermo de Orange, rey de Inglaterra, vence a Jacobo II en la batalla del Boyne.
1729	Jonathan Swift publica su obra satírica *Una modesta proposición*, en donde propone que los ricos propie-

tarios se alimenten con la carne de los hijos de los pobres.

1789   Revolución francesa.

1792   Wolfe Tone, imbuido por las ideas revolucionarias francesas, comienza a organizar la rebelión en Belfast, con su organización de Irlandeses Unidos.

1798   En mayo, rebelión contra Inglaterra en toda Irlanda. En octubre, Tone, apresado y condenado a muerte, se suicida.

1803   Alzamiento de Robert Emmet en julio. Ahorcado, decapitado y destripado en Dublín en septiembre.

1823   Daniel O'Connell, «el Libertador», funda la Asociación Católica para la Emancipación. En 1830 logra un escaño en la Cámara de los Comunes.

1837   Victoria, reina de Inglaterra.

1843   El mayor mitin en la historia de Irlanda, con casi un millón de asistentes, se celebra en Tara, convocado por O'Connell. Semanas más tarde, O'Connell es encarcelado.

1845-1850 La Gran Hambruna se desata por la «peste de la patata». Irlanda se despuebla en casi dos millones de personas, entre muertos y emigrados a América.

1847   Muere O'Connell.

1859   La Hermandad Feniana y la Hermandad Republicana Irlandesa (origen del IRA) son fundadas al mismo tiempo en Nueva York y Dublín.

1861   Estalla la guerra civil americana. Un año después, los irlandeses voluntarios de los dos bandos luchan unos contra otros en la batalla de Fredericksburg.

1866   Ochocientos «fenianos» americanos invaden Canadá, colonia británica. Vencidos, son encarcelados a su regreso a territorio estadounidense.

1877   Charles Stewart Parnell dirige el movimiento por el autogobierno irlandés (Home Rule).

1885   Parnell pacta el autogobierno con el primer ministro inglés William Gladstone, pero la ley es derrotada en el Parlamento británico al año siguiente. En 1893, la ley será de nuevo derrotada.

1891   Muere Charles Stewart Parnell.

1895   Oscar Wilde es encarcelado bajo la acusación de mantener relaciones homosexuales. En 1898 publica su poema «La balada de la cárcel de Reading».

1896   James Connolly funda el Partido Socialista Irlandés.

1897   Bram Stoker publica *Drácula*.

1899   La segunda guerra bóer estalla en Sudáfrica. El mayor John McBride forma una brigada irlandesa de caballería para combatir a los ingleses.

1900   Oscar Wilde muere en París.

1904   William Yeats inaugura el Abbey Theatre junto con lady Gregory y John Synge. James Joyce sale por primera vez con la camarera Nora Barnacle, que se convertiría en su compañera para toda la vida.

1909   Muere John Synge.

1912   El *Titanic*, botado en los astilleros de Belfast un año antes, se hunde en el Atlántico. Muerte de Bram Stoker.

1914   Gran Bretaña declara la guerra a Alemania. La Ley para el Autogobierno de Irlanda, a punto de aprobarse en los Comunes, es suspendida hasta el fin del conflicto bélico. Joyce publica *Dublineses*.

1916   Alzamiento de Pascua. Arresto de Roger Casement en Banna Strand, ahorcado posteriormente en Londres. Fusilamiento de los líderes del alzamiento. Joyce publica *Retrato del artista adolescente*.

1917   Los últimos prisioneros del alzamiento de Pascua son liberados y se convierten en héroes ante el pueblo irlandés.

1918   Fin de la Gran Guerra. De los trescientos cincuenta

mil irlandeses que han luchado en las filas del ejército británico, un 10 por ciento han muerto.

1919-1921 Guerra de la Independencia. Acuerdo final que divide en dos a Irlanda: la República de Irlanda y el territorio de Irlanda del Norte, que acoge a seis condados de la provincia histórica del Ulster.

1922-1923 Guerra civil entre los partidarios del tratado con Inglaterra y la facción contraria. Ganan los primeros. Michael Collins, su líder, muere en un atentado en agosto, cerca de Cork.

1923   Joyce publica *Ulises* en París. Yeats, premio Nobel de Literatura.

1925   George Bernard Shaw, premio Nobel de Literatura.

1936   Dos contingentes de irlandeses acuden a la Guerra Civil española: uno, dirigido por Eoin O'Duffy, al lado de Franco; otro, mandado por Frank Ryan, integrado a las Brigadas Internacionales.

1939   Muere William Yeats.

1941   Muere James Joyce.

1950   Muere George Bernard Shaw.

1953   Muere Maud Gonne, la musa de Yeats.

1957   Muere Oliver Saint John Gogarty, el Buck Mulligan de *Ulises*.

1964   Muere Brendan Behan.

1967   Muere Patrick Kavanagh.

1969   Samuel Beckett, premio Nobel de Literatura. Estallan en Derry y Belfast los primeros conflictos entre católicos y protestantes, los llamados «Troubles».

1972   Bloody Sunday en Derry: trece católicos muertos en el barrio del Bogside por los disparos de los paracaidistas británicos.

1974   Sean McBride, hijo de Maud Gonne, la musa de Yeats, y de John McBride —fusilado tras el alzamiento de Pascua de 1916— gana el Premio Nobel de la Paz.

1981   Diez militantes del IRA mueren en huelga de hambre en la prisión de Maze entre marzo y octubre, reclamando la condición de prisioneros políticos. El primero de ellos, Bobby Sands.

1989   Muere Samuel Beckett.

1994   Alto el fuego del IRA y de los grupos paramilitares irlandeses.

1995   Seamus Heaney, premio Nobel de Literatura. Frank McCourt publica *Las cenizas de Ángela* (muere en 2009).

1998   Acuerdo de paz del Viernes Santo en el Ulster.

1999   Primer gobierno autónomo de Irlanda del Norte compartido entre protestantes y católicos.

Bibliografía

(He procurado incluir aquellos libros que pueden conseguirse en español.)

ALONSO, ROGELIO, *Irlanda del Norte*, Editorial Complutense, Madrid, 2001.

BEHAM, BRENDAN, *Mi isla*, Mabo Ficción, Barcelona, 2012.

BÖLL, HEINRICH, *Diario irlandés*, Galaxia Gutenberg, Barcelona, 1997.

Centro de Cultura Contemporánea de Barcelona, *El Dublín de James Joyce*, Ediciones Destino, 2009.

DE PAOR, LIAM, *Divided Ulster*, Penguin Books, Londres, 1971.

DOUGLAS, KEN, *The downfall of the Spanish Armada in Ireland*, Gill & MacMillan, Dublín, 2010.

ELLMANN, RICHARD, *Yeats: the Man and the Masks*, MacMillan, Londres, 1949.

—, *James Joyce*, Oxford University Press, Nueva York, 1983.

—, *Cuatro dublineses: Wilde, Yeats, Joyce y Beckett*, Tusquets Editores, Barcelona, 1990.

FOSTER, R. F., *The Oxford History of Ireland*, Oxford University Press, Nueva York, 1989.

FOY, MICHAEL & BURTON, BRIAN, *The Easter Rising*, Sutton Publishing, Londres, 1999.

GOLWAY, TERRY, *For the Cause of Liberty*, Simon & Schuster, Nueva York, 2000.

GRAY, PETER, *The Irish Famine*, Thames & Hudson, Londres, 2004.

HEANEY, SEAMUS, *Norte* (edición bilingüe), Hiperión, Madrid, 1992.

JORDÁ, EDUARDO, *Canciones gitanas (Diarios)*, Península, Barcelona, 2000.

JOYCE, JAMES, *Ulises* (traducción de José María Valverde), Lumen, Barcelona, 1976.

—, *Ulysses*, Penguin Books, Londres, 1992.

JOYCE, STANISLAUS, *Mi hermano James Joyce*, Adriana Hidalgo Editora, Buenos Aires, 2000.

KAVANAGH, PATRICK, *Collected Poems*, Penguin Books, Londres, 2004.

—, *El hambre y otros poemas* (edición bilingüe), Pretextos, Valencia, 2011.

KEEGAN, GERARD, *Famine Diary*, Merlin Publishing, Dublín, 2003.

KOSTICK, CONOR & COLLINS, LORCAN, *The Easter Rising*, O'Brian Press, Dublín, 2000.

LASA, LEÓN, *Por el Oeste de Irlanda*, Almuzara, Sevilla, 2006.

McCOURT, FRANK, *Las cenizas de Ángela*, Maeva, Madrid, 2002.

McGOWAN, JOE, *Constance Markiewicz, the People's Countess*, Sligo, 2000.

O'BEIRNE RANELAGH, JOHN, *Historia de Irlanda*, Cambridge University Press, Madrid, 1999.

O'CONNOR, JOHN, *The 1916 Proclamation*, Mineápolis, 1999.

PUIG, VALENTÍN, *Dublín*, Ediciones Destino, Barcelona, 1987.

SILVESTRE, MIQUEL, *La fuga del náufrago*, Barataria, Sevilla, 2012.

Sunday Times Team, *Ulster*, Times Newspaper, Londres, 1972.

SWIFT, JONATHAN, *Sátiras políticas*, Humanidades, Barcelona, 1992.

SYNGE, JOHN MILLINGTON, *Las islas Aran*, Alba Editorial, Barcelona, 2000.

TÓIBÍN, COLM, *Mala sangre*, Península, Barcelona, 1998.

WALSH, MAURICE, *El hombre tranquilo*, Reino de Cordelia, Madrid, 2012.

WHYTE'S, ROBERT, *Famine Ship Diary*, Mercier Press, Londres, 1994.

WILDE, OSCAR, *La balada de la cárcel de Reading* (edición bilingüe), Hiperión, Madrid, 1992.

—, *De Profundis* (prólogo de Colin Tóibín), DeBolsillo, Madrid, 2013.

WOODHAM-SMITH, CECIL, *The Great Hunger*, Penguin Books, Londres, 1991.

YEATS, WILLIAM BUTLER, *Antología poética* (bilingüe), Losada, Buenos Aires, 2010.

Agradecimientos

A Noel y María McGloin, que me brindaron su hospitalidad, sus consejos y una buena cena en el curso de mi viaje.

Y también a mi amiga Ana Lyons —hermana de María McGloin— y a Keith Chapman, que me asistieron en las traducciones al español de las canciones irlandesas, en ocasiones muy difíciles de trasladar a otros idiomas.

Índice onomástico

«Para viajar lejos no hay mejor nave que un libro.»

EMILY DICKINSON

Gracias por tu lectura de este libro.

En **penguinlibros.club** encontrarás las mejores
recomendaciones de lectura.

Únete a nuestra comunidad y viaja con nosotros.

penguinlibros.club